Brandt/Herrmann/Leonhard
Förderhilfen für die neuen Bundesländer

Wirtschaft in der Praxis

Förderhilfen für die neuen Bundesländer

von

Michael Brandt
Landesbank Rheinland-Pfalz

Bernd Herrmann
Landesbank Rheinland-Pfalz

Dipl.-Rom. Petra Leonhard

5., neubearbeitete und erweiterte Auflage
(Stand: Mai 1994)

Economica Verlag

Die Deutsche Bibliothek – CIP-Einheitsaufnahme

Brandt, Michael:
Förderhilfen für die neuen Bundesländer / von Michael Brandt ;
Bernd Herrmann ; Petra Leonhard. – 5., neubearb. und erw. Aufl.,
Stand: Mai 1994. – Bonn : Economica Verl., 1994
(Wirtschaft in der Praxis)
ISBN 3-87081-174-9
NE: Herrmann, Bernd:; Leonhard, Petra:

© 1994 Economica Verlag GmbH, Bonn

Alle Rechte vorbehalten.
Nachdruck, auch auszugsweise, nur mit Genehmigung des Verlags gestattet.

Satz: Computersatz Bonn GmbH, Bonn
Druck: Druckerei Plump KG, Rheinbreitbach
Papier: hergestellt aus 100 % chlorfrei gebleichten Faserstoffen.
ISBN 3-87081-174-9

Vorwort zur 5. Auflage

Die Bundesregierung stellt im Rahmen der Unterstützung des Erneuerungsprozesses in den neuen Bundesländern zinsgünstige Darlehen für Investitionen privater gewerblicher Unternehmen und Angehöriger freier Berufe, Investitionszulagen und Zuschüsse für solche Investitionen zur Verfügung, soweit sich diese auf das Gebiet der neuen Bundesländer einschließlich Berlin (Ost) beziehen.

Die Darlehen werden aus dem ERP-Sondervermögen des Bundes (ERP = European Recovery Program oder auch Marschallplanhilfe genannt) über die Hauptleihinstitute (Deutsche Ausgleichsbank, Kreditanstalt für Wiederaufbau) an die Kreditinstitute in der Bundesrepublik ausgereicht. Die Mittel, in den Jahren 1994 und 1995 stehen wieder jeweils DM 10 Mrd. für die neuen Bundesländer zur Verfügung, werden für die Finanzierung von Investitionen mit langfristigem Finanzierungsbedarf zur Verfügung gestellt.

Für die ERP-Kreditprogramme gelten die ERP-Vergabebedingungen.

Darüber hinaus haben die Landesregierungen der neuen Bundesländer Darlehensprogramme, Zuschußprogramme sowie Bürgschaften und Garantien zur Förderung der Umstrukturierung der Wirtschaft erlassen. Hierbei handelt es sich größtenteils um Regionalförderungen.

Es empfiehlt sich, vor Investitionsbeginn bei den entsprechenden Ministerien vor Ort nachzufragen.

Weiterhin bieten die Dachverbände von Industrie, Handel und Handwerk Weiterbildungs- und Schulungsmaßnahmen an.

Um eine Übersichtlichkeit über die Vielzahl von Förderhilfen zu erreichen, wurde eine *standortbezogene* Einteilung der Förderhilfen für die neuen Bundesländer vorgenommen.

Durch den ständigen Wandel und die Erweiterung des Förderinstrumentariums (regional, national und international) im Bereich der fünf neuen Bundesländer, kann für die Vollständigkeit und Richtigkeit der aufgezeigten Förderhilfen keine Gewähr übernommen werden.

Mainz, im Mai 1994 *Die Verfasser*

Inhaltsverzeichnis

Gesamtgebiet der fünf neuen Bundesländer

I	Förderungen der Europäischen Union	1
1	EGKS-Umstellungsdarlehen	14
2	EGKS-Industriedarlehen	18
3	Darlehen der Europäischen Investitionsbank – EIB	20
4	Europäischer Fonds für regionale Entwicklung – EFRE	24
5	Europäischer Sozialfonds – ESF	28
6	Anpassung der Produktionsstrukturen in der Landwirtschaft – EAGFL Abteilung Ausrichtung	32
7	Verarbeitung und Vermarktung land- und forstwirtschaftlicher Erzeugnisse – EAGFL Abteilung Ausrichtung	35

II	Bundesprogramme	38
1	**ERP-Programme und Eigenkapitalhilfeprogramm**	38
1.1	ERP-Existenzgründungsprogramm	38
1.2	Eigenkapitalhilfeprogramm n. L.	42
1.3	ERP-Energiesparprogramm	51
1.4	ERP-Abfallwirtschaftsprogramm	55
1.5	ERP-Abwasserreinigungsprogramm	60
1.6	ERP-Luftreinhaltungsprogramm	64
1.7	ERP-Beteiligungsprogramm (Beteiligungsnehmer)	68
1.8	ERP-Aufbauprogramm	70
1.9	ERP-Vergabebedingungen	73
2	**Ergänzungsfinanzierungen**	76
2.1	KfW-Mittelstandsprogramm (Ost)	76
2.2	KfW-Umweltprogramm	80
2.3	KfW/BMU-Programm	85
2.4	KfW-Anschubprogramm für (noch) staatliche Unternehmen	88
2.5	DtA-Existenzgründungsprogramm	89
2.6	DtA-Umweltprogramm	92
2.7	DtA-Umweltprogramm mit Zinszuschuß des BMU	97
2.8	Umweltschutz-Bürgschaftsprogramm	100
2.9	KfW/BMFT-FuE-Darlehensprogramm	102

2.10	KfW/BMFT-Technologie-Beteiligungsprogramm	104
2.11	KfW/THA-Industrieprogramm	111

3	**Sonderkreditprogramme der Landwirtschaftlichen Rentenbank**	**114**
3.1	Sonderkreditprogramm für die Landwirtschaft	114
3.2	Sonderkreditprogramm für die Landwirtschaft – Junglandwirte	116
3.3	Kredite für räumliche Strukturmaßnahmen	119
3.4	Sonderkreditprogramm für die Dorferneuerung	120
3.5	Mittel- und langfristige Kredite der Landwirtschaftlichen Rentenbank	122
3.6	Sonderkreditprogramm für landwirtschaftliche Unternehmen in Form juristischer Personen	125

4	**Technologie-Beteiligungsprogramm der Deutschen Ausgleichsbank**	**127**

5	**Beantragung und Gewährung von Investitionszulagen/Zuschüssen**	**131**
5.1	Investitionszulagengesetz 1993	131
5.2	Investitionszuschüsse im Rahmen der Gemeinschaftsaufgabe „Verbesserung der regionalen Wirtschaftsstruktur"	137
5.3	Förderung der regionalen Infrastruktur	155
5.4	Verbesserung der Fachinformationsversorgung durch Nutzung von Datenbanken (Projekt FIDAT)	157
5.5	Umweltschutzprogramm der Deutschen Bundesstiftung Umwelt	158
5.6	Personalförderung Ost, Stützung des FuE-Potentials in kleinen und mittleren Unternehmen	159
5.7	Zuschüsse im Rahmen der Dorferneuerung	162
5.8	Öffentliches Auftragswesen	164
5.9	Förderung der Erprobung von Windenergieanlagen „250 MW Wind"	166
5.10	Innovationsförderung für kleine und mittlere Unternehmen	167
5.11	Auftragsforschung und -entwicklung (Auftragsforschung West-Ost)	169
5.12	Auftragsforschung und -entwicklung (Auftragsforschung Ost)	171

6	Wohnungsbau/Modernisierung	174
6.1	KfW-Wohnraum-Modernisierungsprogramm	174
6.2	Zuschüsse im Rahmen der Wohnraummodernisierung	178
6.3	Zuschüsse, Baudarlehen, Aufwendungsdarlehen und -zuschüsse für die Modernisierung und die Instandsetzung des Wohnungsbestandes	179
6.4	Auskunftsstellen für den Wohnungsbau in den neuen Ländern	180
7	**Unternehmensberatungen, Schulungen und Informationsveranstaltungen/Außenwirtschaft**	184
7.1	Förderung von Unternehmensberatungen für kleine und mittlere Unternehmen	184
7.2	Förderung von Informations- und Schulungsveranstaltungen (Fort- und Weiterbildung) für Unternehmer, Führungs- und Fachkräfte und Existenzgründer	186
7.3	Verzeichnis der Leitstellen für die Antragstellung bei Beratungen und Schulungen	188
7.4	Förderung überbetrieblicher Berufsbildungs- und Technologietransfereinrichtungen	190
7.5	Auslandshandelskammern	191
7.6	Auslandsmesseprogramm	192
7.7	Inlandsmesseförderung	194
7.8	Beratungs- und Schulungsmaßnahmen zur Verbesserung des Produktmarketings und Qualitätsmanagements	196
7.9	Unternehmensführungslehrgänge	197
7.10	Senioren-Experten-Service-Programm	198
7.11	Informationen, Beratung, Weiterbildung für Unternehmer, Fach- und Führungskräfte sowie für Existenzgründer durch das RKW	199
7.12	Führungs- und Fachkräftetransfer in die neuen Bundesländer	201
8	**Bürgschaften/Garantien**	202
8.1	Bürgschaften der Bürgschaftsbanken in den fünf neuen Bundesländern	202
8.2	DtA-Bürgschaften	203
8.3	Bundesbürgschaften	206

8.4	Exportkreditversicherung (HERMES-Deckungen)	207
8.5	Bürgschaften für Angehörige Freier Berufe	209
9	**Steuerliche Investitionsförderung**	**213**
9.1	Gesetz über Sonderabschreibungen und Abzugsbeträge im Fördergebiet (Fördergebietsgesetz)	213
9.2	Entlastungsmaßnahmen bei der Gewerbe- und der Vermögenssteuer	220
10	**Förderung technologieorientierter Unternehmensgründungen im Beitrittsgebiet (TOU)**	**221**
11	**Darlehen zur Förderung der Teilnahme an beruflichen Fortbildungsmaßnahmen (BF-Darlehen)**	**225**

Regionalförderung

III	**Mecklenburg-Vorpommern**	**228**
1	Beratung zum Anfassen	228
2	Zinszuschüsse Mecklenburg-Vorpommern	229
3	Technologieförderprogramm	230
4	Innovationsförderprogramm	232
5	Imageförderung einheimischer Produkte und Leistungen	234
6	Förderung von Messen und Ausstellungen	236
7	Maßnahmen der Wasserversorgung und der Abwasserentsorgung	238
8	Maßnahmen der Abfallwirtschaft	240
9	Bürgschaften des Landes Mecklenburg-Vorpommern	241
IV	**Thüringen**	**243**
1	Mittelstandskreditprogramm Thüringen	243
2	Konsolidierungsprogramm Thüringen	245
3	Thüringer Umlaufmittelprogramm	248
4	Förderung von Privat-Vermietern für den Einbau von Naßzellen	250
5	Förderung von kleinen Verkaufseinrichtungen privater Einzelhändler im ländlichen Raum	251
6	Öffentlich geförderte Kapitalbeteiligungen – Thüringen	253
7	Exportberatungsprogramm	255
8	Förderung der Ansiedlung auf Altstandorten	256

9	Förderung von Handwerkerhöfen	258
10	Förderung des Fremdenverkehrs	260
11	Bürgschaften der Bürgschaftsbank Thüringen GmbH (BBT)	262

V Sachsen ... 263

1	Mittelstandsprogramm Sachsen	263
2	Mittelstandsprogramm für besonders benachteiligte Gebiete	265
3	Förderung des Fremdenverkehrs mit regionaler Zielsetzung	267
4	Privatzimmer- und Ferienwohnungen-Programm	269
5	Konsolidierungsprogramm für sächsische Unternehmen	271
6	Bürgschaftsprogramm des Freistaates Sachsen für die gewerbliche Wirtschaft	273

VI Sachsen-Anhalt ... 274

1	Zinszuschußprogramm Sachsen-Anhalt	274
2	Beteiligung an Messen und Ausstellungen	276
3	Förderung des Absatzes heimischer Produkte in Sachsen-Anhalt	278
4	Förderung des Auf- und Ausbaues von Technologie-, Innovations- und Gründerzentren sowie Technologieparks	280
5	Zuwendungen zur Beschäftigung von Innovationsassistenten in kleinen und mittleren Unternehmen	282
6	Zuwendungen für die Förderung von Vorhaben zur Energieberatung	284
7	Zuwendungen zur Förderung von Maßnahmen des Immissionsschutzes	286
8	Zuwendungen für Anlagen zur Gewinnung von energetisch nutzbarem Deponie- und Klärgas	288
9	Zuwendungen für die Errichtung von Windenergieanlagen	289
10	Zuwendungen zur Förderung von Pilot- und Demonstrationsanlagen im Rahmen des Energieprogramms	291
11	Zuwendungen zur Sanierung der Fernwärmeversorgung	293
12	Bürgschaften Sachsen-Anhalt	295
13	Kapitalbeteiligungen Sachsen-Anhalt	296
14	Landesbürgschaften Sachsen-Anhalt	298
15	Zuwendungen zur Förderung von Wissenschaft und Forschung in Sachsen-Anhalt	300

VII	**Brandenburg**	302
1	Mittelstandskreditprogramm (MKP)	302
2	Förderung benachteiligter Regionen	305
3	Existenzgründungszuschuß	308
4	Beherbergungs- und Gaststättengewerbe	310
5	Messeförderungsprogramm	312
6	Außenwirtschaftsberatung	314
7	Immissionsschutz	316
8	Abfallwirtschaft und Altlastensanierung	318
9	Rationelle Energieverwendung und Nutzung erneuerbarer Energiequellen	320
10	Bürgschaften des Landes Brandenburg	322

Anhang

1	EG-Beratungsstellen der neuen Bundesländer	323
2	Wirtschaftsministerien der neuen Bundesländer	325
3	Antragannehmende Stellen für Investitionszuschüsse	327
4	Ansprechpartner der Länder bei landesspezifischen Förderprogrammen	330
5	Bürgschaftsbanken in den neuen Bundesländern	344
6	Wirtschaftsfördergesellschaften in den neuen Bundesländern	346
7	Industrie- und Handelskammern in den neuen Bundesländern	356
8	Handwerkskammern in den neuen Bundesländern	360
9	Checkliste (KfW/BMFT-FuE-Darlehensprogramm)	363
10	Gemeinschaftsaufgabe „Verbesserung der Agrarstruktur und des Küstenschutzes" Rahmenplan 1991 bis 1994	365

Die neuen Bundesländer

Gesamtgebiet der fünf neuen Bundesländer

I Förderungen der Europäischen Union

Seit dem Beitritt zur Bundesrepublik gehören die Bundesländer Brandenburg, Mecklenburg-Vorpommern, Sachsen, Sachsen-Anhalt und Thüringen und der Osten von Berlin automatisch auch zum Territorium der Europäischen Union. Abgesehen von bestimmten Übergangsmaßnahmen unterliegen sie damit auch deren Rechtssystem im allgemeinen und dem Wirtschaftsförderrecht der Union im besonderen. Dieses besteht in Form der Artikel 92–94 des EWG-Vertrages und Artikel 4 c des EGKS-Vertrages zum einen in der Pflicht, sämtliche staatliche Beihilfen, die durch die Begünstigung bestimmter Unternehmen den Wettbewerb im Handel zwischen den Mitgliedsländern zu verfälschen drohen, bei der Kommission anzumelden und nicht ohne deren Genehmigung zu gewähren. Bei Verstoß gegen diese Anmeldepflicht gilt die betreffende Fördermaßnahme als illegal und kann, ohne daß ein Vertrauensschutz des Empfängers geltend gemacht werden kann, zurückgefordert werden. Diese Vorschrift dient dem Schutz des Wettbewerbsystems des Gemeinsamen Marktes vor Verfälschungen seitens des Staates und erstreckt sich auf alle geldwerten, einzelnen Unternehmen zugewendeten Leistungen des Bundes, der Länder, Bezirke, Kreise, Städte und Gemeinden sowie öffentlicher Unternehmen, in welcher Form auch immer die Begünstigung erfolgt. Zuschüsse und Kreditvergünstigungen fallen damit ebenso unter diese Vorschrift wie Steuervergünstigungen, Schenkungen, Verlustabdeckungen oder die verbilligte Überlassung staatlichen Eigentums.

Daß in den Ländern der Europäischen Union trotzdem jährlich etwa ECU 90 Mrd. Subventionen an Unternehmen vergeben werden, liegt an der breiten Palette an Ausnahmetatbeständen, die die Kommission in ihrer Genehmigungspraxis anwendet. So werden Beihilfen für kleine und mittlere Unternehmen, für Forschung und Entwicklung, für den Umweltschutz und die Energieeinsparung, für soziale Belange oder zur regionalen Strukturverbesserung unter bestimmten Kriterien zumeist genehmigt. Diese Kriterien dürften angesichts der Bedingungen in den neuen Bundesländern i. d. R. erfüllt sein. Nicht mit dem Gemeinsamen Markt vereinbar sind demgegenüber jedoch fast durchgehend Exportbeihilfen im innergemeinschaftlichen Handel sowie sogenannte Betriebsbeihilfen ohne den Zusammenhang mit Investitionen oder Umstrukturierungsmaßnahmen. Über Einzelheiten dieses Teils des gemeinschaftlichen Wirtschaftsförderrechts informiert der von der Kommission herausgegebene Band „Wettbewerbsregeln der EWG und EGKS für staatliche Beihilfen" sowie die Beihilfendirektion bzw. -abteilungen der Generaldirektionen Wettbewerb, Landwirtschaft, Verkehr, Fischerei und Energie der Kommission in Brüssel.

Der zweite, auf den ersten Blick weit attraktivere Teil des Beihilfensystems der Europäischen Union sind die Fördermittel, die die Union selbst unmittelbar oder über die Mitgliedstaaten vergibt. Auch wenn der Gemeinsame Markt per se oft als die Wirtschaftsfördermaßnahme schlechthin verstanden wird, umfassen die Fördermaßnahmen der EU im engeren Sinn, unter Ausklammerung des Preisstützungssystems für den Agrarmarkt, mittlerweile mehr als 150 einzelne Programme mit einem Gesamtumfang im Jahr 1994 von mehr als 20 Milliarden ECU an Zuschüssen und zinsgünstigen Darlehen in etwa gleicher Höhe. Sie reichen von auswärtigen Politiken, wie dem Europäischen Entwicklungsfonds und den Programmen PHARE und TEMPUS für den Wiederaufbau der mittel- und osteuropäischen Länder über die Strukturfonds der Regional-, Sozial- und Agrarpolitik und das Rahmenprogramm für Forschung und Entwicklung bis hin zu kleinsten Maßnahmen etwa im Bereich der Kultur- und Bildungspolitik.

Alle Fördermaßnahmen zielen auf die wirtschaftliche Integration und Dynamik des Binnenmarktes ab. Es liegt daher nahe, daß die Maßnahmen der Gemeinschaft nicht nur einen wichtigen Beitrag zum Wiederaufbau Ostdeutschlands leisten können, sondern geradezu dafür prädestiniert sind, auch die Integration dieser Gebiete in die Union zu beschleunigen.

EU-Förderprogramme

1. **Allgemeine Finanzierungen**
   - EGKS-Umstellungsdarlehen
   - INTERPRISE – Initiative zur Unternehmenskooperation
   - Europäischer Fonds für regionale Entwicklung – EFRE
   - Örtliche Beschäftigungsinitiativen von Frauen – ILE
   - Darlehen der Europäischen Investitionsbank – EIB
   - „Venture Capital" Konsortium
   - Pilotprogramm zur Stimulierung von Gründungskapitalmärkten
   - Eurotech Capital
   - Aktionen für interregionale und grenzüberschreitende Zusammenarbeit – RECITE, SAPIC, LACE
   - Interregionale Zusammenarbeit mit Regionen und Gemeinden in Mittel- und Osteuropa – OUVERTURE
   - Pilotprojekte für moderne Vertriebsmethoden – COMM 2000
   - POSEIDOM/POSEICAN/POSEIMA für abgelegene Gebiete der EU
   - Kohäsionsfonds
   - Unternehmensförderung

2. **Technologietransfer**
   - FuE im Bereich Humankapital und Mobilität – SCIENCE
   - Strategische Analyse, Vorausschau und Bewertung im Bereich der Forschung und Technologie – MONITOR
   - Zusammenarbeit zw. Hochschule und Wirtschaft auf dem Gebiet der Technologie – COMETT
   - Strategisches Programm für Innovation und Technologietransfer – SPRINT
   - Plan zur Stimulierung der Wirtschaftswissenschaften – SPES, ACE
   - Aktionsplan zur Schaffung eines Marktes für Informationsdienste – IMPACT2

- Nutzung europäischer wissenschaftlicher und technischer Großanlagen
- Verbreitung und Nutzung der Ergebnisse wissenschaftlicher und technischer Forschung – VALUE
- Schaffung von Gründer- und Innovationszentren – BIC
- Wissenschaftliche und technische Zusammenarbeit mit Mittel- und Osteuropa – KOPERNIKUS, EAST, GREEN

3. Ausbildung

- Europäischer Sozialfonds – ESF
- Aktionsprogramm für die berufliche Qualifizierung und Vorbereitung Jugendlicher auf das Erwachsenen- und Erwerbsleben – PETRA
- Berufliche Aus- und Fortbildung des Zollbeamten – MATTHAEUS/MATTHAEUS-TAX
- Aktionsprogramm Berufsbildung und technologischer Wandel – EUROTECNET
- Sektorale Forschungsstipendien
- Förderung der Mobilität von Hochschulstudierenden – ERASMUS
- Jean-Monet-Forschungsstipendien
- Robert-Schuman-Stipendien
- Paul-Finet-Stiftung
- Studienaufenthalte für Bildungsfachleute – ARION
- Studienbesuche für Fachleute der beruflichen Bildung
- Pilotaktion zur Aus- und Weiterbildung der KMU für den Binnenmarkt 1994
- Europäisches Integrationsstudium – Aktion Jean Monet
- Aktionsprogramm zur Förderung der Weiterbildung – FORCE
- Austausch von Lehrern
- Druckkostenzuschüsse für Dissertationen
- Ausbildung junger europäischer Unternehmer – EUROLEADERS
- Interkulturelle Schulausbildung der Kinder von Eltern mit wechselnden Aufenthaltsorten
- Pilotaktion für multilaterale Schulpartnerschaften
- Internationale wissenschaftliche Zusammenarbeit

- Austauschprogramm für Junglandwirte
- Fortbildung für im Veterinärbereich tätige Personen
- Austausch von mit der Durchführung des Gemeinschaftsrechts betrauten Beamten

4. **Außenwirtschaft**

    - 7. Europäischer Entwicklungsfonds – EEF
    - Zentrum für industrielle Entwicklung – CDI
    - Biowissenschaften und -technologien für Entwicklungsländer
    - EC-International Investment Partners – ECIP (auch Cheysson-Fazilität)
    - Exportförderung
    - Japan-Schulungsprogramm für junge Führungskräfte – ETP
    - Japan-Schulungsprogramm für Führungskräfte aus EU-Unternehmen – HRTP
    - Exportförderung nach Japan – EXPROM
    - Aktion zur wirtschaftlichen Umstrukturierung Mittel- und Osteuropas – PHARE, JOPP, SIGMA
    - Transeuropäisches Mobilitätsprogramm für die Hochschulen – TEMPUS
    - Darlehen der Europäischen Bank für Wiederaufbau und Entwicklung – EBWE
    - Technische Unterstützung der GUS und Georgiens bei der Gesundung und Neubelebung ihrer Wirtschaft – TACIS
    - Entwicklungshilfe für Asien und Lateinamerika
    - Zusammenarbeit mit Drittländern im Mittelmeerraum

5. **Gesundheit**

    - Forschung und Entwicklung in Biomedizin u. Gesundheitswesen – BIOMED (1990–94)
    - Maßnahmen in der öffentlichen Gesundheitsfürsorge
    - 6. Forschungsprogramm „Gesundheitsschutz im Bergbau"
    - Ergonomieforschung für den Steinkohlebergbau und die Eisen- und Stahlindustrie
    - 5. EGKS-Forschungsprogramm „Technische Bekämpfung schädigender und belästigender Einflüsse an den Arbeits-

plätzen und in der Umgebung von Anlagen der Eisen- und Stahlindustrie"
- 5. Medizinisches Forschungsprogramm der EGKS
- Analyse des menschlichen Genoms
- Aktionsprogramm für Toxikologie zum Zweck des Gesundheitsschutzes
- Aktionsprogramm zum Europäischen Jahr für Sicherheit, Hygiene und Gesundheitsschutz am Arbeitsplatz
- Europa gegen den Krebs
- Europa gegen Aids

6. **Umweltschutz**

- Forschung und technologische Entwicklung im Umweltschutz – STEP, EPOCH
- Gemeinschaftliche Umwelt- und Naturschutzaktionen – GUA, GANAT
- Finanzinstrument für den Umweltschutz – LIFE
- Forstwirtschaftliches Aktionsprogramm
- FuE für Meereswissenschaft und -technologie – MAST
- Studien in Umweltschutz und Abfallwirtschaft
- Umweltaktionsprogramm für das Mittelmeer und die Nordsee – MEDSPA, NORSPA

7. **Energie**

- Energietechnologische Demonstrationsvorhaben – THERMIE
- Erhöhung der Effizienz der Elektrizitätsverwendung – PACE
- Technische Forschung Kohle
- FuE für nichtnukleare Energien – JOULE II (1991–94)
- EURATOM – Darlehen
- Nukleare Sicherheit bei der Kernspaltung
- Energietechnologien für Drittländer
- Aktionsplan für radioaktive Abfälle
- Forschungs- und Demonstrationsprogramm zur Stillegung kerntechnischer Anlagen
- Forschung und Ausbildung auf dem Gebiet der kontrollierten Kernfusion – JET, NET, ITER

- Forschung und Ausbildung für fernbediente Handhabungssysteme zum Einsatz bei der Kernenergie, dem Katastrophenschutz und im unbekannten Umfeld – TELEMAN
- Regionale und städtische Energieplanung
- Aktionen zur Förderung der Energieeffizienz – SAVE
- Förderung der erneuerbaren Energieträger – ALTENER

8. Industrie

- FuE für industrielle u. Werkstofftechnologien – BRITE, EURAM
- FuE zu Rohstoffen und Recycling
- FuE für Prüf- und Meßverfahren
- EGKS-Industriedarlehen
- Technologische Entwicklung in der Automobilindustrie
- Technische Forschung, Pilot- und Demonstrationsvorhaben in der Eisen- und Stahlindustrie
- FuE auf dem Gebiet der Biotechnologie – BRIDGE, BIOTECH
- Forschung, Entwicklung und Demonstrationsmaßnahmen in Landwirtschaft, Agrarindustrie und Fischerei – AIR
- 1. Gemeinsames Forschungsprogramm „Sicherheit in den EGKS-Industrien"
- Gemeinschaftsaktion im Bereich der Supraleitfähigkeit
- FuE im Verkehrswesen – EURET
- Gemeinschaftsforschung für Technologie – CRAFT
- Demonstrationsvorhaben für neue Verwendungen landwirtschaftlicher Rohstoffe außerhalb der Ernährung

9. Ernährung

- Anpassung der Produktionsstrukturen in der Landwirtschaft – EAGFL Abteilung Ausrichtung
- Verarbeitung und Vermarktung land- und forstwirtschaftlicher Erzeugnisse – EAGFL Abteilung Ausrichtung
- Einstellung der Erwerbstätigkeit und Vorruhestand in der Landwirtschaft – EAGFL Abteilung Ausrichtung
- Endgültige Aufgabe von Rebflächen – EAGFL Abteilung Ausrichtung

- FuE zur Wettbewerbsfähigkeit der Landwirtschaft und Bewirtschaftung landwirtschaftlicher Ressourcen – CAMAR
- Verbesserung und Anpassung der Strukturen im Bereich der Fischerei und der Aquakultur
- Verarbeitung und Vermarktung von Erzeugnissen der Fischerei und der Aquakultur
- Förderung von Erzeugergemeinschaften – FAR
- Verkaufsförderung, Werbung und Qualitätsverbesserung für Milch und Milcherzeugnisse
- Pilotvorhaben für den Einsatz der Fernerkundung in der Agrarstatistik
- Sanierung, Qualitäts- und Absatzsteigerung für Obst, Gemüse und Verarbeitungserzeugnisse
- Landwirtschaftliche Einkommensbeihilfen – PARA
- Regionale Agrarstrukturförderung
- GAP-Reform: Ausgleichszahlungen und Begleitmaßnahmen
- Absatzförderung Rindfleisch

10. Informations- und Kommunikationstechnologie

- Programm für Forschung und technologische Entwicklung im Bereich der Informationstechnologie – ESPRIT
- FuE-Programm im Bereich der Kommunikationstechnologien – RACE
- Grundlagenforschung zur Entwicklung eines lernfähigen Computers – BRAIN
- FuE für allgemeinrelevante Telematiksysteme – ENS, DRIVE, AIM, DELTA, LRE, ORA
- Entwicklung eines einsatzfähigen maschinellen Übersetzungssystems – EUROTRA
- Informationstechnik und Fernmeldewesen im Straßenverkehr – DRIVE
- Elektronischer Datentransfer im Handel – TEDIS
- Erforschung und Entwicklung statistischer Expertensysteme – DOSES
- Technologie-Initiative für Behinderte und ältere Menschen – TIDE
- Pilotaktionen zur Förderung des kombinierten Verkehrs

11. Soziales

- Eingliederung der am stärksten benachteiligten Gruppen
- Aktionsprogramm zugunsten der Behinderten – HELIOS
- EGKS-Anpassungsbeihilfen für Arbeitsplatzverluste im Kohlebergbau – RECHAR
- EGKS-Darlehen für Arbeitnehmerwohnungen
- Untersuchungen über Möglichkeiten der Wiederbeschäftigung von EGKS-Arbeitnehmern
- Soziale Begleitmaßnahmen für Arbeitsplatzverluste in der Eisen- und Stahlindustrie
- Schaffung neuer Arbeitsplätze – SPEC
- 1993 – Europäisches Jahr der älteren Menschen und der Solidarität der Generationen (Kommissionsvorschlag)
- Zusammenarbeit der Arbeitnehmervertreter
- Maßnahmen und Studien im Bereich Familie

12. Kultur und Sonstiges

- Jugend für Europa
- Förderung der Fremdsprachenkenntnisse – LINGUA
- Pilotvorhaben zur Übersetzung zeitgenössischer Literatur
- Berufsbildung im Kulturbereich
- Pilotvorhaben zur Erhaltung von Baudenkmälern
- Zuschüsse für verschiedene Organisationen und Veranstaltungen
- Städtepartnerschaften in der Gemeinschaft
- Kulturbühne Europa – KALEIDOSKOP
- Entwicklung der audiovisuellen Industrie – MEDIA
- Aktionsplan zur Förderung des Tourismus
- Vorrangige Maßnahmen für die Jugend

Wie oben angedeutet, ist bereits die vormalige DDR noch vor dem 3. Oktober 1990 in den Genuß gemeinschaftlicher Fördermaßnahmen gelangt. Mit insgesamt 20 Mio. ECU aus dem PHARE-Programm wurden Umweltschutzmaßnahmen wie etwa die Umrüstung des Heizkraftwerks Dresden-Mickten, die Klärschlammbehandlung in Königstein, Wasserprüfeinrichtungen für die Elbe oder eine Abfallstudie für Sachsen bezuschußt. 14 Mio. ECU hat die Gemeinschaft für die Wiederherstellung von Gewerbeflächen in Pirna, Cottbus und Sangerhausen, die Anpassung der amtlichen Statistik an die Marktwirtschaft und den Aufbau von Beratungsstellen für Unternehmen bereitgestellt. Ebenso bereits angelaufen war das TEMPUS-Programm, mit dem der Austausch im Bereich der Hochschulausbildung und Kooperationsnetze von Unternehmen und Hochschulen zwischen Mittel- und Osteuropa sowie den Mitgliedsstaaten der EG aufgebaut wurde.

Bereits seit dem Sommer 1990 wurden auch in Ostdeutschland Anträge auf Darlehen der Gemeinschaft für die Kohle- und Stahlindustrie, für die Schaffung von Ersatzarbeitsplätzen für Arbeitnehmer dieser Industriezweige sowie aus den Mitteln der Europäischen Atomgemeinschaft und der Europäischen Investitionsbank entgegengenommen. Nähere Hinweise zu diesen besonders zinsgünstigen Krediten finden sich unter I.1–I.3.

Sämtliche übrigen Förderprogramme der Union, in deren Genuß die neuen Bundesländer und der Osten der Stadt Berlin seit ihrem Beitritt zur EU uneingeschränkt gelangen können, hier in allen Einzelheiten zu erläutern, würde den Rahmen des Buches sprengen. Dargestellt werden jedoch die vom Mittelumfang bedeutendsten Maßnahmen, die sogenannten Strukturfonds mit den dazugehörigen Darlehen, durch die 1994–99 fast 14 Mrd. ECU etwa je zur Hälfte aus Zuschüssen und Darlehen für die Umstrukturierung Ostdeutschlands bereitgestellt werden. In diesem Zusammenhang sei erwähnt, daß die neuen Bundesländer ab dem 1.1.1994 als sog. „Ziel Nr. 1"-Gebiete eingestuft wurden, d. h. dem 1. Hauptziel „Förderung der Entwicklung und der strukturellen Anpassung der Regionen mit Entwicklungsrückstand" der Strukturfonds entsprechen und somit mehr Anspruch auf Fördermittel aus Brüssel haben. Im Wege der Mischfinanzierung mit den Bund-Länder Gemeinschaftsaufgaben Verbesserung der regionalen Wirtschaftsstruktur bzw. der Agrarstruktur und des Küstenschutzes sowie mit den Berufsförderungsmaßnahmen insbesondere der Bundesanstalt für Arbeit sollen damit weitere Investitionen in Deutschland ausgelöst werden. Gemäß des am 19. März 1991 verabschiedeten För-

Wie oben angedeutet, ist bereits die vormalige DDR noch vor dem 3. Oktober 1990 in den Genuß gemeinschaftlicher Fördermaßnahmen gelangt. Mit insgesamt 20 Mio. ECU aus dem PHARE-Programm wurden Umweltschutzmaßnahmen wie etwa die Umrüstung des Heizkraftwerks Dresden-Mickten, die Klärschlammbehandlung in Königstein, Wasserprüfeinrichtungen für die Elbe oder eine Abfallstudie für Sachsen bezuschußt. 14 Mio. ECU hat die Gemeinschaft für die Wiederherstellung von Gewerbeflächen in Pirna, Cottbus und Sangerhausen, die Anpassung der amtlichen Statistik an die Marktwirtschaft und den Aufbau von Beratungsstellen für Unternehmen bereitgestellt. Ebenso bereits angelaufen war das TEMPUS-Programm, mit dem der Austausch im Bereich der Hochschulausbildung und Kooperationsnetze von Unternehmen und Hochschulen zwischen Mittel- und Osteuropa sowie den Mitgliedsstaaten der EG aufgebaut wurde.

Bereits seit dem Sommer 1990 wurden auch in Ostdeutschland Anträge auf Darlehen der Gemeinschaft für die Kohle- und Stahlindustrie, für die Schaffung von Ersatzarbeitsplätzen für Arbeitnehmer dieser Industriezweige sowie aus den Mitteln der Europäischen Atomgemeinschaft und der Europäischen Investitionsbank entgegengenommen. Nähere Hinweise zu diesen besonders zinsgünstigen Krediten finden sich unter I.1–I.3.

Sämtliche übrigen Förderprogramme der Union, in deren Genuß die neuen Bundesländer und der Osten der Stadt Berlin seit ihrem Beitritt zur EU uneingeschränkt gelangen können, hier in allen Einzelheiten zu erläutern, würde den Rahmen des Buches sprengen. Dargestellt werden jedoch die vom Mittelumfang bedeutendsten Maßnahmen, die sogenannten Strukturfonds mit den dazugehörigen Darlehen, durch die 1994–99 fast 14 Mrd. ECU etwa je zur Hälfte aus Zuschüssen und Darlehen für die Umstrukturierung Ostdeutschlands bereitgestellt werden. In diesem Zusammenhang sei erwähnt, daß die neuen Bundesländer ab dem 1. 1. 1994 als sog. „Ziel Nr. 1"-Gebiete eingestuft wurden, d. h. dem 1. Hauptziel „Förderung der Entwicklung und der strukturellen Anpassung der Regionen mit Entwicklungsrückstand" der Strukturfonds entsprechen und somit mehr Anspruch auf Fördermittel aus Brüssel haben. Im Wege der Mischfinanzierung mit den Bund-Länder Gemeinschaftsaufgaben Verbesserung der regionalen Wirtschaftsstruktur bzw. der Agrarstruktur und des Küstenschutzes sowie mit den Berufsförderungsmaßnahmen insbesondere der Bundesanstalt für Arbeit sollen damit weitere Investitionen in Deutschland ausgelöst werden. Gemäß des am 19. März 1991 verabschiedeten Förderkonzepts der Europäischen Kommission werden diese Investitionen auf folgende acht Schwerpunkte konzentriert:

1. Wirtschaftsnahe Infrastruktur
2. Produktive Investitionen
3. Aus- und Weiterbildung
4. Bekämpfung der Langzeitarbeitslosigkeit
5. Berufliche Eingliederung Jugendlicher
6. Entwicklung von Land- und Forstwirtschaft, Fischerei und Umstrukturierung der Lebensmittelindustrie
7. Lebens- und Arbeitsbedingungen in ländlichen Gebieten
8. Landwirtschaft und Umwelt.

Auf ihrer Grundlage präzisieren die sogenannten operationellen Programme der neuen Bundesländer, welche nationalen Maßnahmen durch zusätzliche EU-Gelder aufgestockt werden. Dementsprechend können die Mittel des Regional-, Sozial- und Agrarstrukturfonds sowie des Finanzinstruments für die Ausrichtung der Fischerei auch nicht direkt in Brüssel beantragt werden. Interessenten müssen sich vielmehr zunächst an ihre gewohnten Ansprechpartner für Förderanträge wenden, die über Landes- und Bundesministerien die Mittel bei der Europäischen Kommission beantragen und den Maßnahmenträger über eine eventuelle Zusatzförderung seitens der EU unterrichten. Diese indirekte Förderung durch die Strukturfonds unterscheidet sich daher im Antragsweg wie auch wegen der Reservierung der je Land verfügbaren Mittel grundlegend von den anderen Förderprogrammen der Union, bei denen sich die förderfähigen Projekte in einer objektiven Qualitätsauslese im Rahmen von Antragsverfahren der EU-Kommission befinden.

Bei der Antragstellung für alle weiteren etwa 150 EU-Fördermaßnahmen ist daher zu berücksichtigen, daß deren Regelungen grundsätzlich für die gesamte Gemeinschaft gelten, daher notwendigerweise flexibel gehalten sind und der Kommission ein weites Ermessen einräumen. Das begründet auch die Vielzahl der im Antragsverfahren beratend tätigen Ausschüsse mit Vertretern der Mitgliedsstaaten.

Dringend anzuraten ist deshalb der direkte Kontakt mit den zuständigen Dienststellen der Europäischen Kommission oder zwischengeschalteten nationalen Behörden und Einrichtungen. Alle zuständigen Abteilungen der Kommission verfügen über deutschsprachige Experten; als weitere Informanten empfehlen sich die neuen EU-Beratungsstellen für Unternehmen (Anhang 1), die Vertretung der Europäischen Kommission in Berlin, Kurfürstendamm, Telefon 0 30/8 92 40 28 sowie die Industrie- und Handelskammern mit ihren Technologieberatungsstellen (Anhang 7). Hilfreich kann auch die Anforderung der bei den zuständigen Dienststellen erhältlichen Beschreibungen laufender Projekte und eine Sichtung bereits von der EU geförderter Technologieprojekte mit Hilfe der einschlägigen Datenbanken sein. Direkte Anfragen bei der Kommission empfehlen sich insbesondere wegen der für viele Programme häufig schon vor ihrer Verabschiedung im Rat durchgeführten Ausschreibungen im Amtsblatt der EU, über die Interessenten zumeist Vorabinformationen erfragen können. Vollständige Ausschreibungen sind in den Serien C und S des Amtsblatts der Europäischen Union sowie über die Datenbank TED verfügbar und legen Fristen für die Antragstellung bzw. Vorschlagsabgabe und teilweise bereits für die Anforderung von Ausschreibungsunterlagen fest. Bei der Suche nach einem insbesondere bei den Forschungsprogrammen erforderlichen ausländischen Partner für einen Antrag bzw. Vorschlag kann die Datenbank EUROCONTACT oder das Business-Cooperation-Network (BC-Net) der Kommission helfen. Insbesondere für kleine und mittlere Unternehmen bestehen damit auch Möglichkeiten, Teilprojekte innerhalb eines Kooperationsvorhabens größerer Partner zu übernehmen.

Nach Antragstellung ist für die meisten Programme mit einer mehrmonatigen Bearbeitungsdauer zu rechnen. Die Vertraulichkeit des Antrags bzw. Vorschlags ist dabei gesichert. Die Gewährung einer Finanzhilfe erfolgt i. d. R. durch einen Vertrag zwischen dem Begünstigten und der Kommission, der die Zuschußhöhe (Kostenteilungsschlüssel) endgültig in ECU festlegt. Mögliche Kostensteigerungen müssen daher vor seinem Abschluß geltend gemacht werden. Gleiches gilt, falls die Gewährung durch ein einfaches Bewilligungsschreiben erfolgt.

Die Gewährung von Mitteln ist regelmäßig mit Berichts- und Kontrollpflichten für den Begünstigten, gegebenenfalls auch mit Koordinierungspflichten gegenüber der Kommission und Regelungen über die Verwertung und Verbreitung von Ergebnissen des Vorhabens verbunden.

Für detailliertere und regelmäßig aktualisierte Informationen zu sämtlichen EU-Förderprogrammen stehen zahlreiche Informationsbroschüren der EU selbst sowie mehrere praxisorientierte Veröffentlichungen zur Verfügung. Verwiesen sei auf das jährlich neu erscheinende Werk „Förderprogramme der EU", Economica Verlag, und auf das Loseblattwerk „Handbuch der Europäischen Wirtschaftsförderung", Nomos Verlag, das auch die Förderprogramme anderer europäischer Organisationen als der EU, wie etwa die des Europarates, des Europäischen Patentamtes und von EUREKA und sämtliche Rechtsgrundlagen, amtlichen Erläuterungen, Durchführungsbestimmungen, Antragsformulare und Adressen enthält.

Die aktuellsten Informationen lassen sich darüber hinaus in den einschlägigen Datenbanken zu öffentlichen Fördermitteln abfragen, die zunehmend bei einzelnen Banken zur Verfügung stehen.

1 EGKS-Umstellungsdarlehen

Rechtsgrundlage:

Art. 56 EGKS-Vertrag, Kommissionsmitteilungen vom 28. 7. 1990 u. 6. 3. 1992, Art. 130 a EWG-Vertrag, Ratsverordnungen (EWG) Nr. 2052/88 vom 24. 6. 1988 und 4253/88 vom 19. 12. 1988

Förderziel:

- Schaffung von Ersatzarbeitsplätzen für ausgeschiedene Arbeitnehmer der Kohle- und Stahlindustrie
- Umstellung der von der rückläufigen industriellen Entwicklung schwer betroffenen Regionen („Ziel Nr. 2")

Volumen:

1,5 Mrd. ECU Darlehen für Ostdeutschland 1991–94 geplant (zusammen mit Industriedarlehen); Zinsverbilligungsmittel für Ostdeutschland 1994 möglich; das Programm wird Ende 1997 auslaufen

Aktionsbereiche:

a) Neu-, Erweiterungs- und Umstellungsinvestitionen bzw. Investitionsprogramme zur Schaffung zusätzlicher Arbeitsplätze in den durch die Umstrukturierung der Kohle- und Stahlindustrie besonders stark betroffenen Gebieten (**Kreisfreie Städte:** Brandenburg, Cottbus, Eisenhüttenstadt, Görlitz; **Kreise:** Altenburg, Aschersleben, Bitterfeld, Borna, Brandenburg, Calau, Cottbus, Delitzsch, Eisenhüttenstadt, Eisleben, Freital, Görlitz, Gräfenhainichen, Hohenmölsen, Hoyerswerda, Merseburg, Oranienburg, Oschersleben, Riesa, Saalfeld, Senftenberg, Spremberg, Weißwasser; **folgende Orte aus dem Kreis Nauen:** Dallgow, Falkensee, Nauen, Pausin, Staaken, Warnsdorf)

b) Investitionen zur Schaffung von Arbeitsplätzen für ehemalige EGKS-Arbeitnehmer außerhalb besonders stark von der Umstrukturierung betroffener Gebiete

Fördermaßnahmen:

Direkt-, Global- und Unterdarlehen teilweise mit Zinsverbilligung

Zinssatz:

Kapitalmarktsatz

Zinsverbilligung:

bis zu 3 % für 5 Jahre

Laufzeit:

i. d. R. 5 Jahre

Auszahlung:

i. d. R. 100 %

Provision:

bei Unterdarlehen maximal 1 %

Bemessungsgrundlage:

Anlageinvestition; Zinsverbilligung für bis zu $2/3$ von 20.000 ECU Darlehen je Arbeitsplatz unterschiedlich nach Darlehensbetrag und Zahl neuer Arbeitsplätze

Finanzierungsanteil:

i. d. R. bis zu 50 %, Kumulierung mit Zuschüssen bis zu 70 %, in Ausnahmefällen bis 90 %

Höchstbetrag:

7,5 Mio. ECU für Unterdarlehen

Mindestbetrag:

7,5 Mio. ECU für Direktdarlehen

Projektdauer:

3 Jahre, für Programme ausnahmsweise bis 5 Jahre

Einschränkungen:

i. d. R. nur Investitionen außerhalb der EGKS-Sektoren, des Einzelhandels, des Krankenhaus- und Wohnungswesens, des Finanz- und Banksektors sowie der Landwirtschaft, Forsten und Fischerei

Förderkriterien:

Rentabilität, regionale Bedeutung, technologischer Stand, Marktaussichten und sektorale Lage des Projekts, finanzielle Lage des Unternehmens, Wert der Sicherheiten, Umweltwirkungen

Antragsverfahren:

Direkt- und Globaldarlehen formlos über den Mitgliedsstaat, Unterdarlehen je nach Finanzinstitut

Antragsberechtigte:

Unternehmen, Existenzgründer mit bisheriger EGKS-Beschäftigung und öffentliche Einrichtungen für Direkt- und Unterdarlehen, Finanzinstitute für Globaldarlehen

Information und Antragsweg:

für Direkt- und Globaldarlehen über den Mitgliedsstaat

- Bundeswirtschaftsministerium Ref. III A 3
  Herr Kirsch
  Villemombler Str. 76
  53123 Bonn
  Telefon 02 28/6 15 35 57
  Telefax 02 28/6 15 44 36

- an die Generaldirektion XVIII, Ref. B-2
  L-2950 Luxemburg
  Herr Schutz, Herr Krüger
  Telefon 0 03 52/43 01-3 63 97
  Telefax 0 03 52/43 63 22

- oder Generaldirektion XVI, Ref. D-2/
  Deutschland und EGKS-Umstellungsdarlehen
  Herr Ojha
  Telefon 0 03 22/2 99 04 90
  Telefax 0 03 22/2 96 60 06

- für Unterdarlehen an ein Finanzinstitut (Globaldarlehensnehmer), z. Zt. BfG, Bayerische Landesbank, Bayerische Vereinsbank, Saarländische Investitionskreditbank, Deutsche Industrie- und Handelsbank (DIHB), Westdeutsche Genossenschafts-Zentralbank, Westfalenbank, Commerzbank, Dresdner Bank, West LB, Nord LB, Südwest LB, Deutsche Bank, IKB

2 EGKS-Industriedarlehen

Rechtsgrundlage:

Art. 54 Abs. 1 EGKS-Vertrag

Förderziel:

Erleichterung der Durchführung von Investitionsprogrammen der Kohle- und Stahlindustrie

Aktionsbereiche:

1. Investitionsprogramme und Investitionen zur Verbesserung der Wettbewerbsfähigkeit
2. Investitionen im Kohle- und Stahlbereich in den mittel- und osteuropäischen Ländern sowie Investitionen zur Förderung des Verbrauchs von Gemeinschaftsstahl

Fördermaßnahmen:

Direktdarlehen

Zinssatz:

Kapitalmarktsatz

Laufzeit/Auszahlung:

variabel

Finanzierungsanteil:

maximal 50 % der Investitionskosten

Förderkriterien:

technische und finanzielle Durchführungsbestimmungen, Durchführbarkeit, Marktaussichten, sektorale Lage, Umweltwirkungen, spezifische Ziele des Aktionsbereiches, Investitionsstandort, Verbesserung der Wettbewerbsfähigkeit von Kohle und Stahl

Antragsverfahren:

formlos, 3fach unter Angabe von Unternehmenszweck, Darlehenshöhe, Tilgungsdauer, Projektkosten, Gesamtfinanzierungsplan, Sicherheiten, der wirtschaftlichen Lage des Antragstellers und der Lebensfähigkeit des Projekts

Antragsberechtigte:

Unternehmen der EGKS-Industrien im Sinn von Art. 80 EGKS-Vertrag

Antragsfristen:

keine

Information und Antragsweg:

- die Generaldirektion XVIII, Ref. B-2/Darlehen
  L-2920 Luxemburg
  Herr Schutz
  Telefon 0 03 52/43 01-3 62 00
  Telefax 0 03 52/43 01-3 66 09
  Telex 2 331 EUCRED LU und 3 366 EUFRIN LU

3 Darlehen der Europäischen Investitionsbank – EIB

Rechtsgrundlage:

Art. 129, 130 und 130 b EWG-Vertrag; Ratsverordnung (EWG) Nr. 2052/88 vom 24. 6. 1988 und Nr. 4253/88 vom 19. 12. 1988, Ratsbeschluß 90/62/EWG vom 12. 2. 1990 (Abl. L 42/16. 2. 1990, S. 68), Schlußfolgerungen des Europäischen Rates Edinburgh vom 11./12. 12. 1992, Kommissionsmitteilung vom 3. 3. 1993 (Abl. C 60, 3. 3. 1993, S. 2)

Förderziel:

- Ausgewogene und reibungslose Entwicklung des Gemeinsamen Marktes
- Stärkung des wirtschaftlichen und sozialen Zusammenhalts der Gemeinschaft
- Verringerung des Abstands der verschiedenen Regionen und des Rückstands der am wenigsten begünstigten Regionen
- Förderung der Einführung der Marktwirtschaft in Mittel- und Osteuropa
- Förderung des wirtschaftlichen Aufschwungs in Europa

Volumen:

- 1993: 19,6 Mrd. ECU gewährte Darlehen, davon entfielen auf die EU 17,7 Mrd. ECU, in Deutschland 2,1 Mrd. ECU, für die neuen Bundesländer 1,2 Mrd. ECU
- Edinburgher Überbrückungs-Fazilität (Darlehensfazilität): 5 Mrd. ECU für 1993–94
- Europäischer Investitionsfonds: 2 Mrd. ECU, 400 Mio. ECU für Zinsverbilligungen für KMU

Aktionsbereiche:

1. Investitionen für die Regionalentwicklung (s. EFRE)
2. Investitionen auf den Gebieten Verkehr, Telekommunikation und Energie
3. Vorhaben zum Umweltschutz und zur Verbesserung des Lebensrahmens

4. Investitionen zur Stärkung der internationalen Wettbewerbsfähigkeit der Industrie

5. Investitionen in Entwicklungs-(AKP) und Mittelmeerländern sowie in Mittel- und Osteuropa

6. Edinburgher Fazilität: Infrastrukturvorhaben für transeuropäische Netze (Verkehr, Energie, Telekommunikation) in der EU, in Mittel- und Osteuropa und EFTA, Umweltprojekte in der EU

7. Europäischer Investitionsfonds: Bürgschaften für Infrastrukturvorhaben größeren Umfangs im Bereich der transeuropäischen Netze, Investitionshilfen für kleine und mittlere Unternehmen

Fördermaßnahmen:

Unter-, Direkt- und Globaldarlehen in DM, ECU, Fremdwährung oder im Währungsmix, Wechselkurssicherung, Zinsverbilligung

Zinssatz:

Kapitalmarktsatz, fest oder variabel, halbjährliche oder jährliche Verzinsung und Tilgung

am 30. 7. 1992 z. B. für 10jähriges Festzinsdarlehen bei halbjährlicher Verzinsung und Tilgung 8,25 % in DM und 9,8 % in ECU

3–6 % in AKP-Ländern, 5–8 % in Mittelmeerländern

Zinsverbilligung:

für KMU in der Europäischen Union, 4 % in AKP-Ländern, 1,5–3 % in Mittelmeerländern

Laufzeit:

7–12 Jahre, für Infrastrukturfinanzierungen bis zu 20 Jahre; bis zu 5 Jahre tilgungsfrei, 5 Jahre für Zinsverbilligungen

Auszahlung:

100 %

Provision:

bei Direkt- und Globaldarlehen bis zu 0,15 %, unter 60 Tagen keine Bereitstellungsprovision bei Unterdarlehen lt. Hausbankkondition, beim Europäischen Investitionsfonds risikoabhängig

Bemessungsgrundlage:

Investitionsbetrag

Finanzierungsanteil:

i. d. R. bis zu 50 %, für 6. bis zu 75 %

Höchstbetrag:

Unterdarlehen bis 10 Mio. ECU

Mindestbetrag:

Unterdarlehen ab 20.000 ECU
Direktdarlehen ab 1 Mio. ECU

Einschränkungen:

- Unterdarlehen nur an Unternehmen mit höchstens 75 Mio. ECU Anlagevermögen und 500 Beschäftigten (KMU)
- Globaldarlehen nur an Banken (in Deutschland zur Zeit nur Industriekreditbank und Berliner Industriebank)
- Kumulierung mit EG-Zuschüssen i. d. R. bis 90 % des Investitionsbetrages
- Edinburgher Fazilität: kombinierte Gemeinschaftsdarlehen und -zuschüsse bis zu 90 %; bei Vorhaben in Mittel- und Osteuropa/EFTA, Interoperabilität mit EG-Netzen
- Keine Vorhaben im Bereich der sozialen Infrastruktur

Sicherheiten:

Bürgschaft des Staates, in dem das Vorhaben durchgeführt wird oder andere erstklassige Sicherheiten

Förderkriterien:

internationale Ausschreibung für Aufträge, volkswirtschaftliche und umweltspezifische Rechtfertigung, technische Tragfähigkeit, finanzielle Rentabilität der produktiven Investitionen

Antragsverfahren:

Unterdarlehen mit Formblatt an Hausbank

Direkt- und Globaldarlehen formlos an die EIB

Antragsberechtigte:

für Unterdarlehen Klein- und Mittelunternehmen, sonst alle Unternehmen und staatliche Regiebetriebe

Antragsfristen:

keine

Information und Antragsweg:

- Europäische Investitionsbank (EIB)
  100, Boulevard K. Adenauer
  Herr Weber-Krebs, Herr Delsing
  L-2950 Luxemburg
  Telefon 0 03 52/43 79-1
  Telefax 0 03 52/43 77 04
  Telex 3 530 bnkeu lu

- Niederlassung Brüssel
  Herr Müller-Borle
  Rue de la Loi 227 B4
  B-1040 Brüssel
  Telefon 0 03 22/2 30 98 90
  Telefax 0 03 22/2 30 58 27

4 Europäischer Fonds für regionale Entwicklung – EFRE

Rechtsgrundlage:

Art. 130 c und d EWG-Vertrag; Ratsverordnung (EWG) Nr. 2081/93 vom 20. 7. 1993 (Abl. L 193, 31. 7. 1993, S. 5), Nr. 2082/93 und 2083/93 vom 20. 4. 1993 (Abl. L 193, 31. 7. 1993, S. 20 und S. 34), Nr. 3575/90 vom 4. 12. 1990 (Abl. L 353, 17. 12. 1990, S. 19); Nr. 328/88 vom 2. 2. 1988 (Abl. L 33, 5. 2. 1988, S. 1), Nr. 2506/88 vom 26. 7. 1988 (Abl. L 225, 15. 8. 1988, S. 24), Kommissionsentscheidungen 89/288/EWG vom 21. 3. 1989 (Abl. L 112, 25. 4. 1989, S. 10), 89/289/EWG vom 8. 3. 1989 (Abl. L 113, 26. 4. 1989, S. 29), 89/379/EWG (Abl. L 180, 27. 6. 1989, S. 54) und 89/426/EWG (Abl. L 198, 12. 7. 1989, S. 1) vom 10. 5. 1989, 90/294–300/EWG vom 20. 12. 1989, 90/400/EWG vom 3. 5. 1990 (Abl. L 206, 4. 8. 1990, S. 26), 91/241/EWG vom 13. 3. 1991 (Abl. L 114, 7. 5. 1991, S. 30), 92/476/EWG vom 15. 9. 1992 (Abl. L 281, 25. 9. 1992, S. 57)

Förderziel:

Stärkung des wirtschaftlichen und sozialen Zusammenhalts der Gemeinschaft, um eine harmonische Entwicklung der Gemeinschaft als Ganzes zu fördern, insbesondere

- Förderung der Entwicklung und der strukturellen Anpassung der Regionen mit Entwicklungsrückstand („Ziel 1": ab dem 1. 1. 1994 auch die neuen Bundesländer und Ostberlin)
- Umstellung der Regionen, Grenzregionen oder Teilregionen (einschließlich Arbeitsmarktregionen und Verdichtungsräumen), die von der rückläufigen industriellen Entwicklung schwer betroffen sind („Ziel 2")
- Förderung der Entwicklung und strukturelle Anpassung des ländlichen Raumes („Ziel 5 b")

Zeitrahmen:

1994–99

Budget:

7,0 Mrd. ECU für Ostdeutschland, davon 546 Mio. ECU für Berlin (Ost), 1,12 Mrd. ECU für Brandenburg, 833 Mio. ECU für Mecklenburg-Vorpommern, 2,08 Mrd. ECU für Sachsen, 1,26 Mrd. ECU für Sachsen-Anhalt, 1,14 Mrd. ECU für Thüringen

Aktionsbereiche:

1. produktive Investitionen zur Arbeitsplatzbeschaffung und -erhaltung und zum Umweltschutz

2. Errichtung oder Modernisierung von Infrastrukturen, auch zum Umweltschutz
   - zur Stärkung des Entwicklungspotentials (Ziel 1)
   - zur Wiedererrichtung von Industriezonen und wirtschaftsnahen Infrastrukturen (Ziel 2)
   - für außerlandwirtschaftliche Arbeitsplätze (Ziel 5 b)

3. Erschließung der endogenen Entwicklungsmöglichkeiten (s. a. BIC)

4. Investitionen im Bildungs- und Gesundheitswesen für „Ziel 1")

5. Maßnahmen im Bereich der Forschung und technologische Entwicklung

6. produktive Investitionen für den Umweltschutz

7. Aktionen der Regionalentwicklung auf Gemeinschaftsebene, besonders in Grenzregionen

8. regionalpolitische Studien sowie Maßnahmen zur technischen Unterstützung oder Information lokaler und regionaler Entwicklungsberater

Fördermaßnahmen:

Zuschuß, auch zur Zinsverbilligung und zum Leasing
- zu operationellen Regionalprogrammen
- zu nationalen Beihilferegelungen
- in globaler Form an regionale Entwicklungsgesellschaften
- zu Einzelprojekten

Zuschußhöhe:

In der Regel sind es maximal 50 % der Gesamtkosten für die Ziele 2 und 5 b und 75 % der Gesamtkosten für Maßnahmen aus Ziel 1

Mindestbetrag:

15 Mio. ECU (ab 1. 1. 1994 20 Mio. ECU [Kommissionsvorschlag]) für private, 25 Mio. ECU für Infrastrukturprojekte außerhalb von Entwicklungsplänen

Projektdauer:

3–6 Jahre für Pläne

Förderkriterien:

Teil gemeinschaftlicher oder nationaler Programme, regionale und Beschäftigungswirkung, Rentabilität, sektorale Lage, Umweltwirkung

Antragsverfahren:

regionale Entwicklungspläne, gemeinschaftliche Förderkonzepte und operationelle Regionalprogramme, Großprojekte auch unabhängig davon, für 7. und 8. Ausschreibung im Amtsblatt C, für 8. Formblatt

Antragsberechtigte:

Unternehmen, Gemeinden und Landkreise in den Ziel 1-, 2- und 5 b-Gebieten sowie in den neuen Bundesländern nach Vorauswahl durch den Mitgliedstaat, Forschungseinrichtungen für 5.

Antragsfristen:

vor Investitionsbeginn, für 7. und 8. lt. Ausschreibungen im Amtsblatt C und S, zuletzt 31. 7. 1993 für KONVER, 15. 10. 1993 für die Ausbildung von „Entwicklern"

Antragsweg:

über nationale und regionale Wirtschaftsministerien und -behörden, für 8. Europäische Kommission

Information:

- Generaldirektion XVI,
  für „Ziel 1" und „Ziel 2" Ref. D-2/Deutschland, Benelux, Spanien
  Herr Hötte, Herr Böck
  Telefon 0 03 22/2 95 71 54, 2 95 10 16
  Telefax 0 03 22/2 96 43 14

- für „Ziel 5 b" Ref. D-3/Ländliche Gebiete
  Herr Bernardini
  Telefon 0 03 22/2 95 46 64
  Telefax 0 03 22/2 96 43 14

- für 5. Ref. A-2/Initiativen
  Herr Spiekermann, Herr Shotton
  Telefon 0 03 22/2 96 13 23, 2 95 69 65
  Telefax 0 03 22/2 95 01 49
  für 5. Ref. A-1/Koordination
  Herr Seyler
  Telefon 0 03 22/2 95 46 81
  Telefax 0 03 22/2 96 43 15, 2 95 25 68

5 Europäischer Sozialfonds – ESF

Rechtsgrundlage:

Art. 123–127 und 130 e EWG-Vertrag, Ratsverordnung (EWG) Nr. 2081/23 vom 20. 7. 1993 (Abl. L 193, 31. 7. 1993, S. 5, Nr. 2082/93 und 2084/93 vom 20. 7. 1993 (Abl. L 193, 31. 7. 1993, S. 39), Leitlinien vom 24. 2. 1989, Kommissionsentscheidungen 90/93/EWG vom 20. 12. 1989 und vom 18. 12. 1990, 91/647/EWG vom 2. 12. 1991 (Abl. L 349, 18. 12. 1991, S. 46), Kommissionsmitteilungen EUROFORM, HORIZON und NOW (Abl. C 327, 29. 12. 1990, S. 3)

Förderziel:

- Förderung der Entwicklung und der strukturellen Anpassung der Regionen mit Entwicklungsrückstand („Ziel 1", ab 1. 1. 1994 auch für die neuen Bundesländer und Ostberlin)
- Umstellung der Regionen, Grenzregionen oder Teilregionen (einschließlich Arbeitsmarktregionen und städtische Verdichtungsräume), die von der rückläufigen industriellen Entwicklung schwer betroffen sind („Ziel 2")
- Bekämpfung der Langzeitarbeitslosigkeit und Erleichterung der beruflichen Eingliederung der Jugendlichen und der vom Ausschluß aus dem Arbeitsmarkt bedrohten Personen („Ziel 3")
- Erleichterung der Anpassung der Arbeitskräfte an die industriellen Wandlungsprozesse und an Veränderungen der Produktionssysteme („Ziel 4")
- Förderung der Entwicklung und strukturelle Anpassung des ländlichen Raums („Ziel 5 b")

Zeitrahmen:

1994–99

Budget:

4,2 Mrd. ECU für Ostdeutschland, davon 227 Mio. ECU für Berlin (Ost), 509 Mio. ECU für Brandenburg, 393 Mio. ECU für Mecklenburg-Vorpommern, 898 Mio. ECU für Sachsen, 565 Mio. ECU für Sachsen-Anhalt, 502 Mio. ECU für Thüringen und 1,1 Mrd. ECU für gemeinsame Maßnahmen

Aktionsbereiche:

1. Berufsbildung und -beratung
2. Beschäftigungsbeihilfen
3. Orientierung und Beratung bei der Wiedereingliederung Langzeitarbeitsloser
4. Verbesserung der Arbeitsvermittlung
5. Schaffung von Möglichkeiten zur Versorgung betreuungsbedürftiger Personen
6. Förderung der Chancengleichheit für Frauen und Männer auf dem Arbeitsmarkt
7. Hilfe bei der Verbesserung und der Entwicklung geeigneter Ausbildungssysteme (insbesondere KMU)
8. Verstärkung des Arbeitskräftepotentials in Forschung, Wissenschaft und Technologie
9. Untersuchungen zur Entwicklung des Arbeitsmarkts und des Bedarfs an beruflichen Qualifikationen
10. Weiterbildung, Orientierung und Beratung der Arbeitskräfte, insbesondere in KMU, der von Arbeitslosigkeit bedrohten Arbeitskräfte sowie derjenigen, die ihren Arbeitsplatz verloren haben
11. Ausbildung von Lehrkräften, Ausbildungspersonal und Verwaltungspersonal durch die Förderung der Zusammenarbeit zwischen Ausbildungsstätten oder Hochschuleinrichtungen und Unternehmen sowie durch Finanzierung von Sekundarbildungssystemen und einer Hochschulausbildung, die in deutlicher Beziehung zum Arbeitsmarkt, zu den neuen Technologien oder zur wirtschaftlichen Entwicklung steht

Fördermaßnahmen:

Zuschüsse
- zu operationellen Programmen
- in globaler Form
- zu technischer Hilfe sowie Modell- und Demonstrationsvorhaben

Zuschußhöhe:

In der Regel sind es maximal 45 % der Gesamtkosten für die Ziele 2, 3, 4 und 5 b (unterschiedlich für 1.–10.) und 75 % der Gesamtkosten für Maßnahmen aus Ziel 1 (für 11. und teilweise für 4., 8. und 10.)

Bemessungsgrundlage:

- Standardkosten
- Ausbildungsvergütung für die Lehrgangsteilnehmer
- Vorbereitung, Durchführung und Verwaltung der Lehrgänge
- Berufsberatung
- Ausbildung der Lehrkräfte
- Unterkunft, Fahrtkosten und Verpflegung der Lehrgangsteilnehmer
- Anpassung des Arbeitsplatzes für Behinderte
- Umzugs- und Eingliederungsbeihilfe für Wanderarbeitnehmer
- Kosten der Erfolgskontrolle und des Erfahrungsaustauschs
- Einstellungs- und Existenzgründungsbeihilfen

Projektdauer:

3–6 Jahre für Pläne

Förderkriterien:

keine Überfinanzierung, Art der Maßnahmen, Vorrangmaßnahmen, Vorrangregionen

Antragsverfahren:

Mitfinanzierung von nationalen Programmen der Mitgliedstaaten

Antragsberechtigte:

Jugendliche unter 25 Jahren, Langzeitarbeitslose (ab 1 Jahr), Arbeitslose, von Arbeitslosigkeit Bedrohte, Unterbeschäftigte, Frauen, welche wieder erwerbstätig werden wollen, eingliederungsfähige Behinderte, Wanderarbeitnehmer und deren Familienangehörige, Beschäftigte von KMU mit Umschulungsnotwendigkeit wegen Einführung neuer Technologien oder Verbesserung der Verwaltungsmethoden; Ausbilder, Berufsberater, Arbeitsvermittler, Entwicklungsberater; Maßnahmenträger des öffentlichen und privaten Rechts

Antragsfristen:

jährlich beim BMA

Information:

- Bundesministerium für Arbeit und Sozialordnung
  Ref. VII a 3, Herr Brüss
  Rochusstr. 1
  Postfach 14 02 80
  53123 Bonn
  Telefon 02 28/5 27-27 16, -28 10
  Telefax 02 28/5 27-29 65
  Teletex 2 283 650
  Telex 886 641

- Ref. AB VII, Herr Müller, Herr Dühring
  Klosterstr. 47
  10179 Berlin
  Telefon 0 30/23 93-0, -24 66, -24 67, -24 75, 0 30/34 76-0
  Telefax 0 30/23 93-21 45, 0 30/34 76-21 46

Antragsweg:

über Arbeitsministerien von Bund und Ländern und

- Bundesanstalt für Arbeit
  Ref. I a 3, Herr Pielenz, Herr Höning, Herr Meister
  Regensburgerstr. 104
  90478 Nürnberg
  Telefon 09 11/17-22 98, -22 50, -27 96
  Telefax 09 11/17-21 23

- an Generaldirektion V
  Direktion D/Europäischer Sozialfonds
  Herr Dibelius, Herr Herrmann, Herr Käding
  Telefon 0 03 22/2 35 41 35, 2 35 98 68, 2 35 74 42
  Telefax 0 03 22/2 35 65 06

6 Anpassung der Produktionsstrukturen in der Landwirtschaft – EAGFL Abteilung Ausrichtung

Rechtsgrundlage:

Art. 42 und 43 EWG-Vertrag, Ratsverordnung (EWG Nr. 2085/93 vom 20. 7. 1993; Abl. L 193, 31. 7. 1993, S. 44), Nr. 2328/91 (Abl. L 218, 6. 8. 1991, S. 1 und L 297, 29. 10. 1991, S. 24) und 1703/91 vom 13. 6. 1991 (Abl. L 162, 26. 6. 1991, S. 1), Kommissionsverordnungen (EWG) Nr. 777 und 778/89 vom 28. 3. 1989 (Abl. L 84, 29. 3. 1989, S. 25 und 27), Nr. 223/90 vom 26. 1. 1990 (Abl. L 22, 27. 1. 1990, S. 62) zuletzt geändert durch Nr. 3588/92 vom 14. 12. 1992, Nr. 4115/88 vom 21. 12. 1988 (Abl. L 361, 29. 12. 1988, S. 13), Nr. 1273/88 vom 29. 4. 1988 (Abl. L 121, 11. 5. 1988, S. 41), Nr. 3969/88 vom 20. 12. 1988 (Abl. L 351, 21. 12. 1988, S. 11), Nr. 1272/88 vom 29. 4. 1988 (Abl. L 121, 11. 5. 1988, S. 36), zuletzt geändert durch Nr. 466/92, Nr. 2069/91 vom 11. 7. 1991 (Abl. L 191, 16. 7. 1991, S. 19 und L 222, 10. 8. 1991, S. 43), Nr. 2157/89 vom 18. 7. 1989 (Abl. L 207, 19. 7. 1989, S. 14), Nr. 3407/91 vom 22. 11. 1991 (Abl. L 321, 23. 11. 1991, S. 13), Nr. 1191/89 vom 27. 4. 1989 (Abl. L 123, 4. 5. 1989, S. 1), Nr. 838/93 vom 6. 4. 1993 (Abl. L 88, S. 16) Kommissionsentscheidung Nr. 92/522/EWG vom 6. 11. 1992 (Abl. L 329, 16. 11. 1992, S. 1), Nr. 93/226/EWG vom 22. 4. 1993 (Abl. L 99, S. 1)

Förderziel:

- Förderung der Entwicklung und der strukturellen Anpassung der Regionen mit Entwicklungsrückstand („Ziel 1", ab 1. 1. 1994 auch für die neuen Bundesländer und Ostberlin)
- Förderung der Entwicklung des ländlichen Raums durch beschleunigte Anpassung der Agrarstrukturen im Rahmen der Reform der gemeinsamen Agrarpolitik („Ziel 5 a")
- Förderung der Entwicklung des ländlichen Raums durch Erleichterung der Entwicklung und der Strukturanpassung der ländlichen Gebiete („Ziel 5 b")

Zeitrahmen:

1994–99

Budget (vgl. Programm 7):

2,8 Mrd. ECU für Ostdeutschland und davon 8,4 Mio. ECU für Berlin (Ost), 617 Mio. ECU für Brandenburg, 708 Mio. ECU für Mecklenburg-Vorpommern, 494 Mio. ECU für Sachsen, 571 Mio. ECU für Sachsen-Anhalt, 401 Mio. ECU für Thüringen

Aktionsbereiche:

1. Investitionen landwirtschaftlicher Betriebe insbes. zur Produktionskostenverringerung, Verbesserung der Lebens- und Arbeitsbedingungen der Landwirte, Diversifizierung einschl. Direktvermarktung und zur Umwelterhaltung und -verbesserung
2. Niederlassung von Junglandwirten bis 55 Jahre
3. Maßnahmen zur Buchführung und für Zusammenschlüsse und überbetriebliche Maßnahmen
4. Einkommensstützung und Erhaltung einer lebensfähigen landwirtschaftlichen Gemeinschaft in benachteiligten und Berggebieten sowie zum Ausgleich natürlicher Nachteile
5. Berufsbildung in Zusammenhang mit 2. bis 4.

Fördermaßnahmen:

Zuschuß, Zinsverbilligung, Tilgungsstreckung, Bürgschaft

Zuschußhöhe:

35 % für Immobilien, 20 % für übrige Investitionen, in benachteiligten Gebieten 45 % bzw. 30 %, Junglandwirte einmalig bis zu 12.082 ECU

Höchstbetrag:

Bemessungsgrundlage höchstens 168.469 ECU je Vollarbeitskraft und 336.939 ECU je Betrieb

Einschränkungen:

Teil nationaler Programme, nicht für Landkauf, Eier und Geflügel (Ausnahme Umweltschutz), Vorliegen eines Betriebsverbesserungsplanes, keine Produktionsausweitungen ohne normalen Absatz, Prosperitätsklausel, bis zu 2,5 % der Mittel für technische Hilfe

Antragsberechtigte:

landwirtschaftliche Betriebe, einschließlich Nebenerwerbsbetriebe, letztere erhalten jedoch um 25 % abgesenkte Beihilfen

Information und Antragsweg:

- Generaldirektion VI, Ref. F. II-1/Allgemeine Maßnahmen zur Anpassung der Agrarstrukturen
  Herr Priebe
  Telefon 0 03 22/2 95 31 31
  Telefax 0 03 22/2 95 95 89

- BMELF
  Herr Dr. Lammel
  Rochusstr. 1
  53123 Bonn
  Telefon 02 28/5 29 36 79
  Telefax 02 28/5 29 42 62

7 Verarbeitung und Vermarktung land- und forstwirtschaftlicher Erzeugnisse – EAGFL Abteilung Ausrichtung

Rechtsgrundlage:

Art. 42 und 43 EWG-Vertrag, Ratsverordnungen (EWG) Nr. 2081/93 und 2085/93 vom 20. 7. 1993 (Abl. L 193, 31. 7. 1993, S. 5, 20 und 44, Nr. 866 und 867/90 vom 29. 3. 1990 (Abl. L 91, 6. 4. 1990, S. 1 und 7), Kommissionsentscheidung 90/342/EWG vom 7. 6. 1990 (Abl. L 163, 29. 6. 1990, S. 71), 92/77/EWG, 92/78/EWG, 92/79/EWG, 92/80/EWG, 92/81/EWG, 92/82/EWG, 92/83/EWG, 92/84/EWG und 92/85/EWG vom 13. 12. 1991 (Abl. L 31, 7. 2. 1992, S. 36, S. 38, S. 40, S. 42, S. 44, S. 46, S. 48, S. 50 und S. 52), Nr. 92/223/EWG vom 31. 3. 1992 (Abl. L 108, 25. 4. 1992, S. 46), Nr. 92/512/EWG vom 22. 10. 1992 (Abl. L 319, 4. 11. 1992, S. 33), Nr. 92/476/EWG vom 15. 9. 1992 (Abl. L 281, 25. 9. 1992, S. 57), Nr. 91/648/EWG, 91/649/EWG, 91/950/EWG, 91/651/EWG, 91/952/EWG, 91/653/EWG vom 10. 12. 1991 (Abl. L 350, 19. 12. 1991, S. 47), Nr. 93/224/EWG (Abl. L 95, S. 38), Nr. 93/442/EWG (Abl. L 205, 17. 8. 1993, S. 26), Nr. 93/501/EWG (Abl. L 236, 21. 9. 1993, S. 11), Kommissionsverordnung (EWG) Nr. 1935/90 vom 3. 7. 1990, 3206/91 vom 31. 10. 1991 (Abl. L 303, 1. 11. 1991, S. 59)

Förderziel:

- Förderung der Entwicklung und der strukturellen Anpassung der Regionen mit Entwicklungsrückstand („Ziel 1", ab 1. 1. 1994 auch für die neuen Bundesländer und Ostberlin)
- Förderung der Entwicklung des ländlichen Raums durch beschleunigte Anpassung der Agrarstrukturen im Rahmen der Reform der gemeinsamen Agrarpolitik („Ziel 5 a")
- Förderung der Entwicklung des ländlichen Raums durch Erleichterung der Entwicklung und der Strukturanpassung der ländlichen Gebiete („Ziel 5 b")

Zeitrahmen:

1994–99

Budget (vgl. Programm 6):

2,8 Mrd. ECU für Ostdeutschland und davon 8,4 Mio. ECU für Berlin (Ost), 617 Mio. ECU für Brandenburg, 708 Mio. ECU für Mecklenburg-Vorpommern, 494 Mio. ECU für Sachsen, 571 Mio. ECU für Sachsen-Anhalt, 401 Mio. ECU für Thüringen

Aktionsbereiche:

1. Rationalisierung, Entwicklung der Produktaufmachung, Konservierung, Be- und Verarbeitung, Abfallverwertung
2. Verbesserung der Vermarktungswege
3. Anwendung neuer Verarbeitungsverfahren, Entwicklung neuer Erzeugnisse, Erschließung neuer Märkte
4. Qualitätsverbesserung der Erzeugnisse
5. Fällen, Abtransport, Entrinden, Zuschnitt, Lagerung, Schutzbehandlung und Trocknung einheimischen Holzes sowie dessen Nutzung vor dem Sägen

Fördermaßnahmen:

Zuschuß; programmgebunden

Zuschußhöhe:

maximal 45 % in Ziel 1-Gebieten

Finanzierungsanteil:

25 % durch den Mitgliedsstaat

Eigenkapitalanteil:

60–70 % der Gesamtfinanzierung

Bemessungsgrundlage:

Immobilien ohne Grundstücke, Maschinen und Einrichtungen einschl. EDV; Honorare und allg. Kosten bis zu 12 % der vorhergehenden Kosten

Einschränkungen:

nicht für den Einzelhandel, keine Erzeugnisse aus Drittländern, keine Kühlhäuser ohne Verbindung zur Vermarktung und Verarbeitung

Förderkriterien:

Rentabilität, Einfügung in Programme (Ausnahmen: biologischer Anbau, Pilot- und Versuchsprojekte), Befürwortung durch den Mitgliedstaat, Umweltauswirkung, Vorrang für bessere Vermarktung, sektorale Prioritäten

Antragsverfahren:

Sektorpläne der Mitgliedsstaaten, gemeinschaftliche Förderkonzepte, Formblatt zweifach, Ausschuß

Antragsberechtigte:

natürliche und juristische Personen

Antragsfristen:

6 Monate nach Investitionsbeginn

Information:

- Generaldirektion VI, Ref. F. II 1/Allgemeine Maßnahmen zur Anpassung der Agrarstrukturen
  Herr Priebe
  Telefon 0 03 22/2 95 31 31
  Telefax 0 03 22/2 96 30 29

Antragsweg:

Landwirtschaftsministerien des Bundes und der Länder

II Bundesprogramme

1 ERP-Programme und Eigenkapitalhilfeprogramm

1.1 ERP-Existenzgründungsprogramm

Förderziel:

Existenzgründungen im Bereich der gewerblichen Wirtschaft und der freien Berufe (ohne Heilberufe).

- Errichtung und Erwerb von Betrieben, sowie hiermit im Zusammenhang stehende Investitionen innerhalb von 3 Jahren nach Betriebseröffnung.
- Übernahme von tätigen Beteiligungen.
- Beschaffung eines Warenlagers oder einer ersten Büroausstattung (das Warenlager kann bei der Gründung, der Übernahme und in der Anlaufphase gefördert werden).
- Bei Betriebsaufspaltungen im steuerlichen Sinne (unter Eheleuten) sind die Investitionen der Besitzgesellschaft auch dann bei dem Existenzgründer förderfähig, wenn dieser nur in der Betreibergesellschaft beteiligt ist.

Erforderliche Voraussetzungen:

- Nicht nur die erste Existenzgründung wird gefördert, sondern auch die zweite, dritte, ...
- Es muß sich um eine tragfähige Vollexistenz handeln, dieser muß sich der Antragsteller voll widmen.
- Fachliche und kaufmännische Qualifikation sowie einschlägige Berufserfahrung des Antragstellers.
- Bei einer Gründung in Gesellschaftsform muß der Antragsteller als tätiger Geschäftsführer eingesetzt sein.

Antragsberechtigte:

- Natürliche Personen.
- Angehörige der Freien Berufe (z. B. Wirtschaftsprüfer, Steuerberater, beratende Ingenieure, Unternehmens- und Wirtschaftsberater, frei-

schaffende Künstler), die sich in den neuen Bundesländern niederlassen. Angehörige der Heilberufe sind nicht antragsberechtigt. Zu den Heilberufen zählen z. B. Ärzte, Zahnärzte, Apotheker, Masseure, Heilpraktiker, Krankengymnasten und Tierärzte. Freiberufler sind generell im Bürgschaftsprogramm der Freien Berufe antragsberechtigt.
- Auf ausdrücklichen Wunsch der Hausbank kann das Unternehmen des Antragstellers als Endkreditnehmer akzeptiert werden. Hier erfolgt die Antragstellung auf das Unternehmen, wobei alle personenbezogenen Daten des Antragstellers der Hausbank geliefert werden müssen.

ERP-Kredite werden an kleine und mittlere Unternehmen mit bis zu
- 250 Beschäftigte und
- DM 100 Mio. (Vorjahres-)Umsatz gewährt.

Art und Höhe der Förderung:

1. Zinsgünstige Darlehen
   - Max. 50 % der förderfähigen Kosten.
   Kredithöchstbetrag DM 2 Mio. (pro Jahr); in der Anlaufphase kann der Höchstbetrag von DM 2 Mio. nochmals voll ausgeschöpft werden (aber nicht innerhalb eines Jahres).
   - Für den Bereich der Existenzgründung/-sicherung gibt es eine Förderhöchstquote von 85 %. → Der Anteil des ERP-Darlehens einschließlich anderer öffentlicher Finanzierungsbausteine (Landesförderung, Investitionszuschüsse, über Zinszuschüsse verbilligte Kapitalmarktdarlehen) darf 85 % der Gesamtfinanzierung nicht überschreiten. Die sonstigen öffentlichen Finanzierungsbausteine sind bei der Antragstellung unbedingt anzugeben, auch wenn dies zu Kürzungen der ERP-Darlehen führt.

2. Zinssatz: fest für die gesamte Laufzeit, in Berlin (West) gelten Westkonditionen.

3. Auszahlung: 100 %.

4. Laufzeit: bis zu 15 Jahren, bei Bauvorhaben bis zu 20 Jahren, einschl. Berlin (West/Ost), bei höchstens 5 tilgungsfreien Anlaufjahren.

Antrag/Beratung:

Formgebundener Antrag der Deutschen Ausgleichsbank 1 V-003 und Begleitschreiben 2 AV-047. Bei Verwendung der aktuellen Vordrucke, speziell des Begleitschreibens, brauchen keine Unterlagen eingereicht zu werden.

Verfahren:

Der Antrag wird bei der Hausbank gestellt, diese leitet den Antrag über das Zentralinstitut an die DtA. Mit dem Vorhaben darf bei Antragstellung noch nicht begonnen worden sein. (Ausnahme: es fanden vorher konkrete, aktenkundige Finanzierungsgespräche bei der Hausbank statt.)

Vorhabensbeginn = Eingehen erster wesentlicher finanziell bindender Verpflichtungen.

- Bauvorhaben = erster Spatenstich (bzw. Auftragserteilung); Planung und Bodenuntersuchung gelten nicht als Beginn.
- Bei beweglichen Wirtschaftsgütern = Bestellung.
- Abschluß Kauf- oder Notarvertrag.

Kombinierbarkeit:

- Kann nicht mit anderen ERP-Mitteln kombiniert werden, Ausnahme: ERP-Umweltprogramme.
- Kann mit Eigenkapitalhilfe kombiniert werden.
- Kann mit anderen öffentlichen Mitteln kombiniert werden (Achtung: Förderquoten 85 % beachten).
- Kann mit DtA-Existenzgründungsprogramm bis zu 75 % kombiniert werden. In diese 75 %-Grenze werden alle anderen öffentlichen Förderbausteine eingerechnet. In dem DtA-Programm gibt es einen Mindestdarlehensbetrag von TDM 30.

Verwendung der Mittel:

Die Verwendung der Mittel ist formgebunden nach Abschluß der Investitionsmaßnahme der DtA nachzuweisen.

Aktuelle Informationen:

Die Mittel können bei Investitionen in den neuen Ländern bis zu 40 % haftungsfreigestellt werden, sofern der Einzelkredit den Betrag von DM 2 Mio. nicht übersteigt. Eine Aufspaltung eines Krediets in einen teilweise haftungsfreigestellten Teil und einen Teil mit voller Primärhaftung ist **nicht möglich.**

Unternehmenssitz in den neuen Bundesländern:

- Erstmalige oder auch erneute Aufnahme einer selbständigen Tätigkeit ist möglich.
- Bei Investoren aus den alten Bundesländern muß der Firmen/Unternehmenssitz spätestens bis zum Mittelabruf in die neuen Bundesländer verlegt werden. Der westdeutsche Standort muß nicht unbedingt aufgegeben werden.
- Beim ERP-Existenzgründungsprogramm richten sich die Konditionen nach dem Investitionsort.

1.2 Eigenkapitalhilfeprogramm n. L.

Förderziel:

Mit der Eigenkapitalhilfe können Privatpersonen zusätzliche risikotragende Mittel zur Verstärkung der Eigenkapitalbasis für angemessene und erfolgversprechende Vorhaben im Bereich der mittelständischen gewerblichen Wirtschaft und der Freien Berufe in den neuen Bundesländern und Berlin (Ost) zur Verfügung gestellt werden. Die Fördermittel haften unbeschränkt und erfüllen somit Eigenkapitalfunktion. Es können folgende Vorhaben gefördert werden:

a) Gründung eines privaten Unternehmens oder einer freiberuflichen Existenz.

b) Erwerb von Unternehmen oder einzelner Betriebsstätten, auch im Zuge der Privatisierung/Reprivatisierung.

c) Investitionen zur Festigung eines privaten Unternehmens, auch durch tätige Beteiligung.

d) Finanzierung eines tragfähigen Unternehmenskonzeptes mit überwiegendem Investitionsanteil zusammen mit einem Beteiligungspartner.

Die Bemessungsgrundlage umfaßt auch Warenerstausstattung sowie die Aufstockung innerhalb von drei Jahren nach der ersten Förderung, sowie teilweise Markterschließungsaufwendungen. Voraussetzung für die teilweise Förderung der Markterschließungskosten ist, daß sie branchenüblich sind und eine absehbare längerfristige Kapitalbindung nach sich ziehen, beispielsweise Eröffnungswerbung, anfängliche Marktuntersuchungen, Besuch von Fachmessen, Listungsgebühren. Die Höhe der anerkennungsfähigen Markterschließungsaufwendungen darf allerdings 10 % der herkömmlichen Bemessungsgrundlage nicht übersteigen.

Für die Errichtung von Zweigniederlassungen, Filialen, Auslieferungslagern, Verkaufsstellen oder Betriebsstätten von bestehenden Unternehmen mit Sitz im bisherigen Bundesgebiet kommen Eigenkapitalhilfe und ERP-Existenzgründungsprogramm (zu Ostkonditionen) nicht in Betracht.

Die Mittel aus der Eigenkapitalhilfe sind ausschließlich und unmittelbar für die o. g. Vorhaben einzusetzen.

Voraussetzung für die Gewährung von Eigenkapitalhilfe:

Zu Nr. a)–c):
- Die Eigenkapitalhilfe wird als „Hilfe zur Selbsthilfe" gewährt. Der Antragsteller muß daher vorhandene eigene Mittel in angemessenem Umfang für die Finanzierung des Vorhabens zur Verfügung stellen; als eigene Mittel gelten bare und unbare Vermögenswerte.
  Die eingesetzten Eigenmittel sollen möglichst 15 % der Bemessungsgrundlage nicht unterschreiten. Sind weniger Eigenmittel vorhanden, ist eine Förderung dann möglich, wenn das Vorhaben trotz des geringen Eigenkapitals wirtschaftlich sinnvoll und auf Dauer tragfähig erscheint.
- Eigenkapitalhilfe wird nur gewährt, wenn ohne sie die Durchführung des Vorhabens wesentlich erschwert würde (Subsidiarität zu eigenen Mitteln und zu sonstigen privaten Finanzierungsmöglichkeiten).
- Es werden nur Vorhaben gefördert, die eine nachhaltige tragfähige Vollexistenz erwarten lassen bzw. hierzu beitragen.
- Abgabe einer Stellungnahme einer unabhängigen, fachlich kompetenten Stelle (z. B. Kammer, Betriebsberater, unabhängige Sachverständige).
- Das Vorhaben darf zum Zeitpunkt der Antragstellung noch nicht begonnen worden sein.
- Bei Miet- und Pachtverträgen soll die Laufzeit 10 Jahre betragen, mindestens aber 5 Jahre mit einer Verlängerungsoption auf weitere 5 Jahre.
- Bei Festigungsinvestitionen (außer tätigen Beteiligungen) von bereits bestehenden Existenzen mit unzulänglicher Eigenkapitalausstattung kann die maximale Förderhöhe auch überschritten werden, damit – unter Berücksichtigung anderer Fördermöglichkeiten – eine betriebswirtschaftlich gesunde Kapitalstruktur erreicht wird. Diese Förderung setzt voraus, daß ein überzeugendes Festigungskonzept vorgelegt werden kann und die Eigentümer nicht über Mittel zur besseren Kapitalausstattung verfügen. Von der – eher theoretischen – Vollfinanzierung der Festigungsinvestitionen mit EKH sind jedoch andere Fördermöglichkeiten wie beispielsweise Investitionszulage und -zuschüsse (ggf. in Höhe der voraussichtlichen Anspruchsberechtigung) und zinsvergünstigte Darlehen in Abzug zu bringen.

Zusätzlich zu d):
- Die Beteiligung des Partners muß zum Zwecke der nachhaltigen Steigerung der Wettbewerbs- und Leistungsfähigkeit des Unternehmens erfolgen.

- Die DtA kann vom Antragsteller und vom Partner Angaben und Nachweise, insbesondere über Beteiligungsverhältnisse und eventuelle Treuhandverhältnisse, über alle wirtschaftlichen Beziehungen zwischen dem Antragsteller, seinen Inhabern und dem Partner sowie über die Finanzierung der Partnerbeteiligung verlangen.
- Alle von dem Partner aufgrund seiner Beteiligung an dem Unternehmen erbrachten finanziellen Leistungen müssen langfristig, mindestens jedoch für fünf Jahre gebunden sein. Für den Fall einer Kündigung dieser Beteiligung besitzt die DtA das Recht der Kündigung des Eigenkapitalhilfedarlehens oder zur Anpassung der Konditionen an das Marktniveau. Das gleiche gilt in den Fällen der Rückgewährung der Partnereinlage oder Vereinbarung unangemessener Entgelte zu Lasten des geförderten Unternehmens.
- Im Zeitpunkt der Antragstellung darf sich der Partner noch nicht zur Einbringung der Partnerschaftseinlage verpflichtet haben.

Die Zielsetzung der neuen Partnerschaftskapital-Variante ist es, unternehmerisch kompetente Investoren für eine Mehrheitsbeteiligung an mittelständischen Unternehmen in den neuen Ländern zu gewinnen, also Anreize für ein MBI zu schaffen. Während sich das herkömmliche EKH-Programm ausschließlich an Jungunternehmer richtet, sind bei der Partnerschaftskapital-Variante die mittelständischen Unternehmen, an denen sich die Partner beteiligen, antragsberechtigt (unternehmensbezogene Förderung).

Bemessungsgrundlage bei der Partnerschaftskapital-Variante sind nicht die förderfähigen Investitionen, sondern die Höhe der Partnerschaftseinlage. Gleichwohl wird vorausgesetzt, daß das EKH-Partnerschaftsdarlehen zu mehr als 70 % für investive Zwecke (einschl. Material- und Warenlageraufstockung) eingesetzt wird.

Die Basis an haftendem Kapital (insbesondere Eigenkapital, Rücklagen, Gesellschafterdarlehen, bereits gewährte EKH-Darlehen) darf nach Durchführung des Vorhabens 40 % des Betriebsvermögens bzw. der Bilanzsumme nicht überschreiten.

Die Gesellschafter des Unternehmens müssen ihr Engagement für die Rückzahlung des EKH-Partnerschaftsdarlehens durch quotale selbstschuldnerische Haftung oder mit Zustimmung des Bundes auf andere geeignete Weise darstellen.

Um Unterstützung bei der Suche nach geeigneten Partnern leisten zu können, hat die DtA eine Partnerschaftskapital-Agentur in ihrer Niederlassung

Berlin eingerichtet. Dorthin können sich sowohl Firmen aus den neuen Bundesländern, die einen Partner suchen, als auch potentielle Partner(-unternehmen), die sich mit Kapital und Wissen in den neuen Bundesländern engagieren wollen, wenden (Telefon-Nr. 0 30/8 50 85-0).

Antragsberechtigte:

Antragsberechtigt zu a)–c) sind natürliche Personen, die nicht älter als 50 Jahre sein sollen und die eine fachliche und kaufmännische Qualifikation (in der Regel Meisterbrief, im Handwerksbereich fünfjährige Tätigkeit im Handwerksbetrieb) nachweisen können, soweit diese üblicherweise für die Ausübung des Berufs verlangt wird.

Antragsberechtigt zu d) sind selbständige Unternehmen der mittelständischen Wirtschaft, die bereits bestehen oder sich in Gründung befinden, sofern sich ein unternehmerisch kompetenter Partner am Gesellschaftskapital mit bis zu 49 % langfristig beteiligt. Partner können natürliche und juristische Personen oder Personengesellschaften sein, die zur angemessenen Management-Unterstützung befähigt und bereit sind. Treuhänder sowie Verwandte und Verschwägerte nach §§ 1589, 1590 BGB können in der Regel nicht als Partner im Sinne dieses Programms anerkannt werden. Bei juristischen Personen darf die Beteiligung nicht mit öffentlichen Mitteln oder Gewährleistungen gefördert sein. Eine Absicherung der Partnereinlage im Unternehmen und wechselseitige Partnerschaften sind nicht zulässig.

Ein Rechtsanspruch auf die Gewährung der Eigenkapitalhilfe besteht nicht.

Unternehmensgröße:
- nicht mehr als 250 Vollzeitbeschäftigte und
- entweder einen Vorjahresumsatz von nicht mehr als 20 Mio. ECU oder
- eine Bilanzsumme von nicht mehr als 10 Mio. ECU.

Ferner darf sich das zu fördernde Unternehmen zu höchstens 25 % in Besitz eines oder mehrerer diese Definition nicht erfüllender Unternehmen befinden.

Bei Investitionen in Gesellschaftsform, müssen die Beträge entsprechend den Beteiligungsverhältnissen auf jeden Gesellschafter verteilt werden; die Antragstellung erfolgt personenbezogen für jeden einzelnen Gesellschafter (Mindestbeteiligungsquote ca. 10 %).

Ausgenommen sind Betriebe der landwirtschaftlichen Primärproduktion.

Art und Höhe der Förderung:

Zu a)–c):
1. Zinsgünstige Darlehen (kein Obligo der Hausbank) – Eigenkapitalersatz – Aufstockung der Eigenmittel (ca. 15 %) auf bis zu 40 % der Investitionskosten. Kredithöchstbetrag: TDM 700 (je Antragsteller), Mindestbetrag TDM 5, Verteilung auf Gründung und Anlaufphase möglich.

Bei Privatisierungen und Reprivatisierungen bis auf DM 2 Mio. je Antragsteller.

Hier erstreckt sich die Förderung nicht nur auf den Erwerb- oder Rückgabevorgang von der Treuhandanstalt oder einem anderen staatlichen Träger, sondern bezieht alle Investitionsmaßnahmen, welche der Festigung dieses nunmehr privaten Unternehmens dienen, mit ein.

Etwaige vorherige Eigenkapitalhilfe-Förderungen sind anzurechnen.

Bei der Zahl tätiger Beteiligungen im Sinne von Nr. 1 c) ist betriebswirtschaftlichen Erfordernissen Rechnung zu tragen.

Zu d):
1. Eigenkapitalhilfe wird bis zur Höhe des 2,5-fachen des eingezahlten haftenden Beteiligungsbetrages des Partners gewährt, soweit hierdurch erst eine angemessene Basis an haftendem Kapital – keinesfalls jedoch mehr als 40 % des Betriebsvermögens (nach Verwirklichung des Unternehmenskonzeptes) – erreicht wird. Die Partnerschaftseinlage muß mindestens TDM 100 betragen.

Die Eigenkapitalhilfe darf DM 5 Mio. nicht übersteigen.

2. Zinssatz, Bankgebühren, Garantieentgelt:

Der bei der Gewährung der Eigenkapitalhilfe festgelegte Zinssatz gilt bis zum Ende des 10. Jahres. Der Zinssatz wird aus Bundesmitteln wie folgt verbilligt:

1. Jahr	zinslos
2. Jahr	zinslos
3. Jahr	zinslos
4. Jahr	2 % p. a.*
5. Jahr	3 % p. a.*
6. Jahr	5 % p. a.

---

* zzgl. 0,5 % p. a. Garantieentgelt von der jeweils valutierenden Eigenkapitalhilfe.

7. bis 10. Jahr   vertraglich vereinbarter Zins (Kapitalmarktzins)
11. bis 20. Jahr   neue Zinsvereinbarung

Das Garantieentgelt für die ersten drei Jahre ist im 4. und 5. Jahr nachzuentrichten, so daß das gesamte Garantieentgelt im 4. Jahr 1,5 v. H. und im 5. Jahr 1,0 v. H. beträgt.

Weitere Bankgebühren – mit Ausnahme einer eventuellen Bereitstellungsprovision – werden nicht erhoben.

3. Auszahlung: 100 %, einmalige Bearbeitungsgebühr von 2 %; diese wird bei vorzeitiger Tilgung nicht anteilmäßig zurückerstattet.

4. Laufzeit: in der Regel 20 Jahre, die Eigenkapitalhilfe ist spätestens bis zur Vollendung des 70. Lebensjahres zurückzuzahlen. Bei Antragstellern (gem. a)–c)), welche älter als 50 Jahre sind, kommt es zu einer altersbedingten Kürzung der Laufzeit und der tilgungsfreien Jahre.

5. Tilgung: Nach 10 tilgungsfreien Jahren in 20 gleichen Halbjahresraten. Eine vorzeitige Tilgung ist unter Einhaltung einer dreimonatigen Kündigungsfrist bis zum 31. März und 30. September eines jeden Jahres möglich. Bei einer Tilgung innerhalb der ersten 7 Jahre sind die vom Bund übernommenen Zinsen nachzuentrichten; dies gilt nicht bei einer Tilgung im Zusammenhang mit der Aufgabe der selbständigen Existenz.

6. Sicherheiten:

a) Persönliche Haftung des Antragstellers und seines Ehepartners; keine weiteren Sicherheiten (nach a)–c)).

b) Bei Eigenkapitalhilfe nach d):
Keine dinglichen Sicherheiten. Die Anteilseigner stellen ihr Engagement für die Rückzahlung der Eigenkapitalhilfe durch quotale selbstschuldnerische Haftung oder auf andere geeignete Weise dar.

Antrag/Beratung:

Formgebundener Antrag der DtA 1 V-003 und Begleitschreiben 2 AV-047 sowie die Anlage 2 EK n. L. 004. Beteiligungs- und Gesellschaftsverträge sind nicht erforderlich; bei Pachtverträgen reicht die Angabe der Laufzeit, Verlängerungsoption/-möglichkeit und der Kündigungsfrist im Begleitschreiben.

Mit dem Vorhaben darf bei Antragstellung noch nicht begonnen worden sein. Ausnahme: Es fanden vorher konkrete Finanzierungsgespräche bei der Hausbank (aktenkundig) statt.

Vorhabensbeginn = Eingehen erster wesentlicher finanziell bindender Verpflichtungen.

- Bauvorhaben = erster Spatenstich (bzw. Auftragserteilung); Planung und Bodenuntersuchung gelten nicht als Beginn.
- Bei beweglichen Wirtschaftsgütern = Bestellung.
- Abschluß Kauf- oder Notarvertrag.

Erforderliche Unterlagen:
- Lebenslauf (Ausbildungsgang und berufl. Tätigkeiten, tabellarisch),
- Gründungskonzept/Vorhabensbeschreibung (insbesondere Begründung der Erfolgserwartungen),
- detaillierte Umsatz- und Ertragsvorschau für die nächsten drei Jahre,
- ggf. Franchise-/Agentur, Subunternehmervertrag (ggf. im Entwurf),
- fachliche Stellungnahme (von z. B. Kammer, Fachverband, Steuerberater),
- Jahresabschlüsse der letzten beiden Jahre oder vergleichbare Unterlagen,
- Kosten- und Finanzierungsplan.

Verfahren:

Der Antrag ist vor Vorhabensbeginn bei der Hausbank zu stellen, diese leitet den Antrag an die DtA.

Kombinierbarkeit:

- Kann mit allen öffentlichen Mitteln kombiniert werden.
- Kann mit den Ergänzungsdarlehen der DtA kombiniert werden.

Verwendung der Mittel:

Die Verwendung der Mittel ist formgebunden nach Abschluß der Investitionsmaßnahme der DtA nachzuweisen.

Aktuelle Informationen:

Abgrenzung Privatisierung/Reprivatisierung:

- EKH je Antragsteller bis zu DM 2 Mio. möglich.
- Definition: Übereignung eines Betriebes, von Betriebsteilen oder Gesellschaftsanteilen aus der Staats- in die Privatsphäre.
- Übernahme von Treuhand, Ländern und Kommunen.
- **Nicht** von landwirtschaftlichen Produktionsgenossenschaften (LPG), Produktionsgenossenschaften des Handwerks (PGH) und dergleichen.
- Eine Förderung ist auch dann möglich, wenn der bisherige Geschäftszweck des Betriebes nicht fortgeführt wird, wenn der Erwerb vom Staat mit der Auflage verknüpft ist, die Immobilie auf Dauer nur für bestimmte selbständig-freiberufliche oder gewerblich-unternehmerische Tätigkeit zu nutzen.
- Investitionen innerhalb von drei Jahren nach der ersten Förderung, sofern der Höchstbetrag noch nicht ausgeschöpft ist.

Unternehmenssitz in den neuen Bundesländern:

- Der Unternehmenssitz muß bei Antragstellung von EKH in den neuen Bundesländern liegen.
- Erstmalige oder auch erneute Aufnahme einer selbständigen Tätigkeit ist möglich.
- Bei Investoren aus den alten Bundesländern muß der Firmen/Unternehmenssitz spätestens bis zum Mittelabruf in die neuen Bundesländer verlegt werden. Der westdeutsche Standort muß nicht unbedingt aufgegeben werden.
- Beim ERP-Existenzgründungsprogramm richtet sich die Kondition nach dem Investitionsort.

Mitverpflichtung:

Die Mitverpflichtung des Ehepartners ist unabhängig vom Güterstand erforderlich.

Besonderheiten bei EKH-Anträgen:
- Reihenfolge des Kapitaleinsatzes: Eigenmittel, EKH, ERP, Hausbank-Darlehen.
- Nach dem Einsatz der Eigenmittel kann also EKH für jeden betrieblichen Zweck, also auch für den Betriebsmittelbedarf abgerufen werden.

Als Eigenkapital werden von der DtA anerkannt:
- Barvermögen einschließlich Existenzgründungsprämien aus Bundes- und Landesmitteln, Barvermögen bis zu einem Betrag von 10–15 TDM kann zur Sicherung des Lebensunterhaltes zurückbehalten werden.
- Unbare Vermögenswerte (Haus- und Grundbesitz, Lebensversicherung mit Rückkaufswert; Beleihung bis zu 50 %, auf Wunsch der Hausbank auch darüber).
- Bereits vorhandene Einrichtungsgegenstände, Geräte, Fahrzeuge etc.
- Realistisch bewertete Eigenleistungen.
- Schenkungen.
- Verwandtendarlehen (Zinssatz nicht über Spareckzins, Laufzeit 10 Jahre mit 5 tilgungsfreien Anlaufjahren, keine Absicherung).
- Bei innovativen Existenzgründungen können auch Prototypen und Lizenzen als Eigenmittel eingebracht werden.

Keine Eigenmittel sind:
- Investitionszuschüsse,
- Investitionszulagen u. ä.,
- stille Beteiligungen,
- Blankokredite.

1.3 ERP-Energiesparprogramm

Förderziel:

Errichtung, Erweiterung und Modernisierung baulicher und maschineller Anlagen zu
- Energieeinsparung und rationellen Energieverwendung,
- Nutzung erneuerbarer Energien (z. B. thermische und photovoltaische Nutzung der Erdwärme, der Wasserkraft und der Windenergie).

Beispiele:

- rationelle Energieverwendung
  - Umstellung auf energiesparende Produktionsverfahren,
  - Wärmerückgewinnung (z. B. Wärmetauscher),
  - Kraft-Wärme-Kopplung (z. B. Blockheizkraftwerke);

- Energieeinsparung
  - Modernisierung von Heizungsanlagen,
  - Wärmedämmaßnahmen,
  - Energiesparmeßtechnik,
  - Ausrüstung von Betriebsgebäuden mit Energiesparlampen;

- erneuerbare Energien
  - Windkraft,
  - Wasserkraft, Neuanschaffung und Modernisierung,
  - Sonnenenergie,
  - Biomasse (Holz, Gülle, Deponiegas),
  - Erdwärme.

Im Handwerksbereich ist fast jede Ersatzinvestition förderfähig, da durch diese Investitionen in der Regel Energie eingespart wird. Neuanlagen sind ebenfalls förderbar, wenn Vergleichsanlagen einen höheren Energieverbrauch haben.

Nicht förderfähig sind:
- Investitionen in Fahrzeuge oder Transportsysteme (Ausnahme: Tankfahrzeuge nach dem Bottom-down-Prinzip).
- Energieverteilungsanlagen, wenn sie nicht ausschließlich der Energieeinsparung dienen.
- Rein bauliche Investitionen zur Energieeinsparung bei Betriebsgebäuden (Ausnahme: sie dienen ausschließlich der Senkung des betrieblichen Energieverbrauchs und stellen eine energietechnische Verbesserung der bestehenden Betriebsgebäude dar).

Antragsberechtigte:

Unternehmen der gewerblichen Wirtschaft, deren Jahresumsatz (Konzernbetrachtung) DM 500 Mio. nicht überschreitet. Betreiber-/Kooperationsmodelle (siehe ERP-Abfallwirtschaftsprogramm).

Ausnahme: Investitionen von besonderer umweltpolitischer Bedeutung, hier sind auch größere Unternehmen antragsberechtigt.

Wird auf landwirtschaftlichen oder privaten Flächen eine Windenergieanlage errichtet, so sind auch Landwirte/Privatpersonen antragsberechtigt.

Art und Höhe der Förderung:

1. Zinsgünstige Darlehen
   - Max. 50 % der förderfähigen Kosten, auch bei additiven Maßnahmen (dem Produktionsprozeß nachgeordnet).
   - Bei integrierten Maßnahmen, die regelmäßig neben dem Energiespareffekt auch aus anderen Investitionsmotiven wie z. B. Rationalisierung oder Kapazitätserweiterung vorgenommen werden, ist eine eindeutige Abgrenzung der Investitionskosten für den Energiespareffekt in der Regel nicht möglich. In diesen Fällen kommt eine Mitfinanzierung aus dem ERP-Energiesparprogramm nur in angemessenem Verhältnis zu dem Energiespareffekt in Frage. Als Obergrenze gilt hier das 15-fache der jährlichen Energiekostenersparnis aufgrund des Investitionsvorhabens. Übersteigt die Energiekostenersparnis das 15-fache, beträgt die Bemessungsgrundlage 100 % der Investitionskosten.
   Bei integrierten Maßnahmen kann die Finanzierungslücke bis zu 75 % aus dem DtA-Umweltprogramm geschlossen werden.
   - Kredithöchstbetrag DM 2 Mio.
   Ausnahme: bei Vorhaben von besonderer umweltpolitischer Bedeutung kann dieser Höchstbetrag überschritten werden.
   - Bei BGB-Gesellschaften beträgt der Höchstbetrag pro Gesellschafter DM 1 Mio.

   Umweltpolitische Bedeutung:
   - Anlagen mit Pilotcharakter.
   - Die angewandte Umweltschutztechnik liegt über den gesetzlichen Anforderungen.
   - Es werden überdurchschnittliche Mengen an Abfällen, Abwässern, Luftschadstoffen vermieden oder Energie eingespart.

- Das Vorhaben hat über das Unternehmen hinaus (z. B. regionale) Bedeutung.
- In Kombination mit dem DtA-Umweltprogramm kann bis zu 75 % der Gesamtinvestitionen finanziert werden.
- Führt ein Investor mehrere voneinander unabhängige Vorhaben durch, so kann er für jedes Vorhaben den Kredithöchstbetrag beantragen.

2. Zinssatz fest für die gesamte Laufzeit, bei Investitionen in Berlin/West gelten Westkonditionen.
3. Auszahlung: 100 %.
4. Laufzeit: bis zu 15 Jahre, bei Bauvorhaben bis zu 20 Jahren, bei höchstens 5 tilgungsfreien Anlaufjahren.

Antrag/Beratung:

Formgebundener Antrag der Deutschen Ausgleichsbank 2 AV-050 und Begleitschreiben 2 AV-047. Beteiligungs- und Gesellschaftsverträge, Rentabilitätsvorschau sowie die Stellungnahme eines Gutachters sind nicht erforderlich.

Kombinierbarkeit:

- DtA-Programme.
- Zuschüsse im Rahmen der Gemeinschaftsaufgabe sowie Investitionszulage und Sonderabschreibung in den neuen Bundesländern.
- Kann nicht mit anderen ERP-Mitteln kombiniert werden.
Ausnahme: sind in einem Vorhaben mehrere ERP-Programme (im Bereich Umwelt) angesprochen und die Kosten können dem einzelnen ERP-Programm direkt zugeordnet werden, ist bei einem Vorhaben die Förderung aus mehreren ERP-Programmen möglich.

Verfahren:

Das Vorhaben darf zum Zeitpunkt der Antragstellung bei der Hausbank noch nicht begonnen worden sein. Nach Vorhabensbeginn können Anträge nur noch dann gestellt werden, wenn vorher konkrete Finanzierungsgespräche bei der Hausbank (aktenkundig) stattgefunden haben. Der Antrag wird bei der Hausbank gestellt, diese leitet den Antrag über das Zentralinstitut an die DtA.

Vorhabensbeginn:
- Bauvorhaben = erster Spatenstich.
- Planung, Bodenuntersuchung sowie Grunderwerb gelten nicht als Beginn.
- Bei beweglichen Wirtschaftsgütern = Bestellung.
- Bei nichtbeweglichen Wirtschaftsgütern = Abschluß des Kauf- oder Notarvertrages.

Verwendung der Mittel:

Die Verwendung der Mittel ist formgebunden nach Abschluß der Investitionsmaßnahme der DtA nachzuweisen.

Aktuelle Informationen:

Die Mittel können bei Investitionen in den neuen Ländern bis zu 40 % haftungsfreigestellt werden, sofern der Einzelkredit den Betrag von DM 2 Mio. nicht übersteigt. Eine Aufspaltung eines Kredites in einen teilweise haftungsfreigestellten Teil und einen Teil mit voller Primärhaftung ist **nicht möglich**.

1.4 ERP-Abfallwirtschaftsprogramm

Förderziel:

Errichtung und Erweiterung von:
- Produktionsanlagen, die Abfall im Produktionsprozeß selbst vermeiden oder erheblich vermindern und keine zusätzlichen oder andere Immissionen bewirken (z. B. lösungsmittelfreie Lackieranlagen, abfallvermindernde Verpackungsmaschinen).
- Anlagen zur Abfallverwertung, in denen durch Anwendung technischer Verfahren oder auf natürliche Weise Abfälle als Rohstoff- bzw. Energiequelle nutzbar gemacht und/oder in den biologischen Kreislauf zurückgeführt werden.
- Anlagen zur Abfallbehandlung/Anlagen zur Abfallbeseitigung.
- Förderung betrieblicher Altlastensanierungen, die zusammen mit weiteren Investitionen anfallen.

Alle o. g. Investitionen können berücksichtigt werden. Hierzu gehören auch die in direktem Zusammenhang mit den Investitionen anfallenden Grunderwerbskosten bspw. zur Errichtung einer Deponie; Baunebenkosten; Sammel- und Transportfahrzeuge/-behälter.

Beispiele:

- Abfallvermeidung (bereits im Produktionsprozeß)
  - Rückstandsarme Druckmaschinen (integrierte Anlagen),
  - Wiederaufbereitung von Produktionsausschuß und erneuter Einsatz als Rohstoff,
  - Ausschußvermindernde Produktionsanlagen (integrierte Anlagen),
  - Umstellung von Einweg- auf Mehrwegsysteme;

- Abfallverwertung
  - Kompostwerke, Kompostierung von organischen Abfällen,
  - Behandlung von Klärschlamm, um diesen deponiefähig zu machen,
  - Sortieranlagen,
  - Abfallverbrennungsanlagen (z. B. Heizungen, welche mit Abfallholz befeuert werden),
  - Pyrolyseanlagen,
  - Shredderanlagen,
  - Kunststoffrecyclinganlagen,

- Produktionsanlagen auf der Basis von Recyclingprodukten (z. B. Papier- und Kartonmaschinen auf Altpapierbasis),
- Bauschuttrecycling, Autowrackplätze, Autorecycling;
• Abfallbeseitigung
  - Deponien,
  - Abfallumschlagplätze,
  - Betriebliche (Sonder-)Abfallzwischenlager,
  - Einrichtungen zur Behandlung von Abfällen (Trocknungs- und Mischanlagen),
  - Metall- und Schrottaufbereitung,
  - Altglas-/Altpapieraufbereitung,
  - Entsorgung von Haushaltsgeräten, Kühlschränken (FCKW-Problematik), Nachtspeicheröfen.

Antragsberechtigte:

Unternehmen der gewerblichen Wirtschaft, deren Jahresumsatz (Konzernbetrachtung) DM 500 Mio. nicht überschreitet, Betreiber-/Kooperationsmodelle.

Ausnahme: Bei Investitionen von besonderer umweltpolitischer Bedeutung sind auch größere Unternehmen antragsberechtigt.

Beträgt bei Betreibermodellen die Beteiligung der öffentlichen Hand weniger als 50 % (ab 50 % Beteiligung muß die Geschäftsführung maßgeblich vom privatwirtschaftlichen Bereich ausgehen) ist auch hier eine Förderung möglich.

Art und Höhe der Förderung:

1. Zinsgünstige Darlehen
   - Max. 50 % der förderfähigen Kosten, auch bei additiven Maßnahmen (dem Produktionsprozeß nachgeordnet).
   - Bei integrierten Maßnahmen (hier sind neben dem Umweltschutz auch andere Investitionsmotive maßgebend) beträgt die Bemessungsgrundlage 50 % der Investitionskosten. Übersteigt der Umwelteffekt die 50 %, steigt die Bemessungsgrundlage auf 100 %. Bei integrierten Maßnahmen kann die Finanzierungslücke bis zu 75 % aus dem DtA-Umweltprogramm geschlossen werden.
   - Kredithöchstbetrag DM 2 Mio.
     Ausnahme: bei Vorhaben von besonderer umweltpolitischer Bedeutung kann dieser Höchstbetrag überschritten werden.

Umweltpolitische Bedeutung:
- Anlagen mit Pilotcharakter.
- Die angewandte Umweltschutztechnik liegt über den gesetzlichen Anforderungen.
- Es werden überdurchschnittliche Mengen an Abfällen, Abwässern, Luftschadstoffen vermieden oder Energie eingespart.
- Das Vorhaben hat über das Unternehmen hinaus (z. B. regionale) Bedeutung.

- In Kombination mit dem DtA-Umweltprogramm kann bis zu 75 % der Gesamtinvestitionen finanziert werden.
- Führt ein Investor mehrere voneinander unabhängige Vorhaben durch, so kann er für jedes Vorhaben den Kredithöchstbetrag beantragen.

2. Zinssatz fest für die gesamte Laufzeit, bei Investitionen in Berlin/West gelten Westkonditionen.
3. Auszahlung: 100 %.
4. Laufzeit: bis zu 15 Jahre, bei Bauvorhaben bis zu 20 Jahren, bei höchstens 5 tilgungsfreien Anlaufjahren.

Antrag/Beratung:

Formgebundener Antrag der Deutschen Ausgleichsbank 2 AV-050 und Begleitschreiben 2 AV-047. Beteiligungs- und Gesellschaftsverträge, Rentabilitätsvorschau sowie die Stellungnahme eines Gutachters sind nicht erforderlich.

Verfahren:

Das Vorhaben darf zum Zeitpunkt der Antragstellung bei der Hausbank noch nicht bereits begonnen worden sein. Nach Vorhabensbeginn können Anträge nur noch dann gestellt werden, wenn vorher konkrete Finanzierungsgespräche (aktenkundig) stattgefunden haben. Der Antrag wird bei der Hausbank gestellt; diese leitet den Antrag an die DtA.

Vorhabensbeginn:
- Bauvorhaben = erster Spatenstich.
Planung, Bodenuntersuchung sowie Grunderwerb gelten nicht als Beginn.
- Bei beweglichen Wirtschaftsgütern = Bestellung.

- Bei nichtbeweglichen Wirtschaftsgütern = Abschluß des Kauf- oder Notarvertrages.

Kombinierbarkeit:

- DtA-Programme.
- Zuschüsse im Rahmen der Gemeinschaftsaufgabe sowie Investitionszulage und Sonderabschreibung in den neuen Bundesländern.
- Kann nicht mit anderen ERP-Mitteln kombiniert werden. Ausnahme: sind in einem Vorhaben mehrere ERP-Programme (im Bereich Umwelt) angesprochen und die Kosten können dem einzelnen ERP-Programm direkt zugeordnet werden, ist bei einem Vorhaben die Förderung aus mehreren ERP-Programmen möglich.

Verwendung der Mittel:

Die Verwendung der Mittel ist formgebunden nach Abschluß der Investitionsmaßnahme der DtA nachzuweisen.

Aktuelle Informationen:

Betreibermodelle:

Die DtA finanziert auch bei Beteiligungsquoten über 50 % **(Kooperationsmodelle)** in den Bereichen Abfall, Abwasser und Energie. Hier ist dann jedoch nur der auf den privatwirtschaftlich organisierten Teil entfallende Investitionsaufwand förderfähig. Wenn die Vertragsdauer kürzer als die Darlehenslaufzeit sein sollte, ist eine Finanzierung trotzdem möglich. Nach Ablauf des Vertrages müssen dann entweder die Mittel zurückgezahlt werden, oder, wenn die Kommune zu diesem Zeitpunkt in den Darlehensprogrammen antragsberechtigt sein sollte, können die Mittel dann übertragen werden.

Investitionen privater Entsorgungsunternehmen (Abwasserbehandlung, Abfallwirtschaft) sind auch in den Fällen förderfähig, bei denen Körperschaften oder Anstalten des öffentlichen Rechts Beteiligungen halten (Betreibermodell). Bei einer Beteiligung der öffentlichen Hand von mehr als 50 % wird der Kredit aus dem KfW-Umweltprogramm als Teilhaftungskredit analog zur Kreditgewährung an Unternehmen mit einem Jahresumsatz von mehr als DM 500 Mio. durchgeleitet.

Einschränkend gilt bei den Entsorgungsunternehmen im Bereich der Abfallwirtschaft, daß herkömmliche Betriebsinvestitionen nicht förderfähig sind. Das betrifft etwa Sammelfahrzeuge und Deponien. Förderfähig sind aber beispielsweise Investitionen zur Sortierung und Aufbereitung von Abfallstoffen für die Wiederverwendung.

Diese Regelung gilt für das gesamte Bundesgebiet. In den neuen Bundesländern greift hier zusätzlich das KfW-Kommunalkreditprogramm.

Private Betreibermodelle werden bis auf weiteres als Vorhaben von besonderer umweltpolitischer Bedeutung eingestuft, so daß in diesen Fällen grundsätzlich der in den ERP-Programmen geltende Höchstbetrag überschritten werden kann.

Die Mittel können bei Investitionen in den neuen Ländern bis zu 40 % haftungsfreigestellt werden, sofern der Einzelkredit den Betrag von DM 2 Mio. nicht übersteigt. Eine Aufspaltung eines Kredites in einen teilweise haftungsfreigestellten Teil und einen Teil mit voller Primärhaftung ist **nicht möglich.**

1.5 ERP-Abwasserreinigungsprogramm

Förderziel:

Finanzierung von Investitionen zur Abwasserreinigung einschließlich Kanalisation, Hauptsammler und Regenüberlaufbecken. Gefördert werden auch umweltfreundliche Produktionsanlagen, durch die die Entstehung von Abwasser vermieden oder erheblich vermindert wird und keine anderen Umweltbelastungen bewirkt werden. Die Anlagen müssen hinsichtlich der Begrenzung ihrer Emissionen den Anforderungen des Wasserhaushalts-Gesetzes entsprechen.

Grundsatz: Kosten für Abwasserreinigung sind vom Verursacher zu tragen, die Vorhaben sollen überörtliche Bedeutung haben und eine erhebliche Zustandsverbesserung der aufnehmenden Gewässer zur Folge haben. „Gefördert wird nur derjenige, der die umweltverbessernden Anlagen selbst einsetzt", also nicht der Produzent.

Beispiele:

- Produktionsanlagen, die Abwasser vermeiden oder vermindern bzw. Wasser einsparen
  - Entfettungsautomaten ohne FCKW,
  - Maßnahmen zur Chromrückgewinnung in Gerbereien,
  - Lackieranlagen (ohne Lösungsmittel); z. B. Pulverbeschichtung, wasserlösliche Lacke,
  - Flaschenabfüll-/reinigungsanlagen mit Wasserkreislauf,
  - Druckmaschinen mit integrierten Abwassermaßnahmen,
  - Gefahrstofflager (Getrenntlagerung),
  - Nachrüstung von Altanlagen im Bereich Galvanik, Oberflächenbehandlung (Standzeitverkürzung/Kreislaufführung, Chemikalien-/Metallrückgewinnung),
  - Bodenabdichtung z. B. bei Tankstellen;

- Abwasserreinigung/-behandlung
  - betriebliche Abwasservorbehandlungsanlagen,
  - betriebliche Kläranlagen,
  - Kanalisationsmaßnahmen, hierzu zählen auch einmalige Anliegerbeträge,
  - Hauptsammler,
  - Löschwasserauffangbecken,
  - Abscheider für Öle und Fette.

Antragsberechtigte:

Unternehmen der gewerblichen Wirtschaft, deren Jahresumsatz (Konzernbetrachtung) DM 500 Mio. nicht überschreitet, Betreiber-/Kooperationsmodelle.

Ausnahme: Investitionen von besonderer umweltpolitischer Bedeutung, hier sind auch größere Unternehmen antragsberechtigt.

Beträgt bei Betreibermodellen die Beteiligung der öffentlichen Hand weniger als 50 % (ab 50 % Beteiligung muß die Geschäftsführung maßgeblich vom privatwirtschaftlichen Bereich ausgehen) ist auch hier eine Förderung möglich (siehe auch aktuelle Informationen).

Art und Höhe der Förderung:

1. Zinsgünstige Darlehen
   - Max. 50 % der förderfähigen Kosten, auch bei additiven Maßnahmen (dem Produktionsprozeß nachgeordnet).
   - Bei integrierten Maßnahmen (hier sind neben dem Umweltschutz auch andere Investitionsmotive maßgebend) beträgt die Bemessungsgrundlage 50 % der Investitionskosten. Übersteigt der Umwelteffekt die 50 %, steigt die Bemessungsgrundlage auf 100 %. Bei integrierten Maßnahmen kann die Finanzierungslücke bis zu 75 % aus dem DtA-Umweltprogramm geschlossen werden.
   - Kredithöchstbetrag DM 2 Mio.
   Ausnahme: Bei Vorhaben von besonderer umweltpolitischer Bedeutung kann dieser Höchstbetrag überschritten werden.

   Umweltpolitische Bedeutung:
   - Anlagen mit Pilotcharakter.
   - Die angewandte Umweltschutztechnik liegt über den gesetzlichen Anforderungen.
   - Es werden überdurchschnittliche Mengen an Abfällen, Abwässern, Luftschadstoffen vermieden oder Energie eingespart.
   - Das Vorhaben hat über das Unternehmen hinaus (z. B. regionale) Bedeutung.

   - In Kombination mit dem DtA-Umweltprogramm kann bis zu 75 % der Gesamtinvestitionen finanziert werden.
   - Führt ein Investor mehrere voneinander unabhängige Vorhaben durch, so kann er für jedes Vorhaben den Kredithöchstbetrag beantragen.

2. Zinssatz fest für die gesamte Laufzeit, bei Investitionen in Berlin/West gelten Westkonditionen.
3. Auszahlung: 100 %.
4. Laufzeit: bis zu 15 Jahre, bei Bauvorhaben bis zu 20 Jahren, bei höchstens 5 tilgungsfreien Anlaufjahren.

Antrag/Beratung:

Formgebundener Antrag der Deutschen Ausgleichsbank 2 AV-050 und Begleitschreiben 2 AV-047. Beteiligungs- und Gesellschaftsverträge, Rentabilitätsvorschau sowie die Stellungnahme eines Gutachters sind nicht erforderlich.

Verfahren:

Das Vorhaben darf zum Zeitpunkt der Antragstellung bei der Hausbank noch nicht bereits begonnen worden sein. Nach Vorhabensbeginn können Anträge nur noch dann gestellt werden, wenn vorher konkrete Finanzierungsgespräche bei der Hausbank (aktenkundig) stattgefunden haben.

Der Antrag wird bei der Hausbank gestellt, diese leitet den Antrag über das Zentralinstitut an die DtA.

Vorhabensbeginn:
– Bauvorhaben = erster Spatenstich.
  Planung, Bodenuntersuchung sowie Grunderwerb gelten nicht als Beginn.
– Bei beweglichen Wirtschaftsgütern = Bestellung.
– Bei nichtbeweglichen Wirtschaftsgütern = Abschluß des Kauf- oder Notarvertrages.

Kombinierbarkeit:

– DtA-Programme.
– Zuschüsse im Rahmen der Gemeinschaftsaufgabe sowie Investitionszulage und Sonderabschreibung.
– Kann nicht mit anderen ERP-Mitteln kombiniert werden.
  Ausnahme: sind in einem Vorhaben mehrere ERP-Programme (im Bereich Umwelt) angesprochen und die Kosten können dem einzelnen ERP-Programm direkt zugeordnet werden, ist bei einem Vorhaben die Förderung aus mehreren ERP-Programmen möglich.

Verwendung der Mittel:

Die Verwendung der Mittel ist formgebunden nach Abschluß der Investitionsmaßnahme der DtA nachzuweisen.

Aktuelle Informationen:
Betreibermodelle:

Die DtA finanziert auch Maßnahmen bei Beteiligungsquoten über 50 % **(Kooperationsmodelle)** in den Bereichen Abfall, Abwasser und Energie. Hier ist dann jedoch nur der auf den privatwirtschaftlich organisierten Teil entfallende Investitionsaufwand förderfähig. Wenn die Vertragsdauer kürzer als die Darlehenslaufzeit sein sollte, ist eine Finanzierung trotzdem möglich. Nach Ablauf des Vertrages müssen dann entweder die Mittel zurückgezahlt werden, oder, wenn die Kommune zu diesem Zeitpunkt in den Darlehensprogrammen antragsberechtigt sein sollte, können die Mittel dann übertragen werden.

Investitionen privater Entsorgungsunternehmen (Abwasserbehandlung, Abfallwirtschaft) sind auch in den Fällen förderfähig, bei denen Körperschaften oder Anstalten des öffentlichen Rechts Beteiligungen halten (Betreibermodell). Bei einer Beteiligung der öffentlichen Hand von mehr als 50 % wird der Kredit aus dem KfW-Umweltprogramm als Teilhaftungskredit analog zur Kreditgewährung an Unternehmen mit einem Jahresumsatz von mehr als DM 500 Mio. durchgeleitet.

Einschränkend gilt bei den Entsorgungsunternehmen im Bereich der Abfallwirtschaft, daß herkömmliche Betriebsinvestitionen nicht förderfähig sind. Das betrifft etwa Sammelfahrzeuge und Deponien. Förderfähig sind aber beispielsweise Investitionen zur Sortierung und Aufbereitung von Abfallstoffen für die Wiederverwendung.

Diese Regelung gilt für das gesamte Bundesgebiet. In den neuen Bundesländern greift hier zusätzlich das KfW-Kommunalkreditprogramm.

Private Betreibermodelle werden bis auf weiteres als Vorhaben von besonderer umweltpolitischer Bedeutung eingestuft, so daß in diesen Fällen grundsätzlich der in den ERP-Programmen geltende Höchstbetrag überschritten werden kann.

Die Mittel können bei Investitionen in den neuen Ländern bis zu 40 % haftungsfreigestellt werden, sofern der Einzelkredit den Betrag von DM 2 Mio. nicht übersteigt. Eine Aufspaltung eines Kredites in einen teilweise haftungsfreigestellten Teil und einen Teil mit voller Primärhaftung ist **nicht möglich.**

1.6 ERP-Luftreinhaltungsprogramm

Förderziel:

Finanzierung von Investitionen zur Reinhaltung der Luft und zur Vermeidung von Lärm, Geruch und Erschütterungen. Gefördert werden auch umweltfreundliche Produktionsanlagen, durch die Immissionen vermieden oder erheblich vermindert werden.

Grundsatz: Kosten der Vermeidung von Lärm, Geruch und Erschütterungen sind vom Verursacher zu tragen. „Gefördert wird nur derjenige, der die umweltverbessernden Anlagen selbst einsetzt", also nicht der Produzent.

Beispiele:

- Vermeidung des Schadstoffausstoßes (bereits im Produktionsprozeß)
  - NO_x-arme Brenner in Feuerungsanlagen,
  - Nach-/Umrüstungsmaßnahmen zum FCKW-Ersatz (z. B. chem. Reinigungen),
  - Nachrüstung von Textilreinigungsmaschinen (PER-Ersatz),
  - Ausrüstung von Tankstellen mit Gasrückführungssystem,
  - thermische Behandlung von Abluft,
  - Abgastester für alle Fahrzeuge;

- Luftreinhaltung
  - Rauchgasreinigung,
  - Abluftfilter,
  - Katalysatoren,
  - Tankfahrzeuge mit Bottom-down-Prinzip;

- Reduzierung von Lärm, Geruch oder Erschütterungen
  - Schalldämpfung, Schallschutz an Neu- oder größeren Umbauten,
  - Kapselung von bestehenden Anlagen, Lärmschutzwälle,
  - Mehrkosten für die Kapselung von LKWs.

- Spezialfall: Betriebsverlagerungen:

Bei Betriebsverlagerungen werden im Normalfall nur die Kosten der umweltrelevanten Mehrkosten am neuen Standort aus dem entsprechenden Umweltprogramm mitfinanziert. Sofern die Verlagerung nachweislich aufgrund einer behördlichen Anordnung erfolgt (z. B.

Stillegungsverfügung oder Androhung) oder die unmittelbare Nachbarschaft durch Emissionen des Betriebes gravierend belastet wird, können ausnahmsweise 50 % bis 100 % der Kosten für die gesamte Verlagerung bei der Darlehensbemessung zugrunde gelegt werden. Hier sind allerdings strenge Beurteilungsmaßstäbe anzulegen. Die einfache Befürwortung eines Bürgermeisters oder einer kommunalen Dienststelle ist dazu nicht ausreichend.

Antragsberechtigte:

Unternehmen der gewerblichen Wirtschaft, deren Jahresumsatz (Konzernbetrachtung) DM 500 Mio. nicht überschreitet, Betreiber-/Kooperationsmodelle.

Ausnahme: Investitionen von besonderer umweltpolitischer Bedeutung, hier sind auch größere Unternehmen antragsberechtigt.

Art und Höhe der Förderung:

1. Zinsgünstige Darlehen
   - Max. 50 % der förderfähigen Kosten, auch bei additiven Maßnahmen (dem Produktionsprozeß nachgeordnet).
   - Bei integrierten Maßnahmen (hier sind neben dem Umweltschutz auch andere Investitionsmotive maßgebend) beträgt die Bemessungsgrundlage 50 % der Investitionskosten. Übersteigt der Umwelteffekt die 50 %, steigt die Bemessungsgrundlage auf 100 %. Bei integrierten Maßnahmen kann die Finanzierungslücke bis zu 75 % aus dem DtA-Umweltprogramm geschlossen werden.
   - Kredithöchstbetrag DM 2 Mio.
     Ausnahme: bei Vorhaben von besonderer umweltpolitischer Bedeutung kann dieser Höchstbetrag überschritten werden.

     Umweltpolitische Bedeutung:
     - Anlagen mit Pilotcharakter.
     - Die angewandte Umweltschutztechnik liegt über den gesetzlichen Anforderungen.
     - Es werden überdurchschnittliche Mengen an Abfällen, Abwässern, Luftschadstoffen vermieden oder Energie eingespart.
     - Das Vorhaben hat über das Unternehmen hinaus (z. B. regionale) Bedeutung.

   - In Kombination mit dem DtA-Umweltprogramm kann bis zu 75 % der Gesamtinvestitionen finanziert werden.

- Führt ein Investor mehrere voneinander unabhängige Vorhaben durch, so kann er für jedes Vorhaben den Kredithöchstbetrag beantragen.
2. Zinssatz fest für die gesamte Laufzeit, bei Investitionen in Berlin/West gelten Westkonditionen.
3. Auszahlung: 100 %.
4. Laufzeit: bis zu 15 Jahre, bei Bauvorhaben bis zu 20 Jahren, bei höchstens 5 tilgungsfreien Anlaufjahren

Antrag/Beratung:

Formgebundener Antrag der Deutschen Ausgleichsbank 2 AV-050 und Begleitschreiben 2 AV-047. Beteiligungs- und Gesellschaftsverträge, Rentabilitätsvorschau sowie die Stellungnahme eines Gutachters sind nicht erforderlich.

Verfahren:

Das Vorhaben darf zum Zeitpunkt der Antragstellung bei der Hausbank noch nicht bereits begonnen worden sein. Nach Vorhabensbeginn können Anträge nur noch dann gestellt werden, wenn vorher konkrete Finanzierungsgespräche bei der Hausbank (aktenkundig) stattgefunden haben. Der Antrag wird bei der Hausbank gestellt, diese leitet den Antrag über das Zentralinstitut an die DtA.

Vorhabensbeginn:
- Bauvorhaben = erster Spatenstich.
Planung, Bodenuntersuchung sowie Grunderwerb gelten nicht als Beginn.
- Bei beweglichen Wirtschaftsgütern = Bestellung.
- Bei nichtbeweglichen Wirtschaftsgütern = Abschluß des Kauf- oder Notarvertrages.

Kombinierbarkeit:

- DtA-Programme.
- Zuschüsse im Rahmen der Gemeinschaftsaufgabe sowie Investitionszulage und Sonderabschreibung.
- Kann nicht mit anderen ERP-Mitteln kombiniert werden.
Ausnahme: sind in einem Vorhaben mehrere ERP-Programme (im Bereich Umwelt) angesprochen und die Kosten können dem einzelnen

ERP-Programm direkt zugeordnet werden, ist bei einem Vorhaben die Förderung aus mehreren ERP-Programmen möglich.

Verwendung der Mittel:

Die Verwendung der Mittel ist formgebunden nach Abschluß der Investitionsmaßnahme der DtA nachzuweisen.

Aktuelle Informationen:

Die Mittel können bei Investitionen in den neuen Ländern bis zu 40 % haftungsfreigestellt werden, sofern der Einzelkredit den Betrag von DM 2 Mio. nicht übersteigt. Eine Aufspaltung eines Kredites in einen teilweise haftungsfreigestellten Teil und einen Teil mit voller Primärhaftung ist **nicht möglich.**

1.7 ERP-Beteiligungsprogramm:
(hier: Beteiligungsnehmer)

Förderziel:

- Refinanzierung von Beteiligungen an kleinen und mittleren Unternehmen.
- Zweck der Beteiligung soll die Erweiterung des Eigenkapitals oder die Konsolidierung der Finanzverhältnisse sein, um vornehmlich zu finanzieren:
  - Kooperationen,
  - Innovationen,
  - Umstellungen bei Strukturwandel,
  - Errichtungen, Erweiterungen, grundlegende Rationalisierungen oder Umstellungen von Betrieben.

Beteiligungen können auch bei Erbauseinandersetzungen oder in Ausnahmefällen beim Ausscheiden von Gesellschaftern gefördert werden.

Ausgeschlossen sind Umschuldungen und Nachfinanzierungen. Existenzgründungen in den neuen Bundesländern und Berlin (Ost) können bis Ende 1994 gefördert werden, wobei eine Kumulierung mit anderen Existenzgründungsprogrammen möglich ist.

Antragsberechtigte:

Antragsberechtigte Beteiligungsnehmer:
- Kleine und mittlere Unternehmen der gewerblichen Wirtschaft, deren Jahresumsatz (Konzernbetrachtung) DM 100 Mio. nicht überschreitet.

Art und Höhe der Förderung:

Höchstbetrag der Beteiligung:	In der Regel DM 2 Mio., jedoch soll die Beteiligung das vorhandene Eigenkapital nicht übersteigen. Eine wiederholte ERP-geförderte Beteiligung ist zulässig, solange der jeweilige Höchstbetrag nicht überschritten wird.

Beteiligungsentgelt:	Freie Vereinbarung. Die Gesamtbelastung aus der Beteiligung darf im Durchschnitt der vereinbarten Beteiligungsdauer 12 % p. a. der Beteiligungssumme nicht übersteigen. Zumindest ein Teil des Beteiligungsentgelts ist gewinnabhängig zu vereinbaren.
Dauer der Beteiligung:	Bis zu 10 Jahre, in den neuen Bundesländern und Berlin (Ost) bis zu 15 Jahre (entsprechend einer mittleren Laufzeit bei Ablösung der Beteiligung in Raten).
Beteiligungsform:	Jede Beteiligungsform ist zulässig. Die Teilnahme am Verlust im Vergleichs- oder Konkursfall darf nicht ausgeschlossen werden.
Kündigungsrecht:	Für die Beteiligungsnehmer jederzeit ganz oder teilweise mit einer Frist von 12 Monaten.

Antrag/Beratung:

Anträge können nur bei privaten Kapitalbeteiligungsgesellschaften gestellt werden. Auskünfte erteilt auch die KfW.

Kombinierbarkeit:

Kann mit anderen Existenzgründungsprogrammen kombiniert werden.

Aktuelle Informationen:

Die Kapitalbeteiligungsgesellschaft soll – außer in der Anlaufzeit bei Unternehmensgründungen – keinen Einfluß auf die laufende Geschäftsführung des Unternehmens nehmen, soweit dies den Bestand der Beteiligung und eine angemessene Rendite nicht gefährdet. Entscheidungen, die eine wesentliche Änderung der Vertragsgrundlage des Beteiligungsverhältnisses darstellen, (z. B. die Aufnahme neuer Geschäftszweige, die Umstellung der Produktion und die Betriebsaufgabe), kann die Kapitalbeteiligungsgesellschaft von ihrer Zustimmung abhängig machen.

Die Kapitalbeteiligungsgesellschaft kann verlangen, daß ihr der Beteiligungsnehmer mindestens jährlich über die wesentlichen Betriebsdaten berichtet. Dessen unbeschadet hat die Kapitalbeteiligungsgesellschaft das Recht, Jahresabschlußunterlagen einzusehen. Die Kapitalbeteiligungsgesellschaft soll den Beteiligungsnehmer in Finanzierungsangelegenheiten auf Wunsch kostenlos beraten.

1.8 ERP-Aufbauprogramm

Förderziel:

Finanzierung von Investitionen in den neuen Bundesländern einschließlich Berlin (Ost) zu einem günstigen Zinssatz und zu langen Laufzeiten. Hierzu zählen die
- Errichtung,
- Übernahme,
- Erweiterung,
- Umstellung oder grundlegende Rationalisierung

von Betrieben, wenn mit dem Vorhaben eine angemessene Zahl von Arbeitsplätzen geschaffen oder die vorhandenen Arbeitsplätze gesichert werden.

Nicht gefördert werden Investitionen, die nur der Ersatzbeschaffung dienen. Existenzgründungen werden im ERP-Existenzgründungsprogramm der DtA gefördert.

Mitfinanziert werden:
- Erwerb von Grundstücken und Gebäuden,
- Bauinvestitionen,
- Anschaffung von Maschinen und Fahrzeugen,
- Betriebs- und Geschäftsausstattung,
- Erwerb immaterieller Wirtschaftsgüter,
- Kaufpreisfinanzierung im Rahmen von Firmenerwerb.

Ausgeschlossen sind Umschuldungen und Nachfinanzierungen sowie die Finanzierung von Betriebsmitteln.

Antragsberechtigte:

- Private gewerbliche Unternehmen, deren Jahresumsatz DM 100 Mio. (Konzernbetrachtung) nicht überschreitet. Als private Unternehmen sind solche anzusehen, die sich mehrheitlich in privatem oder genossenschaftlichem Eigentum befinden und in selbständiger unternehmerischer Verantwortung geführt werden.
- Freiberuflich Tätige (ausgenommen Heilberufe).

Finanzierung von zur Vermietung vorgesehenen Gewerbe-/Praxisräumen können dann mitgefördert werden, wenn sich der Mieter mitverpflichtet (z. B. gesamtschuldnerische Haftung, Bürgschaft). Hierbei bleibt die Antragsberechtigung der Mieter hinsichtlich eigener Investitionen (z. B. Maschinen, Praxiseinrichtung) unberührt. Es ist aber darauf zu achten, daß der Höchstbetrag nur einmal pro Jahr und Betriebsstätte in Anspruch genommen werden kann.

Art und Höhe der Förderung:

1. Zinsgünstige Darlehen, max. DM 2 Mio. **pro Kalenderjahr**/pro Betriebsstätte max. Finanzierungsanteil 50 %.
Andere gleichzeitig beantragte öffentliche Mittel (z. B. Zuschüsse) werden bei der Bemessung des Darlehens berücksichtigt. In diesen Fällen können unter Anrechnung des **ERP-Darlehens** und anderer öffentlicher Mittel 85 % der förderbaren Investitionskosten berücksichtigt werden. Soweit der Finanzierungsbedarf über den ERP-Kredit hinausgeht, können Mittel aus dem KfW-Mittelstandsprogramm (bis zu 75 % der Investitionssumme) beantragt werden.

2. Zinssatz fest für die gesamte Laufzeit.

3. Auszahlung: 100 %.

4. Laufzeit: bis zu 15 Jahren, bei Bauvorhaben bis zu 20 Jahren, bei höchstens 5 tilgungsfreien Anlaufjahren

Antrag/Beratung:

Formgebundener Antrag KfW-Form 141660 und statistisches Beiblatt 141661 über das Zentralinstitut an die KfW.

Verfahren:

Mit dem Vorhaben darf bei Antragstellung noch nicht begonnen worden sein.

Ausnahme: Es fanden vorher konkrete Finanzierungsgespräche (aktenkundig) statt. Zwischen dem aktenkundigen Finanzierungsgespräch bei der Hausbank und der konkreten Vorlage des Antrages bei der KfW dürfen nicht mehr als drei Monate liegen. Zusätzlich darf das Vorhaben zu nicht mehr als 50 % realisiert sein.

Vorhabensbeginn
- Bauvorhaben = erster Spatenstich.
Planung, Bodenuntersuchung, sowie Grunderwerb gelten nicht als Beginn.
- Bei beweglichen Wirtschaftsgütern = Bestellung.
- Abschluß Kauf- oder Notarvertrag.

Der Antrag wird bei der Hausbank gestellt, diese leitet den Antrag an die KfW.

Bei Anträgen, die zu einem Gesamtkreditvolumen des Investors von über DM 25 Mio. führen, sind die vom Antragsteller unterzeichneten Jahresabschlüsse der letzten drei Geschäftsjahre beizufügen. Entsprechendes gilt für Kredite mit Haftungsfreistellung, unabhängig von der Obligohöhe. Ansonsten sind regelmäßig die Angaben aus dem Antragsformular ausreichend.

Kombinierbarkeit:

Kann nicht mit anderen ERP-Mitteln kombiniert werden (ein Vorhaben kann immer nur aus einem ERP-Topf gefördert werden).

Kann mit Zuschüssen im Rahmen der Gemeinschaftsaufgabe, der Investitionszulage sowie der Sonderabschreibung kombiniert werden.

Kann mit allen Ergänzungsdarlehen der KfW kombiniert werden.

Verwendung der Mittel:

Verwendung der Mittel ist **formgebunden** nach Abschluß der Investitionsmaßnahme nachzuweisen.

Aktuelle Informationen:

Die Mittel können bei Investitionen in den neuen Ländern bis zu 40 % haftungsfreigestellt werden, sofern der Einzelkredit den Betrag von DM 2 Mio. nicht übersteigt. Eine Aufspaltung eines Kredites in einen teilweise haftungsfreigestellten Teil und einen Teil mit voller Primärhaftung ist **nicht möglich**.

1.9 ERP-Vergabebedingungen

Allgemeine Bedingungen des Bundesministers für Wirtschaft für die Vergabe von ERP-Mitteln*

Förderungswürdigkeit:

Die ERP-Mittel dienen der Förderung der deutschen Wirtschaft. Es werden nur Vorhaben berücksichtigt, die volkswirtschaftlich förderungswürdig sind, die Wettbewerbs- und Leistungsfähigkeit der geförderten Unternehmen steigern und einen nachhaltigen wirtschaftlichen Erfolg erwarten lassen. ERP-Mittel sollen nur gewährt werden, wenn die Durchführung des Vorhabens ohne diese Förderung wesentlich erschwert würde. Dabei sind auch die wirtschaftlichen Gesamtverhältnisse der Eigentümer zu berücksichtigen. Sanierungsfälle sind ausgeschlossen.

Investitionsfinanzierung:

Die ERP-Mittel werden für die Finanzierung von Investitionen mit langfristigem Finanzierungsbedarf zur Verfügung gestellt. Die Laufzeit von ERP-Darlehen soll die betriebsgewöhnliche Nutzungsdauer nicht überschreiten; bei Bauten darf sie höchstens 15 Jahre betragen. Im Interesse einer baldigen Wiederverwendung der ERP-Mittel für neue Vorhaben soll die nach Lage des Falles kürzestmögliche Laufzeit vereinbart werden. Verschiedene Laufzeiten können zu einer Durchschnittslaufzeit zusammengefaßt werden.

Anteilsfinanzierung:

Die ERP-Mittel dienen nur der anteiligen Finanzierung des Vorhabens. Der Empfänger hat sich entsprechend seiner Vermögenslage und Ertragskraft in angemessenem Umfange mit Eigenmitteln und anderen Fremdmitteln an der Gesamtfinanzierung zu beteiligen. Ermäßigen sich die Kosten des Vorhabens oder erhöhen sich andere öffentliche Finanzierungsmittel, werden die ERP-Mittel anteilig gekürzt.

Nachfinanzierung:

Die ERP-Mittel dürfen nicht für Vorhaben gewährt werden, mit deren Durchführung im Zeitpunkt der Antragstellung bereits begonnen worden ist.

---

* Quelle: Bekanntmachungen des BMWi im Bundesanzeiger Nr. 15 vom 23. 1. 1990

Doppelförderung:

Die ERP-Mittel dürfen für ein Vorhaben nicht aus verschiedenen Ansätzen im ERP-Wirtschaftsplan gewährt werden. Sie sollen auch nicht neben Zuwendungen aus dem Bundeshaushalt zur Verfügung gestellt werden.

Kooperation:

Vorhaben kleiner und mittlerer Unternehmen, die diese unter Wahrung ihrer rechtlichen und wirtschaftlichen Selbständigkeit zum Zwecke der zwischenbetrieblichen Zusammenarbeit (Kooperation) durchführen, sollen bevorzugt berücksichtigt werden.

Besicherung:

Die ERP-Mittel werden grundsätzlich von Kreditinstituten vergeben, die für die Darlehen die volle Haftung übernehmen. Die ERP-Darlehen sind banküblich abzusichern, u. U. durch Bürgschaften der Kreditgarantiegemeinschaften oder der Länder.

Rückzahlung:

Die ERP-Darlehen sollen in gleichen Halbjahresraten getilgt werden. Sie können jederzeit ohne vorherige Kündigung ganz oder teilweise zurückgezahlt werden.

Zweckbindung:

Die ERP-Mittel sind für den nach den Richtlinien festgelegten Zweck zu verwenden. Sie sind zurückzuzahlen, wenn sie bestimmungswidrig verwendet werden oder die Voraussetzungen für ihre Gewährung sich nachträglich ändern oder entfallen.

Vergütung für Kreditinstitute:

Die Vergütung für Kreditinstitute ist in dem Zinssatz für ERP-Darlehen enthalten. Sofern ERP-Darlehen an öffentliche Stellen oder deren Unternehmen gewährt werden, sind sie unmittelbar von den Hauptleihinstituten (Kreditanstalt für Wiederaufbau, Frankfurt a. M.; Deutsche Ausgleichsbank, Bonn) auszuzahlen.

Antragsunterlagen:

Der Antrag auf Gewährung von ERP-Mitteln muß eine Beurteilung des Vorhabens ermöglichen und deshalb u. a. folgende Angaben enthalten:
- Beschreibung des Unternehmens,
- einschließlich der in den jeweiligen Einzelrichtlinien vorgesehenen Antragsberechtigung,
- letzte Jahresabschlüsse oder vergleichbare Unterlagen,
- Beschreibung des Vorhabens unter Berücksichtigung des in den jeweiligen Einzelrichtlinien vorgesehenen Verwendungszwecks,
- Kosten- und Finanzierungsplan,
- künftige Erfolgserwartungen,
- Besicherungsvorschlag,
- ggf. Nachweis der fachlichen Eignung.

Erforderlichenfalls kann ein Fachgutachten verlangt werden. Zur Vereinfachung stehen in verschiedenen Fällen Vordrucke zur Verfügung. Der Antrag muß die Versicherung enthalten, daß die Angaben der Wahrheit entsprechen. Die Angaben über die Antragsberechtigung und über den Verwendungszweck sind subventionserheblich im Sinne von § 264 StGB in Verbindung mit § 2 Subventionsgesetz.

Rechtsanspruch:

Ein Rechtsanspruch auf ERP-Mittel besteht nicht. Die Gewährung und Bemessung der einzelnen Darlehen richtet sich nach dem Umfang der vorhandenen Mittel.

Auskunftspflicht/Prüfung:

Den Beauftragten des ERP-Sondervermögens sind auf Verlangen erforderliche Auskünfte zu erteilen, Einsicht in die Bücher und Unterlagen sowie Prüfungen zu gestatten.

ERP-Mittel dürfen nur gewährt werden, wenn der Antragsteller sich damit einverstanden erklärt hat, daß der Bundesminister für Wirtschaft dem Wirtschaftsausschuß des Deutschen Bundestages im Einzelfall den Namen des Antragstellers, Höhe und Zweck des Darlehens in vertraulicher Weise bekannt gibt, sofern der Wirtschaftsausschuß dies beantragt.

2 Ergänzungsfinanzierungen

2.1 KfW-Mittelstandsprogramm (Ost)

Förderziel:

Finanzierung von Investitionen im In- und Ausland, die einer langfristigen Mittelbereitstellung bedürfen.

Hierzu zählen z. B.:
- Erwerb von Grundstücken und Gebäuden,
- Bauinvestitionen,
- Anschaffung von Maschinen und Fahrzeugen,
- Betriebs- und Geschäftsausstattung,
- Vorhaben im Rahmen der Forschung und Entwicklung neuer Produkte,
- Erwerb immaterieller Wirtschaftsgüter,
- Kaufpreisfinanzierung im Rahmen von Firmenerwerb oder MBO/MBI,
- Rationalisierung/Neugründung,
- Erwerb von Beteiligungen,
- Praxisübernahme,
- Investitionen zur Energieeinsparung/rationellen Energieverwendung,
- Sicherung und Schaffung neuer Arbeitsplätze

Nicht finanziert werden Umschuldungen und Nachfinanzierungen (Ausnahme: Grundstücke; hier kann der Grundstückskauf 2 Jahre zurückliegen und wird trotzdem noch bei dem förderfähigen Investitionsvolumen berücksichtigt).

Betriebsmittelkredite können ebenfalls nicht mitfinanziert werden. Bei Unternehmensgründungen kann das Warenlager mitfinanziert werden; dieses darf jedoch nicht mehr als 20 % der Gesamtinvestitionen ausmachen.

Antragsberechtigte:

In- und ausländische Unternehmen mit einem Umsatz bis zu DM 1 Mrd. (Konzernbetrachtung), wie:
- produzierendes Gewerbe,
- Handel/Handwerk,

- sonstige Dienstleistungen,
- freiberuflich Tätige,
- Unternehmen, die sich noch mehrheitlich im Besitz der Treuhandanstalt befinden und deren Jahresumsatz DM 1 Mrd. (Konzernbetrachtung) nicht übersteigt,
- gewerblich betriebene Krankenhäuser und Kliniken sowie Sanatorien und Kuranstalten,
- gewerblich betriebene Alten-, Pflege-, Erholungs- sowie Kinderheime und schulische Einrichtungen, soweit die Investitionen nicht durch Bundes-, Landes- oder Gemeinderecht gesichert sind,
- Vermieter von Gewerbe-/Praxisräumen: Immobilien, welche an gewerbliche oder freiberufliche Nutzer vermietet werden, können aus dem KfW-Mittelstandsprogramm mitfinanziert werden, allerdings muß sich der Mieter grundsätzlich mitverpflichten (auch Bürgschaft möglich). Unberührt bleibt hierbei die Antragsberechtigung der Mieter auf Kredite aus den ERP-Programmen hinsichtlich eigener Investitionen (z. B. Maschinen, Praxiseinrichtungen).

Art und Höhe der Förderung:

1. Zinsgünstige Darlehen (Kapitalmarktdarlehen)
   - Kredithöchstbetrag max. DM 10 Mio.
   - Finanzierungsanteil:
   bis DM 100 Mio. Jahresumsatz: 75 %
   von DM 100 Mio. bis DM 1 Mrd. Jahresumsatz: 66,6 %.
   Andere gleichzeitig bei der KfW beantragte öffentliche Mittel (z. B. ERP-Programme) werden bei der Bemessung des Darlehens berücksichtigt.

2. Zinssatz fest für 10 Jahre.
   Einseitige Bindung der KfW, der Kunde kann jederzeit außerplanmäßig tilgen, unterliegt bei Verzichten jedoch (unabhängig vom Vorhaben oder Investitionsort) einer Sperrfrist von 6 Monaten für eine erneute Antragstellung (= Kreditnehmerprinzip).

3. Auszahlung: 96 %.
   Bei außerplanmäßigen Tilgungen wird das einbehaltene Disagio (hälftig Bearbeitungsgebühr und Risikoprämie) nicht anteilmäßig zurückerstattet.

4. Laufzeit:
   bis zu 10 Jahre, davon höchstens 2 tilgungsfreie Anlaufjahre,

bis zu 20 Jahre, davon höchstens 3 tilgungsfreie Anlaufjahre (bei Bauvorhaben).*

5. Zusageprovision: 0,25 % p. M. beginnend einen Monat nach Zusagedatum der KfW für noch nicht ausgezahlte Kreditbeträge. Die Mittel können jedoch unmittelbar nach der Zusage, unabhängig vom Stand des Investitionsvorhabens, abgerufen werden.
6. Tilgung: in gleichhohen Halbjahresraten.
7. Kreditoption:
Die KfW ist bereit, den Kredit mit der Maßgabe zuzusagen, daß Zins- und Auszahlungssatz erst zum Zeitpunkt der Inanspruchnahme festgelegt werden. Es gelten dann die Konditionen am Tage des Posteinganges des Abrufformulars bei der KfW. Die Zusagegebühr beträgt 0,25 % des Kreditbetrages. Diese Gebühr ist nach Ablauf von 4 Wochen ab Datum der Zusage an die KfW zu zahlen. Wird innerhalb eines Zeitraums von 4 Wochen ab Zusagedatum auf das Darlehen verzichtet, fällt keine Gebühr an.

Antrag/Beratung:

Formgebundener Antrag KfW-Form 141660 und statistisches Beiblatt 141661 über das Zentralinstitut an die KfW. Die KfW behält sich vor, sonstige Unterlagen anzufordern.

Verfahren:

Das Vorhaben darf zum Zeitpunkt der Antragstellung bei der Hausbank nicht bereits zu einem wesentlichen Teil (mehr als 50 %) durchgeführt sein. Nach Vorhabensbeginn können Anträge nur noch dann gestellt werden, wenn vorher konkrete Finanzierungsgespräche stattgefunden haben. Zwischen dem aktenkundigen Finanzierungsgespräch bei der Hausbank und der Vorlage des Antrages bei der KfW dürfen nicht mehr als drei Monate liegen.

---

* Zur Verbesserung der Finanzierung von Investitionen mit überwiegendem Bauanteil bietet die KfW im KfW-Mittelstandsprogramm eine zusätzliche Laufzeit von 20 Jahren bei bis zu 3 tilgungsfreien Anlaufjahren an. Mittelständische Unternehmen erhalten damit den Vorteil, diese langlebigen Wirtschaftsgüter auch entsprechend langfristig zu günstigen Konditionen finanzieren zu können.
Die längere Laufzeitvariante kann für Investitionsvorhaben beantragt werden, bei denen mindestens zwei Drittel der förderfähigen Kosten auf Grunderwerb und/oder Baukosten entfallen. Der Zinssatz ist fest (ab Kreditzusage) für die ersten 10 Jahre, für die Restlaufzeit wird die KfW ein neues Angebot abgeben.
Es können auch Kreditlaufzeiten zwischen 10 und 20 Jahren beantragt werden. In diesen Fällen finden die Konditionen der Laufzeitvariante 20/3 Anwendung. Ein Wechsel zwischen den verschiedenen Laufzeitvarianten ist während der Dauer eines Kreditvertrages ausgeschlossen. Pro Investitionsvorhaben kann nur eine Laufzeit beantragt werden.

Der Antrag wird bei der Hausbank gestellt, diese leitet den Antrag an die KfW.

Kombinierbarkeit:

Kann mit allen öffentlichen Fördermitteln (Land/Bund/KfW) kombiniert werden. Eine Kombination mit ERP-Mitteln der DtA ist nicht möglich.

Verwendung der Mittel:

Die ordnungsgemäße Verwendung der Mittel sowie die Erfüllung eventueller Auflagen hat sich die Hausbank nachweisen zu lassen.

Aktuelle Informationen:

Die Mittel können bei Investitionen in den neuen Ländern bis zu 40 % haftungsfreigestellt werden, sofern der Einzelkredit den Betrag von DM 2 Mio. nicht übersteigt. Eine Aufspaltung eines Krediteszurückgegeben in einen teilweise haftungsfreigestellten Teil und einen Teil mit voller Primärhaftung ist **nicht möglich.**

2.2 KfW-Umweltprogramm

Förderziel:

Finanzierung von Investitionen, die dazu beitragen, die Umweltsituation wesentlich zu verbessern. Finanzierungen aller additiver Umweltschutzinvestitionen, die aufgrund gesetzlicher Auflagen oder auch auf freiwilliger Basis vorgenommen werden.

Investitionen in der Bundesrepublik Deutschland, die dazu beitragen, die Umweltsituation wesentlich zu verbessern. Hierzu zählen Maßnahmen
- zur Verminderung oder Vermeidung von Luftverschmutzungen einschl. Geruchsemissionen, Lärm und Erschütterungen,
- zur Beseitigung von bestehenden Boden- und Gewässerverunreinigungen im Zusammenhang mit anderen betrieblichen Investitionen,
- zur Verbesserung der Abwasserreinigung,
- zur Abwasserverminderung und -vermeidung,
- zur Abfallvermeidung und -behandlung,
- zur Energieeinsparung und zum Einsatz regenerativer Energiequellen (Klimaschutz, CO_2-Minderung),
- zum Boden- und Grundwasserschutz,
- zur Herstellung innovativer umweltfreundlicher Produkte,
- von innovativen Umweltschutzdienstleistungen,
- zur Altlastensanierung bei Privatisierungsobjekten der Treuhandanstalt.
- Investitionen, deren umweltverbessernde Wirkungen nicht präzise einzelnen Umweltmedien zugeordnet werden können.
- Investitionen im grenznahen Ausland, wenn hierdurch Umweltbelastungen in Deutschland wesentlich vermindert oder vermieden werden.

Es können auch integrierte Maßnahmen finanziert werden, bei denen neben dem Umweltschutzeffekt auch andere betriebliche Ziele verwirklicht werden. Bemessungsgrundlage ist hier in der Regel 50 % des Gesamtinvestitionsbetrages.

Nicht finanziert werden:
- Umschuldungen und Nachfinanzierungen (Ausnahme Grundstücke: hier kann der Grundstückskauf 2 Jahre zurückliegen und wird trotzdem noch beim förderfähigen Investitionsvolumen berücksichtigt),
- Betriebsmittelkredite,

- herkömmliche Betriebsinvestitionen von Unternehmen der Entsorgungswirtschaft (z. B. Sammelfahrzeuge der Müllabfuhr),
- Ergänzungsfinanzierungen zu ERP-Umweltprogrammen.

Antragsberechtigte:

In- und ausländische Unternehmen der gewerblichen Wirtschaft:
- produzierendes Gewerbe,
- Handel/Handwerk,
- Unternehmen der Land- und Forstwirtschaft,
- sonstige Dienstleistungen,
- freiberuflich Tätige,
- Unternehmen, die sich noch mehrheitlich im Besitz der Treuhandanstalt befinden und deren Jahresumsatz DM 1 Mrd. nicht übersteigt,
- Betreibermodelle der Entsorgungswirtschaft
- Vermieter von Gewerbe-/Praxisräumen:

Immobilien, welche an gewerbliche oder freiberufliche Nutzer vermietet werden, können aus dem KfW-Umweltprogramm mitfinanziert werden, allerdings muß sich der Mieter grundsätzlich mitverpflichten (auch Bürgschaft möglich).

Art und Höhe der Förderung:

1. Zinsgünstige Darlehen (Kapitalmarktdarlehen)
   - Kredithöchstbetrag i. d. R. max. DM 10 Mio.
   - Finanzierungsanteil:
   bis 100 Mio. DM Jahresumsatz: 75 %
   von 100 Mio. DM Jahresumsatz und darüber: 66,6 %.
   Andere gleichzeitig bei der KfW beantragte öffentliche Mittel (z. B. ERP-Programme) werden bei der Bemessung des Darlehens berücksichtigt.

2. Zinssatz fest für die gesamte Laufzeit.
   Einseitige Bindung der KfW, der Kunde kann jederzeit außerplanmäßig tilgen, unterliegt bei Verzichten aber (unabhängig vom Vorhaben oder Investitionsort) einer Sperrfrist von 6 Monaten für eine erneute Antragstellung = Kreditnehmerprinzip.

3. Auszahlung: 96 %.
   Bei außerplanmäßigen Tilgungen wird das einbehaltene Disagio (hälftig Bearbeitungsgebühr und Risikoprämie) nicht anteilmäßig zurückerstattet.
4. Laufzeit: bis zu 10 Jahre, davon höchstens 2 tilgungsfreie Anlaufjahre.
5. Zusageprovision: 0,25 % p. M., beginnend einen Monat nach Zusagedatum der KfW für noch nicht ausgezahlte Kreditbeträge. Die Mittel können jedoch unmittelbar nach der Zusage, unabhängig vom Stand des Investitionsvorhabens, abgerufen werden.
6. Tilgung: in gleichhohen Halbjahresraten.
7. Kreditoption: siehe KfW-Mittelstandsprogramm.

Antrag/Beratung:

Formgebundener Antrag KfW-Form 141660 und statistisches Beiblatt 141661 über die Hausbank an die KfW. Die KfW behält sich vor, sonstige Unterlagen anzufordern. Im Feld Verwendungszweck des Antrages ist das Investitionsvorhaben mit seinen technischen Daten (derzeitige Imissionen, Imissionen nach Inbetriebnahme) detailliert darzustellen.

Verfahren:

Das Vorhaben darf zum Zeitpunkt der Antragstellung bei der Hausbank nicht bereits zu einem wesentlichen Teil (mehr als 50 %) durchgeführt sein. Nach Vorhabensbeginn können Anträge nur noch dann gestellt werden, wenn vorher konkrete Finanzierungsgespräche bei der Hausbank stattgefunden haben. Zwischen dem aktenkundigen Finanzierungsgespräch bei der Hausbank und der Vorlage des Antrages bei der KfW dürfen nicht mehr als drei Monate liegen.

Vorhabensbeginn
- Bauvorhaben = erster Spatenstich.
- Planung, Bodenuntersuchung sowie Grunderwerb gelten nicht als Beginn.
- Bei beweglichen Wirtschaftsgütern = Bestellung.
- Bei nichtbeweglichen Wirtschaftsgütern = Abschluß des Kauf- oder Notarvertrages.

Kombinierbarkeit:

Kann mit allen öffentlichen Fördermitteln (Land/Bund/KfW) kombiniert werden. Eine Kombination mit ERP-Mitteln der DtA ist nicht möglich.

Aktuelle Informationen:

1. Altlastensanierung bei Privatisierungsobjekten der Treuhandanstalt

Einem Beschluß der Bundesregierung und der neuen Bundesländer entsprechend muß der Erwerber eines Treuhandunternehmens 10 % der Sanierungskosten zur Beseitigung vorhandener Altlasten selbst tragen. Die KfW ist bereit, innerhalb ihres Umweltprogrammes künftig diese Investitionskosten zu finanzieren, unabhängig davon, ob zugleich andere betriebliche oder sonstige Umweltschutzmaßnahmen durchgeführt werden. Antragsberechtigt sind Unternehmen der gewerblichen Wirtschaft, die sich nach einem Verkauf durch die Treuhandanstalt mehrheitlich in Privatbesitz befinden. Förderfähig sind Investitionen, die der Beseitigung von Altlasten und damit der wirtschaftlichen Nutzung von vormals belastetem Grund und Boden dienen.

2. Förderung innovativer Umweltschutztechniken

Die Berücksichtigung umweltfreundlicher Produkte und Produktionsverfahren trägt dem Umstand Rechnung, daß sich die Umweltschutztechnik zu einem hoch innovativen Markt entwickelt hat. Unternehmen, die sich diesem Innovationswettbewerb stellen, indem sie neuartige, umweltfreundliche Produkte entwickeln und auf den Markt bringen oder zum Verfahrensfortschritt beitragen, verdienen hierbei Unterstützung. Vorhaben, bei denen es um die Entwicklung und Markteinführung moderner Umweltschutztechnologien geht, sind förderbar. Hierzu zählen auch Investitionen zur Herstellung innovativer, umweltfreundlicher Produkte sowie Investitionen von Dienstleistungsanbietern im Umweltschutz (z. B. Meß- und Analyseeinrichtungen). Voraussetzung einer Förderung in solchen Fällen ist aber, daß die Produkte oder Verfahren gegenüber den bereits am Markt eingeführten einen umweltschutztechnischen Fortschritt bedeuten. Bemessungsgrundlage wird im Regelfall wie bei integrierten Umweltschutzinvestitionen ermittelt.

3. Antragsberechtigung bei Entsorgungsunternehmen

Investitionen privater Entsorgungsunternehmen (Abwasserbehandlung, Abfallwirtschaft) sind auch in den Fällen förderfähig, bei denen Körperschaften oder Anstalten des öffentlichen Rechts Beteiligungen halten (Betreibermodelle). Bei einer Beteiligung der öffentlichen Hand von mehr als 50 % wird der Kredit als Teilhaftungskredit wie bei der Kreditgewährung an Unternehmen mit einem Jahresumsatz von mehr als DM 500 Mio. durchgeleitet.

Einschränkend gilt bei den Entsorgungsunternehmen im Bereich der Abfallwirtschaft, daß herkömmliche Betriebsinvestitionen nicht förderfähig sind. Das betrifft etwa Sammelfahrzeuge und Deponien. Förderfähig sind beispielsweise Investitionen zur Sortierung und Aufbereitung von Abfallstoffen für die Wiederverwendung. In den neuen Bundesländern greift hier zusätzlich das KfW-Kommunalkreditprogramm.

Die Mittel können bei Investitionen in den neuen Ländern bis zu 40 % haftungsfreigestellt werden, sofern der Einzelkredit den Betrag von DM 2 Mio. nicht übersteigt. Eine Aufspaltung eines Kredites in einen teilweise haftungsfreigestellten Teil und einen Teil mit voller Primärhaftung ist **nicht möglich.**

2.3 KfW/BMU-Programm
Demonstrationsvorhaben im Umweltschutz

Förderziel:

Die Kreditanstalt für Wiederaufbau (KfW) fördert in Zusammenarbeit mit dem Bundesminister für Umwelt, Naturschutz und Reaktorsicherheit (BMU), Demonstrationsvorhaben zur Verminderung von Umweltbelastungen mit Darlehen aus dem KfW-Umweltprogramm in den Bereichen:
- Luftreinhaltung,
- Abwasserreinigung/Wasserbau,
- Bodenschutz sowie
- umweltfreundliche Energieversorgung und -verteilung.

Gefördert werden Demonstrationsvorhaben in großtechnischem Maßstab, die aufzeigen, in welcher Weise
- Anlagen einem fortschrittlichen Stand der Technik zur Verminderung von Umweltbelastungen angepaßt,
- fortschrittliche Verfahren und Verfahrenskombinationen zur Vermeidung und Verminderung von Umweltbelastungen verwirklicht sowie
- umweltverträgliche Produkte und umweltschonende Substitutionsstoffe hergestellt und angewandt werden können.

Im Rahmen dieses Programmes können auch Kredite für Projekte im Ausland, die zu einer Verminderung der grenzüberschreitenden Umweltbelastung führen, zur Verfügung gestellt werden.

Antragsberechtigte:

Unternehmen der gewerblichen Wirtschaft (produzierendes Gewerbe, Handwerk, Handel, sonstiges Dienstleistungsgewerbe und Unternehmer der Land- und Forstwirtschaft), sonstige natürliche und juristische Personen des privaten Rechts sowie Gemeinden, Kreise, Gemeindeverbände, Zweckverbände, sonstige Körperschaften und Anstalten des öffentlichen Rechts.

Art und Höhe der Förderung:

1. Zinsgünstige Darlehen (Kapitalmarktdarlehen):
   Diese Darlehen werden in der Regel durch Zinszuschüsse von 5 % p. a. zinsverbilligt. Die Zinsverbilligung durch den BMU erstreckt sich auf bis zu 5 Jahre.

2. Darlehenshöhe: bis zu 70 % der förderfähigen Kosten, ohne Höchstbetrag.
3. Zinssatz: fest für die ersten 10 Jahre, danach Kapitalmarktkonditionen.
4. Auszahlung: 96 %.

Bei außerplanmäßigen Tilgungen wird das einbehaltene Disagio (hälftig Risikoprämie und Bearbeitungsgebühr) nicht anteilmäßig zurückgezahlt.

5. Laufzeit: bis zu 30 Jahre, bei bis zu 5 tilgungsfreien Anlaufjahren, entsprechend der jeweiligen Darlehensverwendung.
6. Bereitstellungsprovision: 0,25 % p. M., beginnend einen Monat nach Zusagedatum (der KfW) für noch nicht ausgezahlte Kreditbeträge.

Antrag/Beratung:

Formgebundener Antrag KfW-Form 141660 und statistisches Beiblatt 141661 über die Hausbank an die KfW. Die formgebundene Antragstellung erfolgt erst nach Aufforderung durch die KfW, siehe Verfahren.

Verfahren:

Anträge auf Förderung von Investitionen mit Demonstrationscharakter sind unter Verwendung eines speziellen Antragsformulars (über das Zentralinstitut erhältlich) an das Umweltbundesamt (UBA), Bismarckplatz 1, 14193 Berlin, zu richten.

Im Antrag ist zu begründen, warum das Vorhaben einen Demonstrationscharakter im Sinne der Richtlinien des BMU hat und welche Umweltschutzwirkungen durch die geplante Investition erreicht werden sollen. Dazu sollte möglichst eine schriftliche Stellungnahme einer fachkundigen und amtlich zugelassenen Gutachterstelle oder Überwachungsorganisation beigefügt werden.

Die fachliche Prüfung des Investitionsprojektes wird durch den BMU oder das Umweltbundesamt, ggf. unter Einschaltung eines Beauftragten, durchgeführt. Der BMU (bzw. sein Beauftragter) übermittelt das Ergebnis der fachlichen Prüfung sowie die Entscheidung über die Höhe der beabsichtigten Förderung der KfW. Die KfW wird den Antragsteller auffordern, einen Kreditantrag (siehe: Antrag/Beratung) zu stellen. Die Antragstellung gewerblicher bzw. privatrechtlicher Investoren erfolgt ausschließlich über

Kreditinstitute. Im Falle öffentlich-rechtlicher Kreditnehmer ist der Antrag direkt bei der KfW zu stellen. Die KfW behält sich vor, ergänzende Unterlagen (z. B. Jahresabschlüsse, Haushaltspläne) anzufordern, sofern dies für die Bearbeitung notwendig ist.

Die Zusage der zinsverbilligten Darlehen erfolgt auf der Basis der für das KfW-Umweltprogramm geltenden Konditionen und Vergabebedingungen.

Verwendung der Mittel:

Die Verwendung der Mittel erfolgt formgebunden.

2.4 KfW-Anschubprogramm für (noch) staatliche Unternehmen

Förderziel:

Finanzierung von Modernisierungs- und Umstrukturierungsinvestitionen sowie für eine Anlaufzeit auch als Soforthilfe für die Beschaffung von dringend benötigten Ersatzteilen und Vormaterialien.

Antragsberechtigte:

Ausschließlich Unternehmen der gewerblichen Wirtschaft, soweit sie sich (noch) in Staatseigentum befinden. Hierzu zählen auch die in privater Rechtsform geführten Unternehmen, bei denen staatliche Institutionen (wie etwa die Treuhandanstalt) die Mehrheit der Geschäftsanteile oder des Aktienkapitals halten.

Art und Höhe der Förderung:

- In der Regel die Hälfte des Investitionsbetrages.
- Der Zinssatz ist von der jeweiligen Situation am Kapitalmarkt abhängig, jedoch fest für die gesamte Laufzeit.
- Laufzeit in der Regel 10 Jahre, davon tilgungsfrei höchstens 2 Jahre.
- Tilgungsmodalitäten können auch einzelfallbezogen festgelegt werden.

Antrag/Beratung:

Hausbank;
Kreditanstalt für Wiederaufbau, Palmengartenstraße 5–9,
60325 Frankfurt/Main

Verfahren:

Das Unternehmen stellt einen Antrag über seine Hausbank auf Anschubfinanzierung bei der Kreditanstalt für Wiederaufbau. Diese prüft den Antrag und erteilt je nach Entscheidung dem Unternehmen direkt den Kredit.

2.5 DtA-Existenzgründungsprogramm

Förderziel:

Wenn für ein Vorhaben ERP-Mittel möglich sind, müssen diese vorrangig eingesetzt werden. Werden für eine Existenzgründung nur Mittel aus dem DtA-Existenzgründungsprogramm beantragt, sagt die DtA zuerst die möglichen ERP-Mittel zu und füllt dann gegebenenfalls (wenn der Mindestdarlehensbetrag von 30 TDM erreicht ist) mit Mitteln aus dem DtA-Existenzgründungsprogramm bis zu 75 % auf.

a) Investitionen zur Gründung selbständiger Existenzen (einschl. Waren-/Materialausstattung).

b) Investitionen innerhalb von 8 Jahren nach Gründung, die der Sicherung bzw. Festigung der selbständigen Existenz dienen wie z. B.
   - die Errichtung von Filialen,
   - Erweiterungen oder Umstellungen des Sortiments, Produkt- oder Dienstleistungsangebotes,
   - Aufstockung des Material-/Warenlagers,
   - Investitionen zur Standortsicherung (z. B. Erwerb bisher gemieteter Betriebsräume),
   - Investitionen zur Verlagerung des Betriebsstandortes – insbesondere aus Wohngebieten heraus – in für die Ansiedlung von Betrieben gesondert vorgesehene Gebiete.

c) Investitionen für neue oder neuartige Produkte/Verfahren (Innovationen).

d) Übernahme von Betrieben oder Betriebsteilen im Zuge von Ausgliederungsmaßnahmen der öffentlichen Hand (Privatisierung) und der damit in Zusammenhang stehenden Investitionen.

e) Ergänzungsfinanzierung zu den von der DtA durchgeführten Förderprogrammen.

f) Finanzierung eines im Zuge von Investitionsmaßnahmen erhöhten Betriebsmittelbedarfs, und zwar bis zur Höhe von 15 % der üblicherweise förderfähigen Investitionssumme.

Ausgenommen sind Sanierungsfälle. Umschuldungen sind möglich.

Voraussetzung ist, daß die nachzufinanzierende Investition nicht länger als 1 Jahr zurückliegt und eine langfristige Finanzierung nicht zustande kam.

Antragsberechtigte:

Natürliche Personen sowie kleine und mittlere Unternehmen der gewerblichen Wirtschaft (bis DM 100 Mio. Umsatz/500 Beschäftigte) und der Freien Berufe, einschließlich der Heilberufe (auch Ärzte).

Art und Höhe der Förderung:

1. Zinsgünstige Darlehen (Kapitalmarktdarlehen) als alleiniger Finanzierungsbaustein oder als Ergänzungsfinanzierung zu ERP-Mitteln der DtA.
   - Max. 75 % der förderfähigen Kosten (als alleiniger Finanzierungsbaustein oder in Kombination mit anderen Darlehensmitteln der DtA, einschl. der Landesmittel).
   - Kredithöchstbetrag DM 2 Mio.
   Im Einzelfall, besonders bei Privatisierungen und Reprivatisierungen, kann der Höchstbetrag überschritten werden.
   - Kreditmindestbetrag TDM 30.

2. Zinssatz fest für die gesamte Laufzeit.

   Einseitige Bindung der DtA; der Kunde kann jederzeit außerplanmäßig tilgen, unterliegt dann jedoch einer Sperrfrist für eine erneute Antragstellung von einem halben Jahr (Kreditnehmerprinzip).

3. Auszahlung: 98 %.

   Bei außerplanmäßigen Tilgungen wird das einbehaltene „Disagio" nicht anteilmäßig zurückerstattet (BGH-Urteil vom 12. 5. 1992).

4. Laufzeit: bis zu 10 Jahren, bei höchstens 2 tilgungsfreien Anlaufjahren.

5. Zusageprovision: 0,25 % pro angefangenem Monat, sofern die Darlehen nicht spätestens bis zum Ultimo des auf die Zusage der DtA folgenden Monats bei der DtA abgerufen werden.

   Die Mittel können jedoch unmittelbar nach der Zusage, unabhängig vom Stand des Investitionsvorhabens, abgerufen werden.

Antrag/Beratung:

Formgebundener Antrag der Deutschen Ausgleichsbank 1 V-003 und Begleitschreiben 2 AV-047. Bei Verwendung der aktuellen Antragsvordrucke, speziell des Begleitschreibens, brauchen keine weiteren Unterlagen eingereicht zu werden.

Verfahren:

Das Vorhaben darf zum Zeitpunkt der Antragstellung bei der Hausbank nicht bereits begonnen worden sein. Nach Vorhabensbeginn können Anträge nur noch dann gestellt werden, wenn vorher konkrete Finanzierungsgespräche bei der Hausbank (aktenkundig) stattgefunden haben. Der Antrag wird bei der Hausbank gestellt, diese leitet den Antrag an die DtA.

Von dieser Bestimmung kann abgewichen werden, wenn und soweit die finanziellen Verhältnisse des Unternehmens den Einsatz langfristiger Mittel geboten erscheinen lassen und mit dem Vorhaben nicht früher als etwa ein Jahr vor Antragstellung begonnen worden ist.

Vorhabensbeginn:
- Bauvorhaben = erster Spatenstich.
Planung, Bodenuntersuchung sowie Grunderwerb gelten nicht als Beginn.
- Bei beweglichen Wirtschaftsgütern = Bestellung.
- Bei nichtbeweglichen Wirtschaftsgütern = Abschluß des Kauf- oder Notarvertrages.

Kombinierbarkeit:

- ERP-Programme der DtA (bis zu 75 %).
- Zuschüsse im Rahmen der Gemeinschaftsaufgabe sowie Investitionszulage und Sonderabschreibung.
- Kann mit allen öffentlichen Fördermitteln kombiniert werden.

Verwendung der Mittel:

Die ordnungsgemäße Verwendung der Mittel sowie die Erfüllung eventueller Auflagen hat sich die Hausbank nachweisen zu lassen. Ein Nachweis gegenüber der DtA ist nicht erforderlich.

Aktuelle Informationen:

Die Mittel können bei Investitionen in den neuen Ländern bis zu 40 % haftungsfreigestellt werden, sofern der Einzelkredit den Betrag von DM 2 Mio. nicht übersteigt. Eine Aufspaltung eines Kredites in einen teilweise haftungsfreigestellten Teil und einen Teil mit voller Primärhaftung ist **nicht möglich**.

2.6 DtA-Umweltprogramm

Förderziel:

Klassischer Ergänzungsfinanzierungsbaustein zu den Förderprogrammen ERP-Abfallwirtschaft, ERP-Energie, ERP-Luftreinhaltung und ERP-Abwasserreinigung der DtA.

Gefördert werden:
- Investitionen des Anwenders umweltfreundlicher Technik (z. B. Verfahrensumstellungen), umweltfreundlicher Produkte und Produktionsanlagen. Die Förderung erstreckt sich auf alle Gebiete des Umweltschutzes.
- Es werden auch Investitionen mitfinanziert, die ggf. mit ERP-Mitteln nicht förderbar sind.
- Modellvorhaben, die vom Bundesminister für Umwelt, Naturschutz und Reaktorsicherheit als förderungswürdig anerkannt sind.
- Eine Herstellerfinanzierung ist ausschließlich für Demonstrationsprojekte mit Darlehen aus dem DtA-Umweltprogramm mit Zinszuschuß des BMU (II 2.7) und für Investitionen zur Herstellung innovativer umweltfreundlicher Produkte und Produktionsanlagen aus dem Umweltschutz-Bürgschaftsprogramm (II 2.8) möglich.
- Vorhaben zur Vermeidung oder Verminderung von Umweltbelastungen – präventiver integrierter Umweltschutz – werden bevorzugt gefördert.
- Investitionen auf dem Gebiet der Frischwasserversorgung.
- Altlastensanierung ist dann möglich, wenn diese für weitere Investitionen (auch ohne Umwelteffekte) notwendig ist.
- Spezialfall: Betriebsverlagerungen:
  Bei Betriebsverlagerungen werden im Normalfall nur die Kosten der umweltrelevanten Mehrkosten am neuen Standort aus dem entsprechenden Umweltprogramm mitfinanziert. Sofern die Verlagerung nachweislich aufgrund einer behördlichen Anordnung erfolgt (z. B. Stillegungsverfügung oder Androhung) oder die unmittelbare Nachbarschaft durch Emissionen des Betriebes gravierend belastet wird, können ausnahmsweise 50 bis 100 % der Kosten für die gesamte Verlagerung bei der Darlehensbemessung zugrunde gelegt werden. Hier sind allerdings strenge Beurteilungsmaßstäbe anzulegen. Die einfache Befürwortung eines Bürgermeisters oder einer kommunalen Dienststelle ist noch nicht ausreichend.

Antragsberechtigte:

Unternehmen der gewerblichen Wirtschaft, deren Jahresumsatz (Konzernbetrachtung) DM 500 Mio. nicht überschreitet sowie freiberuflich Tätige, Betreiber-/Kooperationsmodelle.

Ausnahme: Investitionen von besonderer umweltpolitischer Bedeutung, hier sind auch größere Unternehmen antragsberechtigt.

Betreibermodelle/Kooperationsmodelle: (siehe auch aktuelle Informationen).

Kommunale Wirtschaftsunternehmen, Gemeinden, Gemeindeverbände und andere öffentlich-rechtliche Körperschaften und Anstalten werden nach derzeitiger Spruchpraxis der DtA nur in Ausnahmefällen gefördert. Hier empfiehlt sich eine Abstimmung mit der DtA.

Art und Höhe der Förderung:

1. Zinsgünstige Darlehen (Kapitalmarktdarlehen) als alleiniger Finanzierungsbaustein oder als Ergänzungsfinanzierung zu ERP-Mitteln der DtA.
   - Max. 75 % der förderfähigen Kosten (als alleiniger Finanzierungsbaustein oder in Kombination mit anderen Darlehensmitteln der DtA).
   - Max. 75 % der förderfähigen Kosten, auch bei additiven Maßnahmen (dem Produktionsprozeß nachgeordnet).
   - Bei integrierten Maßnahmen (hier sind neben dem Umweltschutz auch andere Investitionsmotive maßgebend) beträgt die Bemessungsgrundlage 50 % der Investitionskosten. Übersteigt der Umwelteffekt die 50 %, steigt die Bemessungsgrundlage auf 100 %. Bei integrierten Maßnahmen kann bis zu 75 % aus dem DtA-Umweltprogramm finanziert werden. Diese Quoten betreffen nur die Kostenbestandteile die Umwelteffekte beinhalten.
   - Kredithöchstbetrag DM 10 Mio.
   Ausnahme: Bei Vorhaben von besonderer umweltpolitischer Bedeutung kann dieser Höchstbetrag überschritten werden.

   Umweltpolitische Bedeutung:
   - Anlagen mit Pilotcharakter.
   - Die angewandte Umweltschutztechnik liegt über den gesetzlichen Anforderungen.
   - Es werden überdurchschnittliche Mengen an Abfällen, Abwässern, Luftschadstoffen vermieden oder Energie eingespart.

- Das Vorhaben hat über das Unternehmen hinaus (z. B. regionale) Bedeutung.
- Führt ein Investor mehrere voneinander unabhängige Vorhaben durch, so kann er für jedes Vorhaben den Kredithöchstbetrag beantragen.

2. Zinssatz fest für die ersten 10 Jahre.
Einseitige Bindung der DtA; der Kunde kann jederzeit außerplanmäßig tilgen, unterliegt dann jedoch einer Sperrfrist für eine erneute Antragstellung, von einem halben Jahr (Kreditnehmerprinzip).

3. Auszahlung: 98 %.
Bei außerplanmäßigen Tilgungen wird das einbehaltene „Disagio" nicht anteilmäßig zurückerstattet (BGH-Urteil vom 12. 5. 1992).

4. Laufzeit:
bis zu 10 Jahren, bei höchstens 2 tilgungsfreien Anlaufjahren,
bis zu 20 Jahren, bei höchstens 3 tilgungsfreien Anlaufjahren,
entsprechend der jeweiligen Darlehenslaufzeit (Mischlaufzeiten sind möglich).

5. Zusageprovision: 0,25 % pro angefangenem Monat, sofern die Darlehen nicht spätestens bis zum Ultimo des auf die Zusage folgenden Monats bei der DtA abgerufen werden. Die Mittel können jedoch unmittelbar nach der Zusage, unabhängig vom Stand des Investitionsvorhabens, abgerufen werden.

6. Kreditoption: Ein Darlehen kann auch in der Form zugesagt werden, daß Zins- und Auszahlungssatz zunächst offen bleiben. Für derartige Optionen wird eine Optionsgebühr erhoben.

Antrag/Beratung:

Formgebundener Antrag 2 AV-050 und Begleitschreiben 2 AV-047 über die Hausbank an die DtA. Beteiligungs- und Gesellschaftsverträge, Rentabilitätsvorschau sowie die Stellungnahme eines Gutachters sind nicht erforderlich, bei Pachtverträgen reicht die Angabe der Laufzeit, Verlängerungsoption/-möglichkeit und der Kündigungsfrist im Begleitschreiben.

Verfahren:

Das Vorhaben darf zum Zeitpunkt der Antragstellung bei der Hausbank nicht bereits begonnen worden sein. Nach Vorhabensbeginn können Anträge nur noch dann gestellt werden, wenn vorher konkrete Finanzierungsgespräche bei der Hausbank (aktenkundig) stattgefunden haben. Der Antrag wird bei der Hausbank gestellt, diese leitet den Antrag an die DtA.

Von dieser Bestimmung kann abgewichen werden, wenn und soweit die finanziellen Verhältnisse des Unternehmens den Einsatz langfristiger Mittel geboten erscheinen lassen und mit dem Vorhaben nicht früher als etwa ein Jahr vor Antragstellung begonnen worden ist.

Vorhabensbeginn:
- Bauvorhaben = erster Spatenstich.
  Planung, Bodenuntersuchung sowie Grunderwerb gelten nicht als Beginn.
- Bei beweglichen Wirtschaftsgütern = Bestellung.
- Bei nichtbeweglichen Wirtschaftsgütern = Abschluß des Kauf- oder Notarvertrages.

Kommunale Wirtschaftsunternehmen, Gemeinden und dergleichen reichen ihre Anträge unmittelbar bei der Deutschen Ausgleichsbank ein.

Kombinierbarkeit:

- ERP-Programme der DtA (bis zu 75 %).
- Zuschüsse im Rahmen der Gemeinschaftsaufgabe sowie Investitionszulage und der Sonderabschreibung.
- Kann mit allen öffentlichen Fördermitteln (außer ERP-Programmen der KfW) kombiniert werden.

Verwendung der Mittel:

Die ordnungsgemäße Verwendung der Mittel sowie die Erfüllung eventueller Auflagen hat sich die Hausbank nachweisen zu lassen. Ein Nachweis gegenüber der DtA ist nicht erforderlich.

Aktuelle Informationen:

Betreibermodelle/Kooperationsmodelle:

Die Deutsche Ausgleichsbank finanziert auch Maßnahmen bei Beteiligungsquoten der öffentlichen Hand über 50 % = **Kooperationsmodelle** in den Bereichen Abfall, Abwasser und Energie. Hier ist dann aber nur der auf den privatwirtschaftlich organisierten Teil entfallende Investitionsaufwand bis zu 50 % über ERP-Programme förderfähig; die Finanzierungslücke kann jedoch bis zu 75 %, bezogen auf die Gesamtinvestitionen (also auch der Anteil der Kommune bzw. des kommunalen Unternehmens), mit DtA-Umweltprogramm finanziert werden. Darlehensnehmer wird das Kooperationsmodell nicht die Kommune. Die Mittel werden dann im Hausbankverfahren vergeben.

Wenn die Vertragsdauer (für diese Betreiber-/Kooperationsmodelle) kürzer als die Darlehenslaufzeit sein sollte, ist eine Finanzierung trotzdem möglich. Nach Ablauf des Vertrages müssen dann entweder die Mittel zurückgezahlt werden, oder, wenn die Kommune zu diesem Zeitpunkt in den Darlehensprogrammen antragsberechtigt sein sollte, können die Mittel dann übertragen werden.

Private Betreibermodelle werden bis auf weiteres als Vorhaben von besonderer umweltpolitischer Bedeutung eingestuft, so daß in diesen Fällen grundsätzlich der in den DtA-Programmen geltende Höchstbetrag überschritten werden kann.

Die Mittel können bei Investitionen in den neuen Ländern bis zu 40 % haftungsfreigestellt werden, sofern der Einzelkredit den Betrag von DM 2 Mio. nicht übersteigt. Eine Aufspaltung eines Kredites in einen teilweise haftungsfreigestellten Teil und einen Teil mit voller Primärhaftung ist **nicht möglich.**

2.7 DtA-Umweltprogramm mit Zinszuschuß des BMU
Demonstrationsvorhaben im Umweltschutz

Förderziel:

Die Deutsche Ausgleichsbank fördert in Zusammenarbeit mit dem Bundesminister für Umwelt, Naturschutz und Reaktorsicherheit (BMU) Demonstrationsvorhaben zur Verminderung von Umweltbelastungen mit Darlehen aus dem DtA-Umweltprogramm in den Bereichen:
- Abfallvermeidung, -verwertung und -beseitigung,
- Sanierung von Altablagerungen,
- Energieeinsparung, rationelle Energieverwendung und Nutzung erneuerbarer Energie.

Altablagerungen sind verlassene und stillgelegte Ablagerungsplätze wie beispielsweise „wilde Müllkippen" und andere künstliche Aufhaldungen sowie Verfüllungen natürlichen Untergrundes mit Bauschutt, Produktionsrückständen und ähnlichen Materialien.

Gefördert werden Demonstrationsvorhaben in großtechnischem Maßstab, die aufzeigen, in welcher Weise
- Anlagen einem fortschrittlichen Stand der Technik zur Verminderung von Umweltbelastungen angepaßt,
- fortschrittliche Verfahren und Verfahrenskombinationen zur Vermeidung und Verminderung von Umweltbelastungen verwirklicht sowie
- umweltverträgliche Produkte und umweltschonende Substitutionsstoffe hergestellt und angewandt werden können.

Antragsberechtigte:

Unternehmen der gewerblichen Wirtschaft (produzierendes Gewerbe, Handwerk, Handel, sonstiges Dienstleistungsgewerbe und Unternehmer der Land- und Forstwirtschaft), sonstige natürliche und juristische Personen des privaten Rechts sowie Gemeinden, Kreise, Gemeindeverbände, Zweckverbände, sonstige Körperschaften und Anstalten des öffentlichen Rechts.

Art und Höhe der Förderung:

1. Zinsgünstige Darlehen (Kapitalmarktdarlehen).
   Diese Darlehen werden in der Regel durch Zinszuschüsse von 5 %

p. a. zinsverbilligt. Die Zinsverbilligung durch den BMU erstreckt sich auf bis zu 5 Jahre.
2. Darlehenshöhe: bis zu 70 % der förderfähigen Kosten, ohne Höchstbetrag.
3. Zinssatz: fest für die ersten 10 Jahre, danach Kapitalmarktkonditionen.
4. Auszahlung: 98 %. Bei außerplanmäßigen Tilgungen wird das einbehaltene Disagio (hälftig Risikoprämie und Bearbeitungsgebühr) nicht anteilmäßig zurückgezahlt.
5. Laufzeit: bis zu 30 Jahre, bei bis zu 5 tilgungsfreien Anlaufjahren, entsprechend der jeweiligen Darlehensverwendung.
6. Bereitstellungsprovision: 0,25 % p. M., beginnend einen Monat nach Zusagedatum (der DtA) für noch nicht ausgezahlte Kreditbeträge.

Antrag/Beratung:

Formgebundener Antrag 2 AV-050 und Begleitschreiben 2 AV-047 über die Hausbank an die DtA. Die Antragstellung erfolgt erst nach Aufforderung durch die DtA, siehe Verfahren.

Verfahren:

Anträge auf Förderung von Investitionen mit Demonstrationscharakter sind unter Verwendung eines speziellen Antragsformulars (über das Zentralinstitut erhältlich) an das Umweltbundesamt (UBA), Bismarckplatz 1, 14193 Berlin, zu richten.

Im Antrag ist zu begründen, warum das Vorhaben einen Demonstrationscharakter im Sinne der Richtlinien des BMU hat und welche Umweltschutzwirkungen durch die geplante Investition erreicht werden sollen. Dazu sollte möglichst eine schriftliche Stellungnahme einer fachkundigen und amtlich zugelassenen Gutachterstelle oder Überwachungsorganisation beigefügt werden.

Die fachliche Prüfung des Investitionsprojektes wird durch den BMU oder das Umweltbundesamt, ggf. unter Einschaltung eines Beauftragten, durchgeführt. Der BMU (bzw. sein Beauftragter) übermittelt das Ergebnis der fachlichen Prüfung sowie die Entscheidung über die Höhe der beabsichtigten Förderung der DtA. Die DtA wird den Antragsteller auffordern, einen Kreditantrag (siehe: Antrag/Beratung) zu stellen. Die Antragstellung gewerblicher bzw. privatrechtlicher Investoren erfolgt ausschließlich über Kreditinstitute. Im Falle öffentlich-rechtlicher Kreditnehmer ist der Antrag direkt bei der KfW zu stellen. Die KfW behält sich vor, ergänzende Unterlagen (z. B. Jahresabschlüsse, Haushaltspläne) anzufordern, sofern dies für die Bearbeitung notwendig ist.

Die Zusage der zinsverbilligten Darlehen erfolgt auf der Basis der für das DtA-Umweltprogramm geltenden Konditionen und Vergabebedingungen.

Bei der Programmabwicklung sind folgende Besonderheiten zu berücksichtigen:
- Der Antragsteller muß sich im Darlehensvertrag damit einverstanden erklären, daß die Bundesregierung dem Deutschen Bundestag im Einzelfall den Namen des Antragstellers sowie Höhe und Zweck des zinsverbilligten Darlehens bekannt gibt.
- Der BMU ist berechtigt, Presseberichte über das Projekt sowie den Schlußbericht veröffentlichen zu lassen; Vertreter des BMU oder durch den BMU Beauftragte sind ferner berechtigt, sich vor Ort über die Anlage und über die Umweltwirkungen zu informieren.
- Nach Abschluß der Investitionen wird die Verwendung des zinsverbilligten Darlehens durch einen Verwendungsnachweis und einen Sachbericht belegt.

Bei Investitionen, die nicht innerhalb eines Jahres nach dem ersten Mittelabruf abgeschlossen werden, sind dem BMU jährlich unmittelbar und unaufgefordert Zwischennachweise (bestehend aus einem zahlenmäßigen Nachweis ohne Vorlage von Belegen sowie einen Sachbericht) jeweils bis zum 1. 5., beginnend mit dem ersten Jahr nach dem ersten Mittelabruf, vorzulegen.

Mit dem Programm sollen innovative Umweltvorhaben gefördert werden.

Verwendung der Mittel:

Die Verwendung der Mittel erfolgt formgebunden (DtA-Formblatt) und durch einen Sachbericht.

2.8 Umweltschutz-Bürgschaftsprogramm

Förderziel:

a) Förderung von Investitionen zur Herstellung von innovativen umweltfreundlichen Produkten und Produktionsanlagen durch Haftungsübernahme für die von der Deutschen Ausgleichsbank zinsverbilligten Mittel aus den DtA-Umweltdarlehen (zu ERP-Umweltkonditionen), wenn Sicherheiten nicht in ausreichendem Umfang zur Verfügung stehen.

b) Die Produkte und Produktionsanlagen müssen geeignet sein, Umweltbelastungen von vornherein zu vermeiden oder auf Dauer zu vermindern (präventiver, integrierter Umweltschutz).

Mit den von der Hausbankhaftung freigestellten DtA-Umweltdarlehen werden Investitionen einschließlich Anlauf- und Markteinführungskosten mitfinanziert, die erforderlich sind, um innovative umweltfreundliche Produkte (Konsumgüter, Produktionsanlagen und sonstige Umwelttechnik) herstellen zu können. Voraussetzung ist dabei, daß diese Produkte von den Herstellern bereits zur Marktreife entwickelt wurden und daß für diese Produkte nachhaltige Vermarktungschancen bestehen.

Antragsberechtigte:

Kleine und mittlere gewerbliche Unternehmen; ein Rechtsanspruch auf Haftungsfreistellung besteht nicht.

Art und Höhe der Förderung:

1. Darlehenshöhe: Die Höhe des von der Haftung freigestellten Kreditbetrages ist auf 80 % der Investitionssumme, max. DM 1 Mio., begrenzt. Zusätzlich können unter Umständen Darlehen aus dem DtA-Umweltprogramm unter voller Hausbankhaftung in Anspruch genommen werden.

2. Laufzeit: Bis zu 12 Jahren bei höchstens 3 tilgungsfreien Anlaufjahren.

3. Auszahlung: 100 %.

4. Provision: 0,5 % p. a. auf den von der Haftungsfreistellung erfaßten Kreditbetrag (Freistellungsbetrag).

5. Einmalige Bearbeitungsgebühr: 1 % des Freistellungsbetrages.

6. Sicherheiten: An den Sicherheiten, die sich die Hausbank für das mit Haftungsfreistellung gewährte Darlehen stellen läßt, partizipiert die DtA gleichrangig und quotal. Sicherheiten für andere Forderungen der Hausbank haften nachrangig für das mit Haftungsfreistellung gewährte Darlehen.

Antrag/Beratung:

Formgebundener Antrag der DtA (2 AV-050) über das Zentralinstitut an die DtA. Den Anträgen sind beizufügen:
- Vorhabensbeschreibung,
- Stellungnahme einer unabhängigen, fachlich kompetenten Stelle zu dem Umweltschutzeffekt und zur Wirtschaftlichkeit des Vorhabens,
- die letzten drei Jahresabschlüsse des Unternehmens, ggf. Eckdaten verbundener Unternehmen bei wesentlicher Beteiligung,
- Rentabilitätsvorschau für die nächsten zwei Jahre.

Verfahren:

Der Antrag wird bei der Hausbank gestellt, diese leitet den Antrag an die DtA.

Kombinierbarkeit:

- Kann mit den ERP-Umweltkrediten kombiniert werden.
- Kann mit DtA-Umweltprogramm kombiniert werden.

2.9 KfW/BMFT-FuE-Darlehensprogramm

Förderziel:

Die KfW fördert innovative Vorhaben junger Unternehmen in Zusammenarbeit mit dem Bundesministerium für Forschung und Technologie (BMFT) im Rahmen des KfW/BMFT Technologie-Beteiligungsprogrammes. In diesem Programm werden Beteiligungskapital suchende Unternehmen, die in der Regel nicht älter als drei Jahre sein dürfen, unterstützt.

Forschungs- und Entwicklungsvorhaben kleiner Unternehmen auf dem Gebiet „neue Technologien" können unabhängig vom Gründungszeitpunkt der Firmen mit zinsgünstigen Darlehen gefördert werden. Mit dem FuE-Darlehensprogramm soll kleinen Unternehmen die Möglichkeit eröffnet werden, solche Techniken für die Produktinnovation anzuwenden, die bisher für das Unternehmen noch nicht relevant waren. Das gleiche gilt für die Entwicklung technisch neuer Verfahren oder Dienstleistungen.

Es muß sich dabei um ein neues Technikfeld handeln, das bisher für das Unternehmen nicht relevant war.

In die Bemessungsgrundlage fließen direkt zurechenbare Personalkosten, Reisekosten, Materialkosten, Einzelkosten für FuE-Aufträge, Kosten für die technische Beratung und das Training von Mitarbeitern sowie eine Gemeinkostenpauschale (in Höhe von 120 % der direkt zurechenbaren Personalkosten) zu 100 % ein. Sachanlageinvestitionen können bis zu 60 % in der Bemessungsgrundlage berücksichtigt werden. Der maximale Finanzierungsanteil beträgt 80 % der errechneten Bemessungsgrundlage.

Eine wesentliche Fördervoraussetzung ist ferner entweder die Einstellung von Mitarbeitern mit Qualifikationen, die bisher im Unternehmen nicht vertreten waren, oder die Durchführung von Maßnahmen zur Weiterqualifizierung schon vorhandener Mitarbeiter durch Externe.

Ausgeschlossen sind Nachfinanzierungen und Umschuldungen.

Antragsberechtigte:

Unternehmen der gewerblichen Wirtschaft mit einem konsolidierten Jahresumsatz bis zu DM 50 Mio. (Konzernbetrachtung). Um die Hausbanken bei der Abgrenzung von FuE-Vorhaben von nicht förderungswürdigen Vorhaben zu unterstützen, wird den Hausbanken eine Checkliste (siehe S. 363) zur Verfügung gestellt. Eine Antragstellung ist lohnend, wenn alle Fragen der Checkliste mit ja beantwortet werden können. Unternehmen im Eigentum der Treuhand sind ebenfalls antragsberechtigt.

Art und Höhe der Förderung:

1. Zinsgünstige Darlehen
   - Max. DM 3 Mio. je Antragsteller. Im Rahmen dieses Höchstbetrages können mehrere Vorhaben gefördert werden.
   - Finanzierungsanteil: bis zu 80 % der förderungsfähigen Kosten.
2. Auszahlung: 100 %.
3. Laufzeit: bis zu 10 Jahren, bei höchstens 2 tilgungsfreien Anlaufjahren.

Antrag/Beratung:

Formgebundener Antrag KfW-Form 141660 und statistisches Beiblatt 141661 über die Hausbank an die KfW. Die KfW behält sich vor, sonstige Unterlagen anzufordern. Unter dem Antragspunkt „Verwendungszweck" sollte neben einer kurzen Beschreibung des Vorhabens angeführt werden, daß die Checkliste geprüft wurde und in allen Punkten mit „ja" beantwortet werden konnte.

Verwendung der Mittel:

Die ordnungsgemäße Verwendung der Mittel sowie die Erfüllung eventueller Auflagen muß durch Vorlage eines besonderen Verwendungsnachweises formularmäßig nachgewiesen werden.

Verfahren:

Das Darlehensprogramm kann ergänzend zu dem KfW/BMFT-Technologie-Beteiligungsprogramm eingesetzt werden.

Um den Kreditinstituten die Finanzierung von Innovationen kleiner Unternehmen zu erleichtern (insbesondere im Hinblick auf Schwierigkeiten mit der werthaltigen Besicherung), stellen die KfW und der Bund das Kreditinstitut teilweise von der Haftung frei. Auf die in diesem Programm stets vorgesehene Haftungsfreistellung in Höhe von 50 % in den alten Bundesländern und 75 % in den neuen Bundesländern kann verzichtet werden. Die Besicherung der Darlehen durch eine Bürgschaft einer Kreditgarantiegemeinschaft oder einer Bürgschaftsbank ist bei beiden Varianten ausgeschlossen. Bei Anträgen, für die die Hausbank die volle Haftung übernehmen möchte, ist im Antragsformular KfW-Form 141660, neben dem Feld Freijahre der Zusatz „keine Haftungsfreistellung" einzufügen. Die Einreichung der Jahresabschlüsse des Kreditnehmers ist bei dieser Variante nicht erforderlich.

2.10 KfW/BMFT-Technologie-Beteiligungsprogramm

a) Beteiligungsgeber

Förderziel:

Refinanzierung von Beteiligungen an jungen Technologie-Unternehmen der gewerblichen Wirtschaft.

Antragsberechtigte:

Kapitalbeteiligungsgesellschaften oder Banken, die sich an jungen Technologie-Unternehmen beteiligen (Beteiligungsgeber) und die aufgrund ihrer kapitalmäßigen und personellen Ausstattung die mitfinanzierten Innovationsvorhaben technisch und finanziell betreuen und deren ordnungsgemäße Durchführung überwachen können.

Vorausgesetzt wird insbesondere:
- Gesellschaftskapital des Beteiligungsgebers in Höhe von mindestens DM 2 Mio.; der Beteiligungsgeber soll sich in angemessenem Umfang mit eigenen Mitteln an der Finanzierung des Innovationsvorhabens beteiligen,
- einwandfreier, kompetenter Gesellschafterkreis,
- langjährige Erfahrung mit Unternehmensfinanzierungen und grundsätzliche Bereitschaft, jedes junge Technologie-Unternehmen, das die Voraussetzungen dieses Programms erfüllt, als Beteiligungsnehmer zu akzeptieren.

Art und Höhe der Förderung:

1. Höchstbetrag des Refinanzierungskredits: DM 1 Mio.
   Für Beteiligungen an Unternehmen, die bereits eine TOU-Förderung in der Forschungs- und Entwicklungsphase erhalten haben, DM 500.000 für die Markteinführungsphase

2. Finanzierungsanteil: 100 % der Beteiligungssumme

3. Laufzeit: bis zu 10 Jahren, entsprechend der Laufzeit der Beteiligung

4. Konditionen:
   - Die Refinanzierungskredite werden den Beteiligungsgebern von der KfW mit bis zu 90 %iger Haftungsfreistellung zur Verfügung gestellt. Bei Krediten an Kapitalbeteiligungsgesellschaften kann die

KfW die Einschaltung einer durchleitenden Bank verlangen, die für den mind. 10 %igen Haftungsanteil des Beteiligungsgebers die Primärhaftung übernimmt.
- Die Refinanzierungskredite sind zinslos. Die KfW ist jedoch prozentual an dem vom Beteiligungsgeber vereinnahmten Beteiligungsentgelt zu beteiligen. Dieses ist grundsätzlich gewinnabhängig zu vereinbaren, eine feste Entgelt-Komponente sowie die Beteiligung am Vermögenszuwachs sind möglich.
- Ferner erhält die KfW 0,25 % p. a. des Refinanzierungskredits als Bearbeitungsgebühr, von max. 1 % p. a. des Beteiligungsbetrages, die in der Bearbeitungsgebühr vom Beteiligungsnehmer erhoben werden darf, bereits enthalten ist. Weitere Gebühren und Kosten dürfen dem Beteiligungsnehmer nicht in Rechnung gestellt werden.

Antrag/Beratung:

Formgebundener Antrag KfW-Form 141660 sowie zusätzliche Erläuterungen zur Antragsstellung.

Verfahren:

Die Anträge werden bei der Kreditanstalt für Wiederaufbau, Abteilung B I b, Palmengartenstraße 5–9, Postfach 11 11 41, 60046 Frankfurt am Main gestellt.

b) Beteiligungsnehmer

Förderziel:

Stärkung der Eigenkapitalbasis des Beteiligungsnehmers, um die Finanzierung von Investitionen und Betriebsmitteln für folgende Vorhaben zu sichern:
- Forschungs- und Entwicklungsarbeiten bis zur Herstellung und Erprobung von Prototypen,
- Anpassungsentwicklungen und Vorbereitung der Produktion einschließlich der Markteinführung technisch neuer Produkte, Verfahren oder technischer Dienstleistungen.

Das Innovationsvorhaben soll sich auf technisch neue Produkte, Produktionsverfahren oder Dienstleistungen beziehen, die überwiegend auf eigenen Forschungs- oder Entwicklungsergebnissen des Beteiligungsnehmers beruhen und von diesem erstmals angewendet werden und die zur späteren Vermarktung durch den Beteiligungsnehmer vorgesehen sind.

Antragsberechtigte:

Kleine Unternehmen der gewerblichen Wirtschaft, die Innovationsvorhaben durchführen wollen (Beteiligungsnehmer) und die
- zum Zeitpunkt der Antragstellung in der Regel nicht älter als 3 Jahre sind oder
- im Rahmen des BMFT-Modellversuchs „Förderung technologieorientierter Unternehmensgründungen" (TOU) in Phase II (FE-Phase) gefördert wurden, das FE-Vorhaben nach dem 1. 1. 1988 abgeschlossen und für Phase III (Markteinführung) eine Risikobeteiligung nicht erhalten haben und auch nicht beantragen werden.

Der Beteiligungsnehmer muß technisch und wirtschaftlich in der Lage sein, das Innovationsvorhaben erfolgreich durchzuführen und zu vermarkten.

Art und Höhe der Förderung:

1. Höchstbetrag der Beteiligung: DM 1 Mio.; für Beteiligungen an Unternehmen, die bereits eine TOU-Förderung in der Forschungs- und Entwicklungsphase erhalten haben, DM 500.000 für die Markteinführungsphase.

   Beteiligungsnehmer und Beteiligungsgeber sollen sich in angemessenem Umfang mit eigenen Mitteln an der Finanzierung des Vorhabens beteiligen. Die Gesamtfinanzierung des Vorhabens muß gesichert sein.

2. Auszahlung: nach Projektfortschritt.

3. Laufzeit: bis zu 10 Jahren (Dauer der Beteiligung).

4. Beteiligungsentgelt: grundsätzlich gewinnabhängig mit dem Beteiligungsgeber zu vereinbaren. Eine feste Entgelt-Komponente sowie die Beteiligung am Vermögenszuwachs sind möglich.

5. Bearbeitungsgebühr: max. 1 % p. a. des Beteiligungsbetrages. Eine zusätzliche Gebühr für die Antragsprüfung oder sonstige Kosten dürfen vom Beteiligungsgeber nicht in Rechnung gestellt werden.

Die sonstigen Konditionen werden im Beteiligungsvertrag geregelt.

Antrag/Beratung:

Anträge können bei Banken (Beteiligungsgeber) oder Kapitalbeteiligungsgesellschaften gestellt werden. Auskünfte erteilt die Kreditanstalt für Wiederaufbau (KfW), Palmengartenstraße 5–9, Postfach 11 11 41, 60046 Frankfurt am Main.

Verfahren:

Die Angaben zur Antragsberechtigung und zum Verwendungszweck sind subventionserheblich im Sinne des § 264 des Strafgesetzbuches in Verbindung mit § 2 des Subventionsgesetzes.

Ein Rechtsanspruch auf Mittel aus diesem Programm besteht nicht.

Erläuterungen zur Antragstellung:

Beteiligungsgeber können Kapitalbeteiligungsgesellschaften und Banken sein.

Kapitalbeteiligungsgesellschaften (KBGen) haben bei der Antragstellung ihre eigenen rechtlichen und wirtschaftlichen Verhältnisse sowie ihre Beteiligungserfahrungen darzulegen. Dazu gehört neben der Offenlegung der Kapital- und Bilanzverhältnisse die Vorlage geeigneter Unterlagen, die die rechtlichen und wirtschaftlichen Zusammenhänge der KBG erkennen lassen.

Im einzelnen hat die KBG folgende Voraussetzungen zu erfüllen:
- Es muß sich um eine Gesellschaft handeln, deren Hauptgeschäftszweck die Beteiligung an anderen Unternehmen ist, die das Beteiligungsgeschäft im größeren Rahmen betreibt und die grundsätzlich jedem Beteiligungsnehmer offensteht.
- Das Gesellschaftskapital muß mindestens DM 2 Mio. betragen. Einzelbeteiligung und gesamtes Beteiligungsvolumen müssen in angemessenem Verhältnis zu der wirtschaftlichen Gesamtsituation, insbesondere zum Eigenkapital der KBG stehen.
- Die Gesellschaft hat nachzuweisen, daß sie aufgrund ihrer wirtschaftlichen und personellen Ausstattung in der Lage ist, das Beteiligungsvorhaben technisch zu beurteilen – dies ggf. mit Hilfe Dritter – sowie seine ordnungsgemäße Durchführung zu überwachen und sich in angemessenem Umfang an seiner Finanzierung zu beteiligen.
- Die KBG (oder von ihr beauftragte qualifizierte Dritte) soll den Beteiligungsnehmer in allen wirtschaftlichen und finanziellen Belangen beraten können; ferner soll sie ihm Management- und Marketing-Unterstüt-

zung geben und bereit und in der Lage sein, auftretende Finanzierungsengpässe mit eigenen Mitteln zu überbrücken.
- Die KBG muß den bankmäßigen Anforderungen der KfW genügen. Für den Haftungsanteil der KBG kann die KfW gegebenenfalls die Einschaltung einer primärhaftenden Bank verlangen.

Für Banken als Beteiligungsgeber gelten entsprechende Anforderungen.

Der Beteiligungsnehmer muß über das zur Durchführung der Entwicklungsarbeiten, zur Produktion und zur Vermarktung notwendige technische Fachwissen sowie die erforderlichen kaufmännischen Kenntnisse verfügen. Er soll sich in angemessenem Umfang mit eigenen Mitteln an der Finanzierung des Vorhabens beteiligen.

Das Innovationsvorhaben muß für den Beteiligungsnehmer deutliche Wettbewerbsvorteile und Marktchancen und damit verbunden einen nachhaltigen Unternehmenserfolg erwarten lassen und eine wesentliche Säule des Unternehmens darstellen. Hierzu sind gegenüber der technisch-wirtschaftlichen Fähigkeit der absehbaren Konkurrenten deutliche Vorteile und insbesondere ein zeitlicher Wettbewerbsvorsprung erforderlich.

Die technisch neuen Produkte, Verfahren oder Dienstleistungen müssen
- Ergebnis einer Entwicklung sein, die sich aus der ständig betriebenen Entwicklung/Weiterentwicklung der betreffenden Branche heraushebt;
- einen erheblichen Entwicklungsaufwand erfordern oder erfordert haben. Entwicklungsanteile, die den innovativen Kern betreffen, müssen im Unternehmen selbst erbracht werden oder erbracht worden sein;
- als Ergebnis einer in einem vorgesehenen Zeit- und Kostenrahmen machbaren Entwicklung erkennbar sein.

Sie sollen zumindest teilweise und möglichst mit ihrem innovativen Kern vom Unternehmen selbst vermarktet und im Falle von Produkten selbst hergestellt werden. Ausschließliche Lizenzvergabe und ausschließliche Vertriebsabsprachen sollten vermieden werden.

Der Innovationsgehalt des Vorhabens, die technische Durchführbarkeit und die Marktchancen sind durch eine gutachtliche Stellungnahme zu belegen, die nach Abstimmung mit dem Beteiligungsgeber von einem anerkannten Sachverständigen erstellt wird. Dabei sind auch die mit dem Vorhaben verbundenen Risiken aufzuzeigen.

Der Beteiligungsvertrag muß u. a. folgende Voraussetzungen erfüllen:

- Jede Beteiligungsform ist zulässig, jedoch darf die Teilnahme am Verlust im Vergleichs- oder Konkursfall nicht ausgeschlossen sein.
- Das Beteiligungsentgelt ist grundsätzlich gewinnabhängig zu vereinbaren. Eine feste Entgelt-Komponente sowie die Teilnahme des Beteiligungsgebers am Vermögenszuwachs des Beteiligungsnehmers sind zulässig.
- Vom Beteiligungsnehmer kann eine Bearbeitungsgebühr in Höhe von max. 1 % p. a. des Beteiligungsbetrages erhoben werden. Bei Einschaltung einer durchleitenden Bank, die für den Haftungsanteil der KBG die Primärhaftung übernimmt, kann sich diese Bearbeitungsgebühr erhöhen. Weitere Gebühren dürfen zwischen Beteiligungsgeber und Beteiligungsnehmer nicht vereinbart werden.
- Für die Beteiligung dürfen keine Sicherheiten vereinbart werden, die den bankmäßigen Besicherungsspielraum des Beteiligungsnehmers einengen.

Zur Bearbeitung des Refinanzierungsantrags ist neben dem KfW-Antragsformular und der vorgenannten gutachtlichen Stellungnahme ein Exposé einzureichen, das alle Angaben enthält, die zur Beurteilung des Beteiligungsnehmers und der technischen und wirtschaftlichen Risiken des Vorhabens sowie zur Antragsberechtigung erforderlich sind. Dazu gehören z. B.:
- Datum der Unternehmensgründung (Eintragung ins Handelsregister oder Gewerbeanmeldung).
- Rechtsform, Besitz- und Beteiligungsverhältnisse, Art der Geschäftstätigkeit sowie (bei bestehenden Unternehmen) Produktionsprogramm, Umsätze, Beschäftigte, Auftragsbestand, Marktstellung des Unternehmens, Hauptabnehmer oder Hauptabnehmergruppen, Jahresabschlüsse.
- Berufliche Ausbildung und bisherige Tätigkeit der Gesellschafter; Vermögensaufstellung.
- Detaillierte Beschreibung des neuentwickelten Produktes oder des Produktionsverfahrens bzw. der Dienstleistung, Anwendungsbereich und Vergleich zu bisher verwendeten Lösungen, Marktsituation.
- Angaben zum vorhandenen technischen und kaufmännischen Management.
- Detaillierter Investitionskosten- und Finanzierungsplan.
- Bereits erfolgte oder beantragte anderweitige Förderung des Innovationsvorhabens.
- Ausführungen über die mit dem Innovationsvorhaben angestrebten Ziele und Auswirkungen auf Produktion und Absatz, die zu erwartende

wirtschaftliche Entwicklung und Beschäftigtenzahl des antragstellenden Unternehmens (Umsatz- und Ertragsvorschaurechnungen, Liquiditätsplanung, insbesondere in Verbindung mit dem Mittelbedarf für das Innovationsvorhaben).
- Ggf. vorgesehene Sicherheiten.
- Entwurf des vorgesehenen Beteiligungsvertrages.
- Ggf. Handelsregisterauszug, Gesellschaftsvertrag des Beteiligungsnehmers.

Kumulationsverbot: Die gleichzeitige Förderung eines jungen Technologie-Unternehmens durch die Technologie Beteiligungs-Gesellschaft m. b. H. der Deutschen Ausgleichsbank oder aus dem ERP-Sondervermögen (Refinanzierung von Beteiligungen) ist ausgeschlossen.

2.11 KfW/THA-Industrieprogramm

Förderziel:

Das KfW/THA-Industrieprogramm dient der langfristigen Finanzierung von Sanierungsinvestitionen in Unternehmen der Treuhandanstalt zu einem günstigen Zinssatz aus Mitteln, die der KfW von der Europäischen Investitionsbank (EIB) über die Treuhandanstalt (THA) zur Verfügung gestellt werden.

Der besondere Vorteil für die THA-Unternehmen besteht darin, daß dieser Zinssatz am unteren Rand des Kapitalmarktes liegt und für die gesamte Kreditlaufzeit fest ist. Damit stellt diese Finanzierungsform eine sichere Kalkulationsgrundlage für den Endkreditnehmer dar. Darüber hinaus wird den THA-Unternehmen eine vereinfachte Antragstellung für ihre Investitionskredite ermöglicht.

Was wird mitfinanziert?

Investitionen in den neuen Ländern zur Anpassung an die Markterfordernisse und zur Beseitigung von Privatisierungshindernissen, die einer langfristigen Mittelbereitstellung bedürfen.

In einigen speziellen Sektoren gelten hinsichtlich des Verwendungszweckes Einschränkungen:
– Im Bereich der Eisen- und Stahlindustrie, der Herstellung synthetischer Spinnfasern, in speziellen Bereichen der Agrar-Industrie sowie in den Bereichen Kunstfasern, Schuhe und Leder, Sanitärkeramik, Schiffbau und Erdölraffination werden nur Vorhaben berücksichtigt, die der Modernisierung oder Produktionsumstellung dienen. Investitionen zur Kapazitätserhöhung sind von einer Finanzierung ausgeschlossen.

Diese sektoralen Einschränkungen gelten nicht für:
– Vorhaben mit Anlageinvestitionskosten im Gegenwert von nicht mehr als ECU 300.000, die von Unternehmen mit höchstens 50 Beschäftigten durchgeführt werden,
– Vorhaben, die die Einsparung von Energie oder den Umweltschutz betreffen und keine Produktionserhöhung zur Folge haben.

Ein Ablehnungsvorbehalt besteht für Unternehmen oder Sektoren, bezüglich derer die EG-Kommission ein Verfahren nach folgenden Artikeln der Verträge von Rom eröffnet hat:

Artikel 85 (allgemeines Kartellverbot mit Ausnahmevorbehalt), Art. 86 (Verbot der mißbräuchlichen Ausnutzung marktbeherrschender Stellungen) oder Art. 92 (Verbot wettbewerbsverfälschender staatlicher Beihilfen).

Anträge im Eisen- und Stahlsektor müssen eine Erklärung enthalten, wonach (sofern gemäß Art. 54 des EGKS-Vertrages von der Hohen Behörde ausdrücklich verlangt) das Investitionsvorhaben gemeldet und ggf. fällige Umlagen (Art. 49 EGKS-Vertrag) entrichtet wurden.

Ausgeschlossen sind die Umschuldung bzw. Nachfinanzierung von Investitionsvorhaben sowie reine Finanztransaktionen (z. B. Beteiligungserwerb).

Soweit zweckmäßig und zumutbar, sollten die THA-Unternehmen bei der Auftragsvergabe für Arbeiten, Lieferungen und Leistungen zur Realisierung der Investitionsvorhaben internationale Konkurrenzangebote einholen, die sich zumindest auf die Mitgliedstaaten der Europäischen Wirtschaftsgemeinschaft erstrecken.

Antragsberechtigte:

Produzierende und verarbeitende Unternehmen sowie industrielle Dienstleistungsunternehmen im Eigentum der Treuhandanstalt.

Art und Höhe der Förderung:

Bis zu 50 % der Investitionskosten.

Die Kombination eines Kredites aus dem KfW/THA-Industrieprogramm mit anderen Fördermitteln ist möglich.

Die Kreditlaufzeit beträgt max. 10 Jahre bei höchstens zwei tilgungsfreien Anlaufjahren.

Der Zinssatz für Neuzusagen liegt unter den entsprechenden Kapitalmarktsätzen und wird jeweils am Tag der Auszahlung festgelegt. Er ist dann fest für die gesamte Laufzeit.

Auszahlung: 100 %.

Zusageprovision: 0,25 % p. a. beginnend einen Monat nach Zusagedatum für noch nicht ausgezahlte Kreditbeträge.

Wie erfolgt die Tilgung?

Nach Ablauf der tilgungsfreien Anlaufjahre in gleichhohen halbjährlichen Raten. Während der Tilgungsfreijahre sind lediglich die Zinsen auf die ausgezahlten Beträge zu leisten.

Welche Sicherheiten sind zu stellen?
Seitens der Kreditnehmer sind bankübliche Sicherheiten zu stellen. Weiterhin übernimmt die THA die Haftung für die Kredite; hierfür ist seitens der Kreditnehmer ein Bürgschaftsentgelt an die THA zu entrichten.

Antrag/Beratung:

Die Kreditgewährung erfolgt nicht unmittelbar an den Investor, sondern ausschließlich über Kreditinstitute, welche die Abwicklung der Kredite sicherstellen. Der Antrag ist daher bei einem Kreditinstitut zu stellen; dessen Wahl steht dem Kreditnehmer frei.

Der Antrag ist mit dem bei den Kreditinstituten vorrätigen Formular (KfW-Form 1660 incl. statistisches Beiblatt 141661) und dem THA-Ergänzungsblatt vor Beginn der Investition bei der Hausbank zu stellen. Als Programmnummer ist 150 anzugeben. Nach erfolgter Zustimmung der Treuhandanstalt zu der Kreditgewährung erfolgt die Zusage über die Hausbank des Antragstellers.

Weitere Informationen zur Antragstellung und zur Abwicklung des Programms, insbesondere hinsichtlich der Förderfähigkeit der geplanten Vorhaben, sind direkt bei der KfW oder bei der THA-Zentrale in Berlin, Abteilung FU 2, zu erhalten.

Verfahren:

Für die Bearbeitung bei der KfW genügen regelmäßig die auf dem Antragsformular und den vorgenannten Anlagen einzutragenden Angaben. Die KfW behält sich vor, ergänzende Unterlagen anzufordern, sofern dies für die Bearbeitung notwendig ist.

Der Antrag wird bei der Hausbank gestellt, diese leitet den Antrag über das Zentralinstitut an die KfW.

Kombinierbarkeit:

– Kann mit allen Kapitalmarktdarlehen kombiniert werden.
– Kann mit allen öffentlichen Fördermitteln kombiniert werden.

3 Sonderkreditprogramme der Landwirtschaftlichen Rentenbank

3.1 Sonderkreditprogramm für die Landwirtschaft

Förderziel:

Die Landwirtschaftliche Rentenbank stellt Sonderkredite zur Refinanzierung von Krediten zu folgenden Bedingungen zur Verfügung:

a) Investitionen in landwirtschaftlichen Betrieben einschl. Wohngebäuden. Die Investitionen sollen der nachhaltigen Existenzsicherung, der Modernisierung und Rationalisierung sowie der Verbesserung der Produktions- und Arbeitsbedingungen und Maßnahmen des Umwelt- und Tierschutzes sowie der Energieeinsparung dienen. Dazu gehören auch Beteiligungsfinanzierungen wie z. B. an Kartoffelstärke- und Zuckerfabriken sowie Nachfinanzierungen bereits geförderter Maßnahmen im Rahmen der sonstigen Voraussetzungen und Höchstbeträge. Ausgenommen bleiben Betriebe oder Betriebsteile, aus denen Einkünfte aus Gewerbebetrieb (§ 2 Abs. 1 Nr. 2 EStG) erzielt werden.

b) Abfindung weichender Erben bei Erbauseinandersetzungen oder Hofübergabeverträgen.

c) Hofübernahme bei Unfalltod oder völliger Arbeitsunfähigkeit des Betriebsleiters.

d) Umschuldungen im Rahmen von Hofübergabeverträgen und der Förderung landwirtschaftlicher Betriebe im Rahmen bestehender Länderkonsolidierungsprogramme.

e) Ankauf eines bisher gepachteten Betriebes.

f) Kosten der pachtweisen Hofübernahme durch den Hofnachfolger.

g) Investitionen im Zusammenhang mit der Aufnahme eines außerlandwirtschaftlichen Zu- oder Nebenerwerbs.

k) Investitionen zur Existenzgründung ausscheidender Landwirte.

Hochwasserschäden sind in dem Sonderkreditprogramm für Junglandwirte förderfähig.

Von der Finanzierung sind Umschuldungen (abgesehen von denen unter d) erwähnten) sowie die Beschaffung von Betriebsmitteln und kurzlebigen Wirtschaftsgütern ausgeschlossen. Investitionen im Bereich der Veredelungswirtschaft können bis zu folgenden Bestandsobergrenzen finanziert werden:

- Milchviehhaltung   120 Kühe je Betrieb
- Mastschweinhaltung bis   1700 Mastplätze
- Legehennenhaltung   50.000 Stück
- Mastgeflügelhaltung   100.000 Stück

Antragsberechtigte:

Landwirtschaftliche Unternehmer, Fisch- und Forstwirte sowie Gartenbauunternehmer (Eigentümer oder Pächter, auch als Mitglieder einer BGB-Gesellschaft) im Sinne des § 1 Abs. 3 und 4 des Gesetzes über die Altershilfe für Landwirte (GAL) oder – in den neuen Bundesländern – im Sinne des 2. Gesetzes über die Krankenversicherung der Landwirte (KVLG 1989) in der jeweils gültigen Fassung.

Art und Höhe der Förderung:

Die Kredite sollen DM 300.000 je Betrieb nicht übersteigen.

Antrag/Beratung:

Formloser Antrag über die Hausbank an die Landwirtschaftliche Rentenbank.

Verfahren:

Ein Rechtsanspruch auf Bewilligung besteht nicht.

Sonstige Bedingungen:
Die Sonderkredite dürfen öffentliche Darlehen und zinsverbilligte Kredite ergänzen. Zinszuschüsse aus öffentlichen Mitteln dürfen für die Sonderkredite in Anspruch genommen werden.

Für mit Zinsanpassung ausgestattete Kredittypen endet die Zinsvergünstigung mit dem Ablauf der Zinsbindung. Prolongationsangebote werden auf der Basis der dann geltenden Kapitalmarktbedingungen unterbreitet.

3.2 Sonderkreditprogramm für die Landwirtschaft – Junglandwirte

Förderziel:

Die Landwirtschaftliche Rentenbank stellt Sonderkredite zur Refinanzierung von Krediten zu folgenden Bedingungen zur Verfügung:

a) Investitionen in landwirtschaftlichen Betrieben einschl. Wohngebäuden. Die Investitionen sollen der nachhaltigen Existenzsicherung, der Modernisierung und Rationalisierung sowie der Verbesserung der Produktions- und Arbeitsbedingungen und Maßnahmen des Umwelt- und Tierschutzes sowie der Energieeinsparung dienen. Dazu gehören auch Beteiligungsfinanzierungen wie z. B. an Kartoffelstärke- und Zuckerfabriken sowie Nachfinanzierungen bereits geförderter Maßnahmen im Rahmen der sonstigen Voraussetzungen und Höchstbeträge.

Ausgenommen bleiben Betriebe oder Betriebsteile, aus denen Einkünfte aus Gewerbebetrieb (§ 2 Abs. 1 Nr. 2 EStG) erzielt werden.

b) Abfindung weichender Erben bei Erbauseinandersetzungen oder Hofübergabeverträgen.

c) Hofübernahme bei Unfalltod oder völliger Arbeitsunfähigkeit des Betriebsleiters.

d) Umschuldungen im Rahmen von Hofübergabeverträgen und der Förderung landwirtschaftlicher Betriebe im Rahmen bestehender Länderkonsolidierungsprogramme.

e) Ankauf eines bisher gepachteten Betriebes.

f) Kosten der pachtweisen Hofübernahme durch den Hofnachfolger.

g) Investitionen im Zusammenhang mit der Aufnahme eines außerlandwirtschaftlichen Zu- oder Nebenerwerbs.

k) Investitionen zur Existenzgründung ausscheidender Landwirte.

l) Maßnahmen zur Beseitigung von um den Jahreswechsel 1993/94 entstandener Hochwasserschäden, auch für die Beschaffung von Betriebsmitteln und kurzlebigen Wirtschaftsgütern, die ansonsten von der Förderung ausgeschlossen sind.

m) Ersatzinvestitionen für hochwassergeschädigte Wirtschaftsgüter des Anlagevermögens einschließlich Wohnhäusern.

Für den Verwendungszweck l) stehen ausschließlich die Kredittypen A und B wahlweise auch mit einem tilgungsfreien Jahr, zur Verfügung; für den Verwendungszweck m) entsprechend der jeweiligen betriebswirtschaftlichen Nutzungsdauer auch alle anderen Kredittypen. Die Mittel können ohne Anrechnung auf den derzeitigen Höchstbetrag von DM 350.000 in Anspruch genommen werden, dürfen diesen aber nicht überschreiten.

Von der Finanzierung sind Umschuldungen (abgesehen von denen unter d) erwähnten) sowie die Beschaffung von Betriebsmitteln und kurzlebigen Wirtschaftsgütern ausgeschlossen. Investitionen im Bereich der Veredelungswirtschaft können bis zu folgenden Bestandsobergrenzen finanziert werden:

- Milchviehhaltung   120 Kühe je Betrieb
- Mastschweinhaltung bis   1700 Mastplätze
- Legehennenhaltung   50.000 Stück
- Mastgeflügelhaltung   100.000 Stück

Antragsberechtigte:

Landwirtschaftliche Unternehmer, Fisch- und Forstwirte sowie Gartenbauunternehmer (Eigentümer oder Pächter, auch als Mitglieder einer BGB-Gesellschaft) im Sinne des § 1 Abs. 3 und 4 des Gesetzes über die Altershilfe für Landwirte (GAL) oder – in den neuen Bundesländern – im Sinne des 2. Gesetzes über die Krankenversicherung der Landwirte (KVLG 1989) in der jeweils gültigen Fassung.

Höchstalter bei Antragstellung: 40 Jahre.

Antragsberechtigt nach den Verwendungszwecken l) und m) sind land- und forstwirtschaftliche Betriebe unabhängig davon, ob die Unternehmer die Eigenschaft als Junglandwirte erfüllen.

Art und Höhe der Förderung:

Die Kredite sollen DM 350.000 je Betrieb nicht übersteigen.

Antrag/Beratung:

Formloser Antrag über die Hausbank an die Landwirtschaftliche Rentenbank.

Verfahren:
Ein Rechtsanspruch auf Bewilligung besteht nicht.

Sonstige Bedingungen:
Die Sonderkredite dürfen öffentliche Darlehen und zinsverbilligte Kredite ergänzen. Zinszuschüsse aus öffentlichen Mitteln dürfen für die Sonderkredite in Anspruch genommen werden.

3.3 Kredite für räumliche Strukturmaßnahmen

Förderziel:

Investitionen, die den Wohn- und Lebenswert ländlich geprägter Gebiete durch Erschließung, Ordnung und Schutz sowie durch Ausstattung mit Infrastruktureinrichtungen erhöhen. Die Mittel können insbesondere für folgende Maßnahmen eingesetzt werden:

Öffentliche Sportzentren, Dorferneuerung, Dorfsanierung, Eingrünungen, Wanderwege, Bootshäfen, Campingplätze, Freibäder, sonstige Maßnahmen zur Verbesserung der Infrastruktur, Stauseen, Talsperren, Angelteiche, Umweltschutzmaßnahmen wie z. B. wasserwirtschaftliche Maßnahmen, Kompostierungsanlagen.

Antragsberechtigte:

Gemeinden und Gemeindeverbände, Zweckverbände, in Ausnahmefällen auch Private.

Art und Höhe der Förderung:

Der Darlehenshöchstbetrag beträgt DM 5 Mio. je Kreditnehmer und Jahr.

Kapitalmarktdarlehen

Die Mindesttilgung beträgt 1 % p. a., Zinskonditionen werden auf fernmündliche Anfrage freibleibend genannt. Die Zinsbindungsfristen betragen 2, 3, 5 und 10 Jahre. Die Zinsvergünstigung endet mit Ablauf der Zinsbindung. Prolongationsangebote werden auf der Basis der dann geltenden Kapitalmarktbedingungen unterbreitet.

Antrag/Beratung:

Formloser Antrag über die Hausbank an die Landwirtschaftliche Rentenbank.

Verfahren:

Die Kredite werden über die vom Letztschuldner gewählte Hausbank bereitgestellt. Es empfiehlt sich, vor Antragstellung telefonisch anzufragen, ob die LR das Vorhaben für förderungswürdig hält, und/oder welche Angaben/Unterlagen für eine erfolgreiche Antragstellung benötigt werden.

3.4 Sonderkreditprogramm für die Dorferneuerung

Förderziel:

Weiterentwicklung ländlich geprägter Orte durch Verbesserung der Lebens- und Erwerbsbedingungen sowie des Wohnungsangebotes.

a) Erwerb, Erhaltung und Gestaltung landwirtschaftlicher Bausubstanz mit ortsbildprägendem Charakter, auch wenn die Gehöfte nicht mehr landwirtschaftlich genutzt werden.

b) Aus- und Umbau von landwirtschaftsbezogenen Gemeinschaftsanlagen.

c) Bauliche Maßnahmen (keine Neubauten), die zur Neugestaltung des Ortsbildes beitragen.

d) Umnutzung, Ausbau und Erweiterung ehemals landwirtschaftlich genutzter Bausubstanz zur Erhaltung und Neueinrichtung von wohnstättennahen Arbeitsplätzen für Handwerk, Klein- und Dienstleistungsgewerbe.

e) Neu-, Um- und Ausbau von Jugendfreizeiträumen in ländlichen Gemeinden.

f) Errichtung von abgeschlossenen Mietwohnungen in bisher landwirtschaftlich oder gewerblich genutzter Bausubstanz in ländlichen Räumen.

Umschuldungen sind von der Finanzierung aus diesem Programm ausgeschlossen.

Antragsberechtigte:

Natürliche Personen in ländlichen Gemeinden oder Ortsteilen, in Weilern und landschaftsbestimmenden Gehöftgruppen und Einzelhöfen; bei Verwendungszweck e) Gemeinden, Gemeindeverbände und Vereine, die sich mit Jugendarbeit befassen.

Art und Höhe der Förderung:

Die Kredite sollen jeweils DM 200.000 je Betrieb nicht übersteigen, dies gilt nicht für Verwendungszweck f).

Antrag/Beratung:

Formloser Antrag über die Hausbank an die Landwirtschaftliche Rentenbank.

Verfahren:

Ein Rechtsanspruch auf Bewilligung besteht nicht.

Sonstige Bedingungen:
Voraussetzung für die Gewährung der Sonderkredite ist, daß die Vorhaben in Gemeinden mit dörflichem Charakter durchgeführt werden.

Die Sonderkredite dürfen öffentliche Darlehen und zinsverbilligte Kredite ergänzen. Zinszuschüsse aus öffentlichen Mitteln dürfen für die Sonderkredite in Anspruch genommen werden.

3.5 Mittel- und langfristige Kredite der Landwirtschaftlichen Rentenbank

Förderziel:

Die Landwirtschaftliche Rentenbank stellt Kredite für Investitionsvorhaben und Konsolidierung zur Verfügung.

Antragsberechtigte:

I. Land-, Forst- und Fischereiwirtschaft

1. Produktionsbetriebe
   der Land- und Forstwirtschaft,
   des Wein- und Gartenbaus,
   von Sonderkulturen,
   der Hochsee- und Binnenfischerei.

2. Hersteller von Produktionsmitteln wie
   Ackerschlepper- und Landmaschinenhersteller,
   Futter- und Düngemittelfabriken,
   Pflanzen- und Tierschutzmittelproduzenten,
   Saatzucht- und Baumschulbetriebe,
   Schiffsbauunternehmen für die Fischereiwirtschaft.

3. Handels- und Dienstleistungsunternehmen wie
   Landwaren-, Landmaschinen, Vieh- und Holzhandel,
   Landschaftsbauunternehmen,
   Schmiede- und Landmaschinen-Reparaturwerkstätten.

4. Bearbeitungs- und Verarbeitungsbetriebe z. B. für die
   Holzbe- und -verarbeitung,
   Papier- und Pappenerzeugung und -verarbeitung,
   Häute-, Wolle- und Naturfaserbe- und -verarbeitung.

II. Ernährungswirtschaft

1. Produktionsbetriebe der

   a) Nahrungs- und Genußmittelindustrie und Handwerksbetriebe
      wie
      Mühlen, Backwaren- und Nährmittelfabriken,
      Stärke-, Zucker- und Süßwarenfabriken,
      Fleischwarenfabriken, Molkereien, Käsereien, Dauermilch-,
      Schmelzkäse- und Kaseinwerke,

Obst und Gemüse verarbeitende Unternehmen,
Konservenfabriken, Fertiggerichte- und Feinkosthersteller,
Hersteller von Tiefkühlkost und Speiseeis,
Essig-, Senf-, Essenzen-, Fruchtkonzentrat u. Gewürzindustrie,
Ölmühlen, Margarinefabriken,
Tabak, Kaffee, Kakao und Tee verarbeitende Unternehmen,
Fleischereien, Bäckereien, Konditoreien.

b) Getränkeindustrie wie
Brauereien, Mälzereien, Brennereien, Spirituosenhersteller, Kellereien, Mineralwasser-, Fruchtsaft- und Limonadenhersteller.

2. Handels- und Dienstleistungsbetriebe wie
Nahrungs- und Genußmittelgroß- und -einzelhandel,
Getränkegroß- und -einzelhandel,
Gaststätten, Großküchen, Kantinen, Schlachthöfe, Kühlhäuser, Kühlanlagen, Markthallen, Lagerei-, Speditions- und Messeunternehmen.

III. Sonstige der Land- und Ernährungswirtschaft (einschließlich Forst- und Fischereiwirtschaft) verbundenen Betriebe wie
Trinkwasseraufbereitung, Trinkwassergewinnung, Trinkwasserversorgung.

Maßnahmen zur Verbesserung der Infrastruktur im ländlichen Raum*
wie
- Abwasseraufbereitung und Abwasserbeseitigung,
- Energieversorgung,
- Flurbereinigung,
- Landschaftsplanung und Landschaftspflege,
- Luftreinigung,
- Maßnahmen von Unternehmen, die zur Schaffung oder Sicherung von Arbeitsplätzen für aus bäuerlichen Familien stammende Arbeitskräfte beitragen,
- Mülldeponien und Kompostierung,
- Nahverkehr,

---
* Unter „ländlicher Raum" versteht die Landwirtschaftliche Rentenbank die Gebiete außerhalb der Verdichtungsräume; ausgenommen sind in der Regel Gemeinden mit über 50.000 Einwohnern.
Soweit mit *) bezeichnete Kreditnehmer außerhalb des ländlichen Raumes besondere agrarbezogene Maßnahmen durchführen, können auch diese finanziert werden.

- Verbesserung der Wohn- und Lebensverhältnisse wie Bau von Krankenhäusern, Sportstätten, Wohnungen, insbesondere Ein- und Zweifamilienhäusern bzw. Eigentumswohnungen, sowie Ausbau einzelner bäuerlicher Betrieb zu Ferieneinrichtungen. Sonstige Umweltmaßnahmen im ländlichen Raum*

IV. Gemeinden und andere Körperschaften des öffentlichen Rechts im ländlichen Raum* wie Gemeindeverbände, Wasser- und Bodenverbände, Teilnehmergemeinschaften der Flurbereinigung für landeskulturelle und andere Maßnahmen zur Verbesserung der Infrastruktur.

Art und Höhe der Förderung:

Zinssatz: auf Anfrage.

Sowohl für die mittel- als auch für die langfristigen Kredite kann ein tilgungsfreies Jahr eingeräumt werden. Im Bedarfsfall sind auch mehrere Freijahre möglich. Ebenso können Festkredite, die in einer Summe zurückzuzahlen sind, bereitgestellt werden.

Bereitstellungsprovision: z. Zt. 3 % p. a.

Antrag/Beratung:

Hausbank; Landwirtschaftliche Rentenbank.

Verfahren:

Die Hausbank, bei der der Kredit aufgenommen werden soll, stellt einen formlosen Antrag an die Landwirtschaftliche Rentenbank.

3.6 Sonderkreditprogramm für landwirtschaftliche Unternehmen in Form juristischer Personen

Förderziel:

Der Bund-Länder-Ausschuß für Agrarstruktur und Küstenschutz (PLANAK) gewährt Starthilfen zur Umstrukturierung von landwirtschaftlichen Unternehmen in Form juristischer Personen sowie für neugegründete landwirtschaftliche Unternehmen und Personengesellschaften im Beitrittsgebiet.

Das förderungsfähige Investitionsvolumen beträgt
- bis zu DM 143.000 je Vollarbeitskraft,
- höchstens jedoch DM 3,5 Mio. je Unternehmen.

Die Förderung erfolgt durch Zinsverbilligungen bis zu 5 % für Kapitalmarktdarlehen (benachteiligtes Gebiet: 6 %). Die Dauer der Zinsverbilligung beträgt bei Immobilien bis zu 20 Jahren und bei den übrigen Investitionen bis zu 10 Jahren.

Die LR begleitet diese Förderung nach den nachfolgend genannten Grundsätzen mit einem zinsgünstigen Refinanzierungsangebot, für das im einzelnen die folgenden Bedingungen gelten:

Zugangsvoraussetzung:

Vorlage eines Zuwendungsbescheides über die Förderung nach den Grundsätzen für die Gewährung von Hilfen zur Umstrukturierung landwirtschaftlicher Unternehmen sowie für neu gegründete landwirtschaftliche Unternehmen in Form juristischer Personen und Personengesellschaften.

Die Kredite sollen DM 1 Mio. nicht übersteigen.

Mit diesen Fördermaßnahmen erhalten die neuen Bundesländer über das Programm zur Förderung der Wiedereinrichtung und Modernisierung bäuerlicher Familienbetriebe hinaus ein weiteres wichtiges Instrument für die Neuordnung der Landwirtschaft hin zu ökonomisch sinnvollen Betriebsstrukturen.

Antragsberechtigte:

Landwirtschaftliche Unternehmen in Form juristischer Personen.

Art und Höhe der Förderung:

Kredite, die in der Regel DM 1 Mio. nicht übersteigen sollen. Die Auszahlung erfolgt zu 100 %.

Antrag/Beratung:

Formloser Antrag über die Hausbank an die Landwirtschaftliche Rentenbank.

Ein Rechtsanspruch auf Bewilligung besteht nicht.

4 Technologie-Beteiligungsprogramm der Deutschen Ausgleichsbank

Förderziel:

Die Technologie-Beteiligungs-Gesellschaft mbH (tbg) ist eine Tochtergesellschaft der Deutschen Ausgleichsbank. Im Rahmen des mit dieser und dem Bundesminister für Forschung und Technologie durchgeführten Modellversuchs Beteiligungskapital für junge Technologie-Unternehmen (befristet bis Ende 1994) geht sie zur Finanzierung von Innovationen stille Beteiligungen an jungen Technologie-Unternehmen (JTU) ein, ohne sich im Regelfall an der Geschäftsführung des JTU zu beteiligen.

Wesentliche Beteiligungsvoraussetzung ist, daß ein weiterer Beteiligungsgeber sich in mindestens gleicher Höhe wie die tbg an dem JTU beteiligt und auf der Grundlage eines Kooperationsvertrages die Beteiligung der tbg mitbetreut.

Die Beteiligungen dienen der Finanzierung von Investitionen und Betriebsmitteln zur Durchführung von Innovationsvorhaben, und zwar
- für Forschungs- und Entwicklungsarbeiten bis zur Herstellung und Erprobung von Prototypen (Keimphase) sowie
- für Anpassungsentwicklungen und die Vorbereitung der Produktion einschließlich der Markteinführung technisch neuer Produkte, Verfahren oder technischer Dienstleistungen (Aufbauphase).

Das JTU muß sich im Rahmen der zuvor genannten Phasen mit technisch neuen Produkten, Verfahren oder Dienstleistungen befassen, die
- für das Unternehmen, das um eine Beteiligung nachsucht, deutliche Wettbewerbsvorteile und Marktchancen sowie damit einen nachhaltigen Unternehmenserfolg erwarten lassen und eine wesentliche Säule des Unternehmens darstellen. Hierzu sind gegenüber der technisch-wirtschaftlichen Fähigkeit der absehbaren Konkurrenten deutliche Vorteile und insbesondere ein zeitlicher Wettbewerbsvorsprung erforderlich;
- Ergebnis einer Entwicklung sind, die sich aus der ständig betriebenen Entwicklung/Weiterentwicklung der betreffenden Branchen heraushebt;
- einen erheblichen Entwicklungsaufwand erfordern oder erfordert haben. Entwicklungsanteile, die den innovativen Kern betreffen, müssen im Unternehmen selbst erbracht werden oder erbracht worden sein;

- als Ergebnis einer in einem vorgesehenen Zeit- und Kostenrahmen machbaren Entwicklung erkennbar sind.

Sie sollen zumindest teilweise und möglichst mit ihrem innovativen Kern vom JTU selbst vermarktet und im Falle von Produkten selbst hergestellt werden. Ausschließliche Lizenzvergabe und ausschließliche Vertriebsabsprachen sollten vermieden werden.

Antragsberechtigte:

Beteiligungsnehmer:

Beteiligungen der tbg können kleine Unternehmen der gewerblichen Wirtschaft erhalten, sofern sie zum Zeitpunkt der Antragstellung in der Regel nicht älter als drei Jahre sind. Als Gründungsdatum gilt in der Regel die Eintragung im Handelsregister oder – sofern diese nicht erfolgt ist – die Gewerbeanmeldung. Als Zeitpunkt der Antragstellung gilt die Gesprächsaufnahme mit dem Beteiligungsgeber, der dies zu dokumentieren hat.

Das JTU muß über das zur Durchführung der Entwicklungsarbeiten und zur Produktion notwendige technische Fachwissen verfügen, die erforderlichen kaufmännischen Kenntnisse nachweisen können und von anderen Unternehmen wirtschaftlich unabhängig sein. Die kaufmännischen Kenntnisse können auch durch die Einschaltung von Externen – z. B. des Beteiligungsgebers – eingebracht werden.

Kooperierender Beteiligungsgeber:

Mit der tbg kooperierende Beteiligungsgeber können Banken (vorerst nur westdeutsche Banken), Beteiligungsgesellschaften und Personen sein, die Unternehmen Beteiligungskapital oder beteiligungsähnliches Kapital zur Verfügung stellen. Sie müssen den bankmäßigen Anforderungen der tbg genügen. Zu den Beteiligungsgebern zählen auch Beteiligungsgesellschaften, denen im übrigen Geschäft die öffentliche Refinanzierung und Absicherung ihrer Beteiligung aus dem ERP-Sondervermögen offen steht.

Der kooperierende Beteiligungsgeber muß sich in mindestens der gleichen Höhe wie die tbg beteiligen. Er soll den Beteiligungsnehmer in allen wirtschaftlichen und finanziellen Belangen beraten und unterstützen und gegebenenfalls auch Management- und Marketingunterstützung anbieten können. Grundsätzlich soll er bereit und in der Lage sein, zusätzliche Finanzierungsmittel zur Verfügung zu stellen.

Vor Übernahme einer Beteiligung hat der kooperierende Beteiligungsgeber die Beteiligungsvoraussetzungen zugleich für die tbg zu prüfen und nachvollziehbar zu dokumentieren. Während der Beteiligungsdauer hat er die Geschäftsführung des JTU und die Entwicklung des Innovationsvorhabens zu überwachen und die tbg über die wirtschaftliche Lage des JTU und über das Innovationsvorhaben zu unterrichten. Einzelheiten regelt ein Kooperationsvertrag zwischen diesem Beteiligungsgeber und der tbg.

Art und Umfang der Förderung:

Die tbg übernimmt Beteiligungen als stiller Gesellschafter an JTU. Sicherheiten sind nicht zu stellen.

Förderung:

1. Höchstbetrag: max. DM 500.000
   Auszahlung erfolgt entsprechend dem Fortschritt des Innovationsvorhabens.

2. Laufzeit:
   Die Dauer der Beteiligung der tbg beträgt bis zu 10 volle Kalenderjahre und richtet sich grundsätzlich nach der Laufzeit der Beteiligung des Beteiligungsgebers.

3. Bearbeitungsgebühr:
   Die tbg erhält bei Auszahlung ihrer Beteiligung vom Beteiligungsnehmer eine einmalige Bearbeitungsgebühr in Höhe von 1 % des Betrages ihrer Beteiligung.

4. Beteiligungsentgelt:
   Die tbg beansprucht auf ihre Einlage im Regelfall eine vom Jahresergebnis des Beteiligungsnehmers unabhängige Vergütung in Höhe von 5 % p. a. sowie ein an den Verhältnissen des JTU auszurichtendes gewinnabhängiges Beteiligungsentgelt. Zum Ende der Beteiligungszeit kann die tbg eine einmalige Vergütung zur Abgeltung während der Beteiligungszeit gebildeter Reserven des JTU verlangen. Einzelheiten regelt der Vertrag zwischen tbg und JTU.

Die Gesamtfinanzierung des Innovationsvorhabens muß gesichert sein, wobei von seiten des Beteiligungsnehmers in angemessenem Umfang Eigenmittel einzubringen sind.

Ermäßigen sich nachträglich die Kosten des Innovationsvorhabens oder werden nachträglich zu den Kosten dieses Innovationsvorhabens weitere öffentliche Mittel eingeworben, können die Beteiligungsmittel gekürzt werden.

Die gleichzeitige Förderung eines JTU im Rahmen dieses Modellversuchs durch die tbg und die KfW ist ausgeschlossen.

Die gleichzeitige Förderung von Innovationsvorhaben im Rahmen dieses Modellversuchs und aus dem ERP-Sondervermögen (Refinanzierung und Absicherung von Beteiligungen) ist ebenfalls ausgeschlossen.

Antrag/Beratung:

Technologie-Beteiligungsgesellschaft mbH der Deutschen Ausgleichsbank, Wielandstr. 4, 53173 Bonn.

Verfahren:

Anträge von JTU auf Beteiligungen sind auf Vordrucken der tbg zusammen mit einer Erklärung des kooperierenden Beteiligungsgebers zur Übernahme einer eigenen Beteiligung an die Technologie-Beteiligungsgesellschaft mbH der Deutschen Ausgleichsbank, Wielandstr. 4, 53173 Bonn, zu richten.

Die Prüfung der Antragsvoraussetzungen erfolgt dabei zunächst durch den kooperierenden Beteiligungsgeber (ggf. unter Einschaltung externer Gutachter, z. B. Technologieberatungsstellen). Die tbg behält sich vor, weitere Unterlagen, ggf. auch Gutachten, anzufordern. Ein Rechtsanspruch auf Übernahme einer Beteiligung durch die tbg besteht nicht.

Hat der Beteiligungsgeber mit der tbg bisher noch in keinem anderen Falle kooperiert, so sind alle für eine Prüfung seiner Bonität notwendigen Unterlagen miteinzureichen.

5 Beantragung und Gewährung von Investitionszulagen/Zuschüssen

5.1 Investitionszulagengesetz 1993 (InvZulG 1993)

§ 1
Anspruchsberechtigter, Fördergebiet

(1) Steuerpflichtige im Sinne des Einkommensteuergesetzes und des Körperschaftsteuergesetzes, die im Fördergebiet begünstigte Investitionen im Sinne der §§ 2 und 3 vornehmen, haben Anspruch auf eine Investitionszulage, soweit sie nicht nach § 5 des Körperschaftsteuergesetzes von der Körperschaftsteuer befreit sind. Bei Gesellschaften im Sinne des § 15 Abs. 1 Satz 1 Nr. 2 und Abs. 3 des Einkommensteuergesetzes tritt an die Stelle des Steuerpflichtigen die Gesellschaft als Anspruchsberechtigte.

(2) Fördergebiet sind die Länder Berlin, Brandenburg, Mecklenburg-Vorpommern, Sachsen, Sachsen-Anhalt und Thüringen nach dem Gebietsstand vom 3. Oktober 1990.

§ 2
Art der Investitionen

Begünstigte Investitionen sind die Anschaffung und die Herstellung von neuen abnutzbaren beweglichen Wirtschaftsgütern des Anlagevermögens, die mindestens 3 Jahre nach ihrer Anschaffung oder Herstellung

1. zum Anlagevermögen eines Betriebs oder einer Betriebsstätte im Fördergebiet gehören,

2. in einer Betriebsstätte im Fördergebiet verbleiben und

3. in jedem Jahr zu nicht mehr als 10 vom Hundert privat genutzt werden.

Nicht begünstigt sind

1. geringwertige Wirtschaftsgüter im Sinne des § 6 Abs. 2 des Einkommensteuergesetzes,

2. Luftfahrzeuge, die der Anspruchsberechtigte vor dem 5. Juli 1990 oder nach dem 31. Oktober 1990 bestellt oder herzustellen begonnen hat, und

3. Personenkraftwagen.

§ 3
Investitionszeiträume

Die Investitionen sind begünstigt, wenn sie der Anspruchsberechtigte

1. nach dem 31. Dezember 1990 und vor dem 1. Juli 1992 abgeschlossen hat oder

2. vor dem 1. Januar 1993 begonnen sowie nach dem 30. Juni 1992 und vor dem 1. Januar 1995 abgeschlossen hat oder

3. a) nach dem 31. Dezember 1992 und vor dem 1. Juli 1994 begonnen sowie vor dem 1. Januar 1997 abgeschlossen hat oder

   b) nach dem 30. Juni 1994 begonnen sowie vor dem 1. Januar 1997 abgeschlossen hat.

Nummer 3 gilt nicht bei Investitionen in Betriebsstätten der Kreditinstitute, des Versicherungsgewerbes – ausgenommen der Versicherungsvertreter und Versicherungsmakler –, der Elektrizitätsversorgung, der Gasversorgung und des Handels. Investitionen sind in dem Zeitpunkt abgeschlossen, in dem die Wirtschaftsgüter angeschafft oder hergestellt worden sind. Investitionen sind in dem Zeitpunkt begonnen, in dem die Wirtschaftsgüter bestellt oder herzustellen begonnen worden sind.

§ 4
Bemessungsgrundlage

Bemessungsgrundlage für die Investitionszulage ist die Summe der Anschaffungs- und Herstellungskosten der im Wirtschaftsjahr abgeschlossenen begünstigten Investitionen. In die Bemessungsgrundlage können die im Wirtschaftsjahr geleisteten Anzahlungen auf Anschaffungskosten und entstandenen Teilherstellungskosten einbezogen werden. In den Fällen des Satzes 2 dürfen im Wirtschaftsjahr der Anschaffung oder Herstellung der Wirtschaftsgüter die Anschaffungs- oder Herstellungskosten bei der

Bemessung der Investitionszulage nur berücksichtigt werden, soweit sie die Anzahlungen oder Teilherstellungskosten übersteigen. § 7 a Abs. 2 Satz 3 bis 5 des Einkommensteuergesetzes gilt entsprechend.

§ 5
Höhe der Investitionszulage

(1) Die Investitionszulage beträgt

1. bei Investitionen
   im Sinne des § 3 Nr. 1   12 vom Hundert,

2. bei Investitionen im Sinne
   des § 3 Nr. 2 und 3 Buchstabe a   8 vom Hundert,

3. bei Investitionen im Sinne
   des § 3 Nr. 3 Buchstabe b   5 vom Hundert

der Bemessungsgrundlage.

(2) Die Investitionszulage erhöht sich bei Investitionen im Sinne des § 3 Nr. 3 auf 20 vom Hundert der Bemessungsgrundlage, soweit die Bemessungsgrundlage im Wirtschaftsjahr 1 Million Deutsche Mark nicht übersteigt, wenn

1. die Investitionen vorgenommen werden von

   a) Steuerpflichtigen im Sinne des Einkommensteuergesetzes, die am 9. November 1989 einen Wohnsitz oder ihren gewöhnlichen Aufenthalt in dem in Artikel 3 des Einigungsvertrages genannten Gebiet hatten, oder

   b) Gesellschaften im Sinne des § 15 Abs. 1 Satz 1 Nr. 2 und Abs. 3 des Einkommensteuergesetzes, bei denen mehr als die Hälfte der Anteile unmittelbar Steuerpflichtigen im Sinne des Buchstaben a zuzurechnen sind, oder

   c) Steuerpflichtigen im Sinne des Körperschaftsteuergesetzes, an deren Kapital zu mehr als der Hälfte unmittelbar Steuerpflichtige im Sinne des Buchstaben a beteiligt sind, und

2. die Wirtschaftsgüter mindestens 3 Jahre nach ihrer Anschaffung oder Herstellung

   a) zum Anlagevermögen des Betriebs eines Gewerbetreibenden, der in die Handwerksrolle oder das Verzeichnis handwerksähnlicher

Betriebe eingetragen ist, oder eines Betriebs des verarbeitenden Gewerbes gehören und

b) in einem solchen Betrieb verbleiben.

§ 19 Abs. 1 Satz 2 der Abgabenordnung gilt sinngemäß. Hat ein Betrieb Betriebsstätten im Fördergebiet und außerhalb des Fördergebiets, gilt die Gesamtheit aller Betriebsstätten im Fördergebiet als ein Betrieb im Fördergebiet.

§ 6
Antrag auf Investitionszulage

(1) Der Antrag auf Investitionszulage ist bis zum 30. September des Kalenderjahrs zu stellen, das auf das Wirtschaftsjahr folgt, in dem die Investitionen abgeschlossen worden, Anzahlungen geleistet worden oder Teilherstellungskosten entstanden sind.

(2) Der Antrag ist bei dem für die Besteuerung des Anspruchsberechtigten nach dem Einkommen zuständigen Finanzamt zu stellen. Ist eine Gesellschaft im Sinne des § 15 Abs. 1 Satz 1 Nr. 2 oder Abs. 3 des Einkommensteuergesetzes Anspruchsberechtigter, so ist der Antrag bei dem Finanzamt zu stellen, das für die einheitliche und gesonderte Feststellung der Einkünfte zuständig ist.

(3) Der Antrag ist nach amtlichem Vordruck zu stellen und vom Anspruchsberechtigten eigenhändig zu unterschreiben. In dem Antrag sind die Investitionen, für die eine Investitionszulage beansprucht wird, innerhalb der Antragsfrist so genau zu bezeichnen, daß ihre Feststellung bei einer Nachprüfung möglich ist.

§ 7
Anwendung der Abgabenordnung, Festsetzung und Auszahlung

(1) Die für Steuervergütungen geltenden Vorschriften der Abgabenordnung sind entsprechend anzuwenden. Dies gilt nicht für § 163 der Abgabenordnung. In öffentlich-rechtlichen Streitigkeiten über die aufgrund dieses Gesetzes ergehenden Verwaltungsakte der Finanzbehörden ist der Finanzrechtsweg gegeben.

(2) Die Investitionszulage ist nach Ablauf des Wirtschaftsjahrs festzusetzen und innerhalb von 3 Monaten nach Bekanntgabe des Bescheids aus den Einnahmen an Einkommensteuer oder Körperschaftsteuer auszuzahlen.

§ 8
Verzinsung des Rückforderungsanspruchs

Ist der Bescheid über die Investitionszulage aufgehoben oder zuungunsten des Anspruchsberechtigten geändert worden, so ist der Rückzahlungsanspruch nach § 238 der Abgabenordnung vom Tag der Auszahlung der Investitionszulage, in den Fällen des § 175 Abs. 1 Satz 1 Nr. 2 der Abgabenordnung vom Tag des Eintritts des rückwirkenden Ereignisses an, zu verzinsen. Die Festsetzungsfrist beginnt mit Ablauf des Kalenderjahres, in dem der Bescheid aufgehoben oder geändert worden ist.

§ 9
Verfolgung von Straftaten

Für die Verfolgung einer Straftat nach § 264 des Strafgesetzbuches, die sich auf die Investitionszulage bezieht, sowie der Begünstigung einer Person, die eine solche Straftat begangen hat, gelten die Vorschriften der Abgabenordnung über die Verfolgung von Steuerstraftaten entsprechend.

§ 10
Ertragsteuerliche Behandlung der Investitionszulage

Die Investitionszulage gehört nicht zu den Einkünften im Sinne des Einkommensteuergesetzes. Sie mindert nicht die steuerlichen Anschaffungs- und Herstellungskosten.

§ 10 a
Ermächtigung

Das Bundesministerium der Finanzen wird ermächtigt, den Wortlaut dieses Gesetzes in der jeweils geltenden Fassung mit neuem Datum, unter neuer Überschrift und in neuer Paragraphenfolge bekanntzumachen und dabei Unstimmigkeiten des Wortlauts zu beseitigen.

§ 11
Anwendungsbereich

(1) Dieses Gesetz ist vorbehaltlich des Absatzes 2 bei Investitionen anzuwenden, die nach dem 31. Dezember 1990 abgeschlossen werden. Bei Investitionen, die vor dem 1. Januar 1991 abgeschlossen worden sind, ist die Investitionszulagenverordnung vom 4. Juli 1990 (GBl. I Nr. 41 S. 621), zuletzt geändert durch Artikel 9 des Gesetzes vom 13. Dezember 1990 (BGBl. I S. 2775), weiter anzuwenden.

(2) In dem Teil des Landes Berlin, in dem das Grundgesetz schon vor dem 3. Oktober 1990 gegolten hat (Berlin-West), ist dieses Gesetz bei Investitionen anzuwenden, mit denen der Anspruchsberechtigte nach dem 30. Juni 1991 begonnen hat. Dabei gilt abweichend von § 3 Satz 1 und § 5 folgendes:

1. Die Investitionszulage beträgt 12 vom Hundert der Bemessungsgrundlage bei Investitionen, die der Anspruchsberechtigte

   a) vor dem 1. Januar 1992 abgeschlossen hat oder

   b) nach dem 31. Dezember 1991 und vor dem 1. Juli 1992 abgeschlossen hat, soweit vor dem 1. Januar 1992 Anzahlungen auf Anschaffungskosten geleistet worden oder Teilherstellungskosten entstanden sind.

2. Die Investitionszulage beträgt 8 vom Hundert der Bemessungsgrundlage bei Investitionen, die der Anspruchsberechtigte

   a) nach dem 31. Dezember 1991 und vor dem 1. Juli 1992 abgeschlossen hat, soweit die Anschaffungs- oder Herstellungskosten die vor dem 1. Januar 1992 geleisteten Anzahlungen auf Anschaffungskosten oder entstandenen Teilherstellungskosten übersteigen, oder

   b) nach dem 30. Juni 1992 und vor dem 1. Januar 1993 abgeschlossen hat oder

   c) vor dem 1. Januar 1993 begonnen sowie nach dem 31. Dezember 1992 und vor dem 1. Januar 1995 abgeschlossen hat, soweit vor dem 1. Januar 1993 Anzahlungen auf Anschaffungskosten geleistet worden oder Teilherstellungskosten entstanden sind.

5.2 Investitionszuschüsse im Rahmen der Gemeinschaftsaufgabe „Verbesserung der regionalen Wirtschaftsstruktur"

Förderziel:

Förderungsfähig sind, außer Ersatzinvestitionen, grundsätzlich sämtliche Investitionen einschließlich Errichtung, Erweiterung, Sanierung an Gebäuden und Erwerb materieller Wirtschaftsgüter; die Güter müssen neu sein, es sei denn, es handelt sich um den Erwerb einer stillgelegten oder von Stillegung bedrohten Betriebsstätte, und diese wurde nicht von verbundenen oder sonst wirtschaftlich, rechtlich oder personell verflochtenen Unternehmen angeschafft. Förderungswürdig ist auch der Erwerb einer stillgelegten oder von Stillegung bedrohten Betriebsstätte (sofern noch Belegschaft vorhanden, muß zumindest ein wesentlicher Teil der Belegschaft übernommen werden). Bei der Erweiterung einer Betriebsstätte muß die Zahl der bei Investitionsbeginn der Betriebsstätte bestehenden Dauerarbeitsplätze entweder um mindestens 15 % erhöht werden oder es müssen mindestens 50 zusätzliche Dauerarbeitsplätze geschaffen werden (ein neu geschaffener Ausbildungsplatz wird hierbei wie Schaffung von 2 Arbeitsplätzen gewertet). Auch Umstellungen oder grundlegende Rationalisierungen an Betriebsstätten können gefördert werden. Die zu fördernden Anlagegüter müssen in einem zeitlichen und sachlichen Zusammenhang mit dem förderungsfähigen Investitionsvorhaben stehen und innerhalb von 3 Jahren getätigt werden. Investitionen werden nur gefördert, wenn sie geeignet sind, durch die Schaffung von zusätzlichen Einkommensquellen das Gesamteinkommen in dem jeweiligen Wirtschaftsraum unmittelbar und auf Dauer nicht unwesentlich zu erhöhen (Primäreffekt).

Diese Voraussetzungen können als erfüllt angesehen werden, wenn in der zu fördernden Betriebsstätte überwiegend (d. h. zu mehr als 50 % des Umsatzes) Güter hergestellt oder Leistungen erbracht werden, die ihrer Art nach regelmäßig überregional (30 km) abgesetzt werden.

Antragsberechtigte:

- Positivliste Produktion und Dienstleistungen

  Der Primäreffekt ist in der Regel gegeben, wenn in der Betriebsstätte überwiegend eine oder mehrere der in der folgenden Liste aufgeführten Tätigkeiten vorgenommen werden:

1. Die Erzeugung bzw. Herstellung folgender Güter bzw. Teile von Gütern (Zulieferer):

- Bau/Glas/Keramik
  - Grob- und Feinkeramik,
  - Betonsteine sowie Bauteile aus Beton, Naturstein und Terrazzo, Bauelemente,
  - Zement,
  - Glas, Glaswaren und Erzeugnisse der Glasveredelung.

- Chemie/Gummi
  - Chemische Produkte (einschließlich von Produkten der Kohlenwerkstoffindustrie),
  - Kunststoffe und Kunststofferzeugnisse,
  - Gummi, Gummierzeugnisse, Asbest, Asbesterzeugnisse.

- Druck/Papier/Holz
  - Holz- und Kunststofferzeugnisse in Serienfertigung,
  - Formen, Modelle, Werkzeuge,
  - Zellstoff, Holzschliff, Papier, Pappe,
  - Druckerzeugnisse.

- Elektrotechnik/Feinmechanik
  - Büromaschinen, Datenverarbeitungsgeräte und -einrichtungen,
  - Erzeugnisse der Elektrotechnik,
  - Feinmechanische, orthopädiemechanische und optische Erzeugnisse in Serienfertigung, Chirurgiegeräte,
  - Uhren.

- Leichtindustrie/Sonstiges
  - Schilder und Lichtreklame,
  - EBM-Waren,
  - Musikinstrumente, Sportgeräte, Spiel- und Schmuckwaren,
  - Leder,
  - Schuhe in Serienfertigung,
  - Textilien,
  - Bekleidung in Serienfertigung,
  - Polstereierzeugnisse in Serienfertigung,
  - Nahrungs- und Genußmittel, soweit sie für überregionalen Versand bestimmt oder geeignet sind,
  - Futtermittel.

- Maschinenbau/Metalle
  - Maschinen, technische Geräte,
  - Fahrzeuge aller Art und Zubehör,
  - Schiffe, Boote, technische Schiffsausrüstung,
  - Eisen und Stahl,
  - NE-Metalle,
  - Eisen-, Stahl- und Temperguß,
  - NE-Metallguß, Galvanotechnik.

2. folgende Dienstleistungen:

   - Ausstellungs-, Messen- und Einrichtungsunternehmen,
   - Betriebswirtschaftliche und technische Unternehmensberatung,
   - Datenbe- und verarbeitung (einschließl. Datenbanken und Herstellung von DV-Programmen),
   - Forschungs- und Entwicklungsleistungen für die Wirtschaft,
   - Hauptverwaltungen von Industriebetrieben und von überregional tätigen Dienstleistungsunternehmen,
   - Import-/Exportgroßhandel,
   - Laborleistungen für die gewerbliche Wirtschaft,
   - Logistische Dienstleistungen,
   - Markt- und Meinungsforschung,
   - Veranstaltung von Kongressen,
   - Verlage,
   - Versandhandel,
   - Werbeleistungen für die gewerbliche Wirtschaft.

- Positivliste Handwerk

Die Erzeugung bzw. Herstellung folgender Güter oder Teile von Gütern, insbesondere wenn diese in Serie erfolgt, sind:

- Bau/Glas/Keramik
  - Keramiker,
  - Steinmetzen und Steinbildhauer, Betonstein- und Terrazzohersteller,
  - Glasschleifer und Glasätzer, Glasapparatebauer,
  - Thermometermacher, Glas- und Porzellanmaler.
- Druck/Papier/Holz
  - Klavier- und Cembalobauer, Handzuginstrumentenmacher,

- Geigenbauer, Metallblasinstrumenten- und Schlagzeugmacher, Holzblasinstrumentenmacher,
- Drechsler (Elfenbeinschnitzer), Holzbildhauer, Böttcher.
- Elektrotechnik/Feinmechanik
  - Schilder- und Lichtreklamehersteller,
  - Elektromechaniker, Elektromaschinenbauer,
  - Chirurgiemechaniker, Feinoptiker, Feinmechaniker,
  - Silberschmiede, Gold-, Silber- und Aluminiumschläger,
  - Galvaniseure und Metallschleifer, Zinngießer, Glockengießer,
  - Graveure, Ziseleure, Farbsteinschleifer, Achatschleifer und Schmucksteingraveure, Orgel- und Harmoniumbauer.
- Maschinenbau/Metalle
  - Dreher, Metallformer und Metallgießer,
  - Maschinenbaumechaniker, Kälteanlagenbauer,
  - Karosserie- und Fahrzeugbauer,
  - Bootsbauer, Schiffbauer,
  - Werkzeugmacher, Büchsenmacher, Gürtler und Metalldrücker,
  - Schneidewerkzeugmacher.
- Leichtindustrie/Sonstiges
  - Wachszieher,
  - Vulkaniseure,
  - Bürsten- und Pinselmacher, Korbmacher,
  - Modellmacher,
  - Handschuhmacher, Gerber,
  - Sticker, Stricker, Weber, Seiler, Segelmacher.

Art und Höhe der Förderung:

Die Förderung erfolgt im Rahmen der im GA-Gesetz sowie dem dazugehörenden Rahmenplan festgesetzten Regelungen (z. Zt. 23. Rahmenplan). Investitionskosten gewerblicher Unternehmen dürfen um die nachstehenden Höchstsätze durch Investitionszuschüsse verbilligt werden:
- Errichtungen (hierzu gehört auch der Erwerb einer stillgelegten bzw. von der Stillegung bedrohten Betriebsstätte): 23 %
- Erweiterungen: 20 %
- Umstellung und grundlegende Rationalisierung: 15 %

Diese Höchstsätze dürfen durch Investitionsbeihilfen ohne regionale Zielsetzung um bis zu 12 Prozentpunkte überschritten werden (betr. z. B. in den neuen Ländern bereits geltende Investitionszulage).

Antrag/Beratung:

Zuständige Wirtschaftsbehörden der neu gebildeten Bundesländer.

Verfahren:

Die Förderanträge sind bei den örtlich zuständigen Wirtschaftsverwaltungsbehörden vor Beginn des Investitionsvorhabens einzureichen. Die Zuschußgewährung ist regional unterschiedlich und wird auf den nachfolgenden Seiten aufgezeigt.

Brandenburg

Die Förderung der gewerblichen Wirtschaft wird in Zukunft auf Schwerpunktorte konzentriert. Maßnahmen außerhalb der Schwerpunktorte werden grundsätzlich nicht gefördert. Der Minister für Wirtschaft, Mittelstand und Technologie des Landes Brandenburg kann durch das Kabinett ermächtigt werden, Einzelfallentscheidungen bis zur Anwendung der gesetzlichen Höchstfördersätze für die gewerbliche Wirtschaft für alle Fördergebiete und auch außerhalb der ausgewiesenen Schwerpunktorte zu treffen, wenn die Vorhaben von außerordentlicher regionalwirtschaftlicher und arbeitsmarktpolitischer Bedeutung sind. Vorhaben von kleinen und mittleren Unternehmen, die zum Zeitpunkt der Antragstellung nicht mehr als 50 Arbeitnehmer beschäftigen, bis zu einer Investitionssumme von DM 1 Mio. können grundsätzlich mit den gesetzlichen Höchstfördersätzen (aber höchstens bis zu einer Fördersumme von 200 TDM) bezuschußt werden.

Der Aktionsraum wird wie folgt aufgeteilt:

Fördergebiet I

Höchstfördersatz für Vorhaben der gewerblichen Wirtschaft:
- Errichtung 5 %
- Erweiterung 3 %
- Umstellung und grundlegende Rationalisierung 3 %

Zum Fördergebiet I gehören die **Schwerpunktorte:**

Kreis Zossen:	Blankenfelde, Großbeeren, Mahlow, Rangsdorf, Ludwigsfelde-Stadt, Dahlewitz
Kreis Potsdam-Land:	Bergholz-Rehbrücke, Kleinmachnow, Werder, Stahnsdorf, Caputh, Glindow, Neuseddin, Michendorf, Geltow, Teltow, Fahrland
Kreisfreie Stadt	Potsdam-Stadt
Kreis Königs Wusterhausen:	Eichwalde, Großziethen, Niederlehme, Schönefeld, Schulzendorf, Wildau, Zeesen, Zernsdorf Zeuthen, Königs Wusterhausen
Kreis Nauen:	Falkensee, Brieselang, Dallgow, Schönwalde, Elstal, Wustermark
Kreis Bernau:	Wandlitz, Klosterfelde, Schönow, Zepernik, Schwanebeck, Ladeburg, Blumberg, Basdorf
Kreis Fürstenwalde:	Rüdersdorf, Erkner, Woltersdorf, Schöneiche

| Kreis Strausberg: | Dahlwitz-Hoppegarten |
| Kreis Oranienburg: | Oranienburg-Stadt, Bergfelde, Bötzow, Birkenwerder, Borgsdorf, Germendorf, Glienicke-Nordbahn, Hohen Neuendorf, Hennigsdorf, Velten, Schildow, Mühlenbeck, Leegebruch |

Fördergebiet II

Höchstfördersatz für Vorhaben der gewerblichen Wirtschaft:
- Errichtung   13 %
- Erweiterung   10 %
- Umstellung und grundlegende Rationalisierung   8 %

Zum Fördergebiet II gehören die **Schwerpunktorte:**

Kreis Potsdam-Land:	Beelitz, Groß Kreutz
Kreis Königs Wusterhausen:	Bestensee, Friedersdorf, Halbe, Mittenwalde, Teupitz, Schenkendorf
Kreis Nauen:	Nauen-Stadt, Ketzin, Wachow
Kreis Zossen:	Baruth, Zossen-Stadt, Klausdorf, Mellensee, Sperenberg, Wünsdorf
Kreis Strausberg:	Neuenhagen, Fredersdorf, Petershagen, Hennickendorf, Strausberg-Stadt
Kreis Bernau:	Bernau-Stadt, Werneuchen, Groß Schönebeck, Biesenthal, Seefeld
Kreis Fürstenwalde:	Fürstenwalde-Stadt, Spreenhagen, Hangelsberg, Grünheide, Bad Saarow-Pieskow

Fördergebiet III

Höchstfördersatz für Vorhaben der gewerblichen Wirtschaft:
- Errichtung   bis zu 18 %
- Erweiterung   bis zu 15 %
- Umstellung und grundlegende Rationalisierung   bis zu 10 %

Zum Fördergebiet III gehören die **Schwerpunktorte:**

Kreisfreie Stadt	Cottbus
Kreis Strausberg:	Müncheberg, Eggersdorf bei Strausberg, Altlandsberg, Buckow
Kreis Oranienburg:	Kremmen, Liebenwalde

Kreis Belzig:	Belzig, Brück, Wiesenburg, Niemegk, Görzke, Borkheide
Kreis Neuruppin:	Rheinsberg, Lindow
Kreis Brandenburg-L.:	Wusterwitz
Kreis Nauen:	Freisack, Paulinenaue
Kreis Jüterbog:	Treuenbrietzen

Fördergebiet IV

Höchstfördersatz für Vorhaben der gewerblichen Wirtschaft:
- Errichtung   bis zu 23 %
- Erweiterung   bis zu 20 %
- Umstellung und grundlegende Rationalisierung   bis zu 15 %

Zum Fördergebiet IV gehören die **Schwerpunktorte:**

Kreis Eberswalde:	Eberswalde-Stadt, Joachimsthal, Oderberg, Finowfurt, Britz, Lichterfelde
Kreis Wittstock:	Wittstock-Stadt, Heiligengrabe, Freyenstein
Kreis Cottbus-Land:	Peitz, Burg, Drebkau, Kolkwitz, Gallinchen, Siewisch
Kreis Rathenow:	Rathenow-Stadt, Milow, Nennhausen, Rhinow, Döberitz, Mögelin, Premnitz
Kreis Eisenhüttenstadt-Land:	Brieskow-Finkenherd, Groß-Lindow, Müllrose, Neuzelle, Ziltendorf, Mixdorf
Kreisfreie Stadt	Eisenhüttenstadt
Kreis Jüterbog:	Jüterbog-Stadt, Kloster Zinna, Niedergörsdorf, Werbig
Kreis Calau:	Calau-Stadt, Altdöbern, Neupetershain, Vetschau, Lübbenau
Kreisfreie Stadt	Schwedt/Oder
Kreis Spremberg:	Welzow, Schwarze Pumpe, Tschernitz, Sellessen, Spremberg-Stadt, Klein Loitz
Kreis Senftenberg:	Senftenberg-Stadt, Lauchhammer, Schwarzheide, Schipkau, Ruhland, Ortrand, Großräschen, Brieske, Hosena, Annahütte, Großkoschen, Hörlitz, Hohenbocka (offener Fall), Klettwitz, Meuro
Kreis Herzberg:	Herzberg-Stadt, Falkenberg, Uebigau, Schlieben, Schönwalde

Kreisfreie Stadt	Frankfurt (Oder)
Kreis Angermünde:	Angermünde-Stadt, Gartz an der Oder, Passow, Pinnow, Vierraden, Bergholz-Meyenburg
Kreis Seelow:	Seelow-Stadt, Neuhardenberg, Kietz, Worin, Lebus, Letschin, Golzow, Altzeschdorf
Kreis Beeskow:	Beeskow-Stadt, Storkow, Friedland, Lieberose, Tauche, Görzig
Kreis Luckenwalde:	Luckenwalde, Trebbin, Woltersdorf, Klein Schulzendorf
Kreis Guben:	Guben-Stadt, Jänschwalde, Drewitz, Grano
Kreis Forst:	Forst-Stadt, Döbern, Groß Schacksdorf
Kreis Bad Liebenwerda:	Bad Liebenwerda-Stadt, Elsterwerda, Wahrenbrück, Plessa, Prösen, Mühlberg a. d. Elbe, Hirschfeld, Großhiemig, Gröden, Hohenleipisch, Brottewitz
Kreis Brandenburg:	Ziesar, Lehnin, Pritzerbe, Damsdorf
Kreisfreie Stadt	Brandenburg-Stadt
Kreis Luckau:	Luckau-Stadt, Dahme, Golßen, Langengrassau, Duben
Kreis Lübben:	Lübben-Stadt, Straupitz, Freiwalde, Groß Leuthen, Schönwalde
Kreis Finsterwalde:	Finsterwalde-Stadt, Tröbitz, Sonnewalde, Schönborn, Doberlug-Kirchhain, Crinitz, Massen, Betten
Kreis Bad Freienwalde:	Bad Freienwalde-Stadt, Wriezen, Neuenhagen, Falkenberg i. d. Mark, Prötzel, Altranft
Kreis Templin:	Templin-Stadt, Lychen, Boitzenburg, Gerswalde, Haßleben, Milmersdorf, Retzow, Funkenhagen
Kreis Prenzlau:	Prenzlau-Stadt, Dedelow, Fürstenwerder, Gramzow, Schönermark, Schönfeld, Blindow
Kreis Gransee:	Gransee-Stadt, Fürstenberg, Grüneberg, Löwenberg, Zehdenick
Kreis Pritzwalk:	Pritzwalk-Stadt, Blumenthal, Groß Pankow, Meyenburg, Falkenhagen
Kreis Perleberg:	Perleberg-Stadt, Karstädt, Bad Wilsnack, Glöwen, Weisen, Putlitz, Lenzen, Wittenberge
Kreis Neuruppin:	Neuruppin-Stadt, Wustrau-Altfriesack, Fehrbellin, Altruppin, Tempitz, Dabergotz

Kreis Kyritz: Kyritz-Stadt, Neustadt-Dosse, Wusterhausen-Dosse, Gumtow
Kreis Fürstenwalde: Steinhöfel, Briesen

Mecklenburg-Vorpommern

Angesichts der knappen Mittel ist eine Konzentration der Förderung auf Vorhaben mit besonders hohem Struktureffekt oder besonders hohem Beschäftigungseffekt in den einzelnen Regionen des Landes der einzig geeignete Weg, um mit den bestehenden Mitteln so viele Dauerarbeitsplätze wie möglich zu schaffen oder zu sichern. Dies geschieht durch eine zurückhaltende, einzelfallbezogene Prüfung jedes Vorhabens im Rahmen der bestehenden Regelungen sowohl nach vorhabensspezifischen Gesichtspunkten wie auch nach regionalspezifischen Gesichtspunkten (Berücksichtigung regionaler Wirtschaftsindikatoren bei der Förderwürdigkeit und der Höhe der Förderung).

Für die Prüfung und Bewertung solcher Vorhaben sind folgende Kriterien heranzuziehen:
- der Primäreffekt des Vorhabens,
- die Abhängigkeit zu den geschaffenen oder gesicherten Dauerarbeitsplätzen,
- die Umsetzungsgeschwindigkeit des einzelnen Vorhabens.

Folgende Branchen werden nur eingeschränkt gefördert:
- Datenbe- und -verarbeitung,
- Logistische Dienstleistungen.

Folgende Branchen werden nicht gefördert:
- Betriebswirtschaftliche und technische Unternehmensberatung,
- Verlage,
- Versandhandel.

Sachsen

Der Freistaat Sachsen hat bereits in der Vergangenheit zur Rahmenplanung der Gemeinschaftsaufgabe in Wahrnehmung seiner Eigenverantwortung für deren Umsetzung weitere Förderprioritäten festgelegt. Diese Förderprioritäten beinhalten sowohl regionale als auch sektorale Einschränkungen für die Förderpraxis im Freistaat Sachsen.

Unter Berücksichtigung aktueller Erfahrungen und Förderergebnisse beinhalten diese bis auf weiteres für die laufende Förderpraxis im Freistaat geltenden Prämissen folgende Festlegungen:

1. Erste Priorität genießen Investitionen

a) in strukturschwachen Gebieten.

Dies sind derzeit die Landkreise:
- Annaberg, Aue, Brand-Erbisdorf, Hohenstein-Ernstthal, Klingenthal, Marienberg, Teile von Oelsnitz, Schwarzenberg, Werdau, Zschopau;
- Bautzen, Bischofswerda, Dippoldiswalde, Görlitz, Hoyerswerda, Teile von Kamenz, Löbau, Niesky, Sebnitz, Weißwasser, Zittau;
- Borna, Eilenburg, Geithain, Torgau, Hartha (Kreis Döbeln)

und die Gemeinden
- Stadt Elsterberg, Görschnitz, Langenbach, Stadt Mühltroff, Thierbach, Ebersgrün, Stadt Pausa, Ransbach, Unterreichenau (alle Kreis Plauen);

b) von Existenzgründern und kleineren Unternehmen mit bis zu 20 Beschäftigten, reprivatisierten Unternehmen (72er Fälle) sowie MBO-Unternehmen;

c) von besonderer volkswirtschaftlicher Bedeutung, Investitionen im High-Tech-Bereich und Investitionen in örtlich traditionellen Branchen.

Eine Höchstförderung bis zu 23 % kann nur in diesen Fällen in Betracht gezogen werden.

2. **Eine zweite Priorität haben die übrigen Regionen im Freistaat Sachsen mit Ausnahme**

   - des Ballungsgebietes Dresden,
   - der Stadt Leipzig und Teilen des Landkreises Leipzig,
   - der Stadt Chemnitz,

   welche ohne Förderpriorität sind.

   In den Regionen der zweiten Priorität beläuft sich der Höchstfördersatz bei

   a) Errichtung auf 15 % der förderfähigen Investitionen,

   b) Erweiterung auf 12 % der förderfähigen Investitionen und

   c) Rationalisierung und Umstellung auf 8 % der förderfähigen Investitionen.

3. **Folgende Branchen sind zwar förderfähig, genießen aber keine Priorität und werden bis auf weiteres nicht gefördert:**

   a) Herstellung von Baumaterialien,

   b) Versandhandel (einschl. Versandfachhandel) und Import-/Exportgroßhandel,

   c) Datenbe- und -verarbeitung,

   d) betriebswirtschaftliche und technische Unternehmensberatung,

   e) logistische Dienstleistungen,

   Die übrigen Dienstleistungen können maximal mit einem Fördersatz von (10 %, 8 %, 5 %) gefördert werden.

   Ausnahmen sind möglich in den in Ziffer 1 a) genannten Regionen.

   Folgende Branchen sind von der Förderung ausgeschlossen:
   - Asphaltproduktion, Transportbetonherstellung,
   - Großhandel mit Investitionsgütern.

   Dienstleistungen, die der Sanierung bzw. Instandhaltung dienen oder den Charakter von Montageleistungen tragen, sind generell nicht förderfähig.

   Die Förderung von Recycling ist in Einzelfällen möglich, wenn aus industriellen Abprodukten neue Produkte gewonnen und diese überregional abgesetzt werden.

4. Die Förderung von Investitionen in kurzfristig nicht privatisierungsfähigen Treuhandunternehmen erfolgt in Einzelfällen nach Entscheidung durch das Sächsische Staatsministerium für Wirtschaft und Arbeit. Der Kaufpreis für den Erwerb aus Treuhandeigentum wird nach wie vor nicht bezuschußt.

5. Für alle Branchen gilt folgende Einschränkung:
   - Mindestinvestitionssumme: TDM 50.
   - Das beantragende Unternehmen muß eine Mindestarbeitsplatzzahl von 5 vor der Investitionsmaßnahme aufweisen oder mit dem Vorhaben erreichen.

6. Für die Förderung der Investitionsvorhaben in Betriebsstätten des Fremdenverkehrs gelten folgende Einschränkungen:

a) in traditionellen Urlaubsgebieten, vor allem mit Langzeiturlaubern, können unter Berücksichtigung der Qualifikation des Antragstellers und der Qualität des Vorhabens Fördersätze bis zu 23 % gewährt werden.

Priorität bei der Vergabe der Fördermittel haben Existenzgründungen. Die sich an eine Übernahme bestehender Hotels oder Pensionen anschließende Modernisierung ist förderfähig bis zu einer Kapazität von 180 Betten.

b) in Gebieten mit Kurzzeittourismus, Wochenendtourismus, in denen eine Fremdenverkehrsentwicklung langfristig vorgesehen ist, können Förderungen im Einzelfall gewährt werden. Dabei können – in Abhängigkeit von Hotelstandard, Kapazitätsvolumen und Qualifikation des Antragstellers – Fördersätze zwischen 10 und 18 % bewilligt werden.

Diese Vorhaben genießen jedoch nicht die gleiche Priorität wie a).

c) in Ballungsräumen um die Städte Dresden, Leipzig und Chemnitz sowie in allen anderen Städten Sachsens können kleine mittelständische Hotels und Pensionen gefördert werden, die eine Kapazität von 60–80 Betten nicht überschreiten. In die Prüfung der Förderanträge wird der Standard, die Qualifikation des Antragstellers und der Nachweis überdurchschnittlicher Struktureffekte einbezogen.

Sachsen-Anhalt

I. Gewerbliche Wirtschaft:

1. Von der Förderung ausgeschlossen sind:
   - Sand- und Kiesgruben sowie Steinbrüche (sofern keine weitere Verarbeitung am gleichen Standort erfolgt),
   - logistische Dienstleistungen,
   - betriebswirtschaftliche- und technische Unternehmensberatungen,
   - Großhandelsunternehmen (ausgenommen Versandhandel sowie Import- und Exporthandel).

2. Die Förderung von Unternehmen außerhalb der im Rahmenplan genannten Branchen (Einzelnachweis) erfolgt nur dann, wenn mehr als 50 % des Umsatzes außerhalb Sachsen-Anhalts erzielt wird.

3. Unternehmen der Treuhandanstalt werden nur in begründeten Ausnahmefällen gefördert, insbesondere dann, wenn ein direkter Zusammenhang zu einer kurzfristig bevorstehenden Privatisierung besteht. Der Erwerb von Treuhandvermögen wird nicht gefördert.

II. Infrastruktur:

1. Der Förderhöchstsatz beträgt in der Regel 50 %.

2. Gewerbegebiete werden nur noch bezuschußt, wenn diese mind. zu zwei Dritteln mit förderfähigen Betrieben, durch Absichtserklärungen belegt, besiedelt werden.

3. Eine Erweiterung bestehender Gewerbegebiete wird nur dann bezuschußt, wenn mind. 75 % des vorhandenen Gewerbegebietes belegt ist.

4. Vorhaben zur betrieblichen Abwassererklärung werden nur in begründeten Einzelfällen gefördert.

5. Gründerzentren werden nur in bestehenden Gebäuden gefördert.

6. Inhaltliche und räumliche Schwerpunkte der touristischen Infrastruktur sind:
   - Kurhäuser und Kurparks und sonstige Kureinrichtungen,
   - Informationszentren und Häuser des Gastes,
   - Verkehrswege zu Ausflugszentren,

- besonders bedeutsame Objekte des Kultur- und Erholungstourismus.

III. Beherbergungsgewerbe:

1. Vorrangig bedient werden die touristischen Schwerpunktregionen Altmark, Harz, Saaletal, die Wörlitzer Kulturlandschaft, die Luthergedenkstätten sowie die Straße der Romanik.
2. Hotels in Städten über 80.000 Einwohner werden nicht gefördert.
3. Der Förderhöchstsatz beträgt in der Regel 15 %.
4. Die Förderung von Campingplätzen erfolgt nur in Ausnahmefällen mit einem max. Fördersatz von 23 %.

Thüringen

Das Land Thüringen hat die regionale Wirtschaftsförderung in Fördergebiete aufgeteilt:

1. Fördergebiet I a

Kreise/Städte: Altenburg, Apolda, Artern, Bad Salzungen, Erfurt-Stadt, Gera-Stadt, Gera-Land, Heiligenstadt, Ilmenau, Jena-Stadt, Meiningen, Mühlhausen, Neuhaus, Pößneck, Rudolstadt, Saalfeld, Schmalkalden, Schmölln, Sömmerda, Sondershausen, Suhl-Stadt, Worbis

Förderhöchstsätze:
für Unternehmen bis 150 Beschäftigte

- wirtschaftsnahe Infrastruktur: bis 70 %
- Errichtung: bis 23 %
- Erweiterung: bis 20 %
- Umstellung/Rationalisierung: bis 15 %

Förderhöchstsätze:
für Unternehmen ab 151 Beschäftigte

- wirtschaftsnahe Infrastruktur: bis 70 %
- Errichtung: bis 23 %
- Erweiterung: bis 20 %
- Umstellung/Rationalisierung: bis 15 %

2. Fördergebiet I b

Kreise/Städte: Arnstadt, Bad Langensalza, Eisenberg, Erfurt-Land, Greiz, Hildburghausen, Jena-Land, Lobenstein, Nordhausen, Sonneberg, Suhl-Land, Zeulenroda

Förderhöchstsätze:
für Unternehmen bis 150 Beschäftigte

- wirtschaftsnahe Infrastruktur: bis 50 %
- Errichtung: bis 23 %
- Erweiterung: bis 20 %
- Umstellung/Rationalisierung: bis 15 %

Förderhöchstsätze:
für Unternehmen ab 151 Beschäftigte

- wirtschaftsnahe Infrastruktur: bis 50 %
- Errichtung: bis 20 %
- Erweiterung: bis 15 %
- Umstellung/Rationalisierung: bis 12 %

3. Fördergebiet I c

Kreise/Städte: Eisenach, Gotha, Schleiz, Stadtroda, Weimar-Stadt, Weimar-Land.

Förderhöchstsätze:
für Unternehmen bis 150 Beschäftigte

- wirtschaftsnahe Infrastruktur: bis 40 %
- Errichtung: bis 23 %
- Erweiterung: bis 20 %
- Umstellung/Rationalisierung: bis 15 %

Förderhöchstsätze:
für Unternehmen ab 151 Beschäftigte

- wirtschaftsnahe Infrastruktur: bis 40 %
- Errichtung: bis 15 %
- Erweiterung: bis 12 %
- Umstellung/Rationalisierung: bis 10 %

Das förderfähige Investitionsvolumen pro geschaffenem Dauerarbeitsplatz beträgt höchstens DM 600.000 in den Gebieten Nr. I a bzw. DM 400.000 in den Gebieten Nr. I b und I c.

5.3 Förderung der regionalen Infrastruktur

Förderziel:

Die Förderung wirtschaftsnaher regionaler Infrastruktur soll sich auf folgende Schwerpunkte konzentrieren:
- Errichtung, Ausbau und Erneuerung von Ausbildungs-, Fortbildungs- und Umschulungsstätten für die regionale Wirtschaft,
- Erschließung und Wiedernutzbarmachung von Industrie- und Gewerbegelände,
- Errichtung, Ausbau und Erneuerung von Verkehrs- und Fernmeldeverbindungen zur Erschließung von Industrie- und Gewerbegebieten,
- Errichtung (einschließlich Erwerb vorhandener Gebäude), Ausbau und Erneuerung von Gewerbezentren unter Einbeziehung der durch Strukturanpassung verfügbar werdenden baulichen Anlagen und Ausrüstungen,
- Errichtung, Ausbau und Erneuerung von Technologie-Transfereinrichtungen,
- Errichtung, Ausbau und Erneuerung von wirtschaftsnahen Energie- und Wasserversorgungsleitungen und -Verteilungsanlagen,
- Errichtung, Ausbau und Erneuerung von Anlagen für die Beseitigung oder Bereinigung von Abwasser und Entsorgung von Abfall im Rahmen **gewerblicher** Investitionsvorhaben,
- Geländeerschließung für Fremdenverkehrseinrichtungen sowie Einrichtungen, Ausbau und Erweiterung öffentlicher Verkehrseinrichtungen.

Antragsberechtigte:

Als Träger dieser Maßnahmen werden vorzugsweise Gemeinden und Gemeindeverbände gefördert. Auch wenn solche Maßnahmen Dritten zur Ausführung übertragen werden, können die Gemeinden und Gemeindeverbände zu den von ihnen zu tragenden Investitionskosten Zuschüsse erhalten. Private Investoren, die im Auftrag der Gemeinden diese Aufgaben übernehmen, können für den Teil der Infrastruktur, der gewerblich genutzt wird, ebenfalls gefördert werden.

Art und Höhe der Förderung:

Die Investitionszuschüsse werden nur bei einer angemessenen Eigenbeteiligung des Trägers gewährt.

Antrag/Beratung:

Zuständige Wirtschaftsbehörden der neu gebildeten Bundesländer.

Verfahren:

Die Förderanträge sind bei den örtlich zuständigen Wirtschaftsverwaltungsbehörden vor Beginn des Investitionsvorhabens einzureichen.

5.4 Verbesserung der Fachinformationsversorgung durch Nutzung von Datenbanken (Projekt FIDAT)

Förderziel:

Unternehmen den Zugang zu den weltweit in Datenbanken gespeicherten Informationen aus Technik und Wirtschaft zu erleichtern, damit sie ihre Produkte den neuen Marktbedingungen optimal anpassen und ihre Erzeugnisse und Herstellungsverfahren auf dem jeweils neuesten Stand halten können.

Förderfähig sind:
– die Beschaffung von Informationen durch Recherche in Datenbanken,
– der Kauf von Datenbanken auf CD-ROM oder Diskette,
– die Eintragung der eigenen Firma in Datenbanken oder Handbücher.

Antragsberechtigte:

Rechtlich selbständige Unternehmen mit weniger als 1000 Beschäftigte des verarbeitenden Gewerbes einschließlich Handwerksbetrieben mit Sitz und Geschäftsbetrieb in den neuen Ländern.

Art und Höhe der Förderung:

Zuschüsse im Rahmen der Anteilsfinanzierung.

Antrag/Beratung:

Industrie- und Handelskammern, Deutscher Industrie- und Handelstag (DIHT), Bonn.

5.5 Umweltschutzprogramm der Deutschen Bundesstiftung Umwelt

Förderziel:

- Forschung, Entwicklung, Innovation im Bereich umwelt- und gesundheitsfreundlicher Verfahren und Produkte unter besonderer Berücksichtigung kleiner und mittlerer Unternehmen,
- Austausch von Wissen über die Umwelt zwischen Wissenschaft, Wirtschaft und anderen öffentlichen und privaten Stellen, Vorhaben zur Vermittlung von Wissen über die Umwelt,
- Innerdeutsche Kooperationsprojekte in der Anwendung von Umwelttechnik, vorwiegend mittelständische Unternehmen einschließlich Aus- und Weiterbildungsmaßnahmen,
- Bewahrung und Sicherheit national wertvoller Kulturgüter im Hinblick auf schädliche Umwelteinflüsse.

Antragsberechtigte:

Unternehmen der mittelständischen Wirtschaft.

Art und Höhe der Förderung:

Die Förderung erfolgt durch die Gewährung von Zuschüssen.

Antrag/Beratung:

Deutsche Bundesstiftung Umwelt
Weiße Breite 5
49084 Osnabrück

Umweltministerien

Verfahren:

Nähere Informationen sind bei den oben genannten Ansprechpartnern erhältlich.

5.6 Personalförderung Ost, Stützung des FuE-Potentials in kleinen und mittleren Unternehmen

Förderziel:

Unterstützung kleiner und mittlerer Unternehmen in den neuen Bundesländern bei der Neustrukturierung und Stärkung ihres technologischen Potentials, um die technische und wirtschaftliche Leistungs- und Wettbewerbsfähigkeit nachhaltig zu entwickeln.

Gefördert werden ausschließlich Personalaufwendungen, ermittelt als lohnsteuerpflichtige Bruttolöhne und -gehälter (ohne umsatz- oder gewinnabhängige sowie andere üblicherweise nicht laufend gezahlte Lohn- und Gehaltsbestandteile), für das in Forschung und Entwicklung tätige Personal, sofern dessen Tätigkeit darauf gerichtet ist, neue oder verbesserte Erzeugnisse oder Verfahren zu gewinnen, um die wirtschaftliche Leistungsfähigkeit des antragstellenden Unternehmens zu verbessern.

Werden FuE-Tätigkeiten in einem anderen, rechtlich selbständigen Unternehmen erbracht, so sind die FuE-Personalaufwendungen nur zuwendungsfähig, wenn sich dieses Unternehmen im Mehrheitsbesitz des antragstellenden Unternehmens befindet.

Nicht gefördert werden:

- Aufwendungen für FuE, die Entwicklungsaufträgen oder Entwicklungsanteilen von Fertigungsaufträgen Dritter zuzurechnen sind; darunter fallen auch solche Aufwendungen, die in diesem Zusammenhang anfallen und die dem Auftraggeber nicht in Rechnung gestellt werden;

- Aufwendungen

    a) für den geschäftsführenden Gesellschafter,

    b) soweit sie jährlich TDM 80 je Beschäftigten übersteigen,

    c) für umsatz- und gewinnabhängige sowie andere nicht laufend gezahlte Lohn- und Gehaltsbestandteile (z. B. Erfindervergütungen, Tantiemen, Erfolgsbeteiligungen),

    d) für diejenigen Beschäftigten, für die in dem dem Antrag zugrunde liegenden Bemessungszeitraum weniger als 100 Stunden zuschußfähige Personalaufwendungen angefallen sind.

Eine Förderung ist ausgeschlossen,
- wenn vor ihrer Bewilligung das Unternehmen seine Zahlungen eingestellt hat oder gegen diese ein Konkurs- oder Vergleichsverfahren unmittelbar bevorsteht, beantragt oder eröffnet worden ist;
- wenn zum Zeitpunkt der Bewilligung das antragstellende Unternehmen seine Produktion oder seine Forschungs- und Entwicklungsaktivitäten eingestellt hat.

Antragsberechtigte:

Gefördert werden rechtlich selbständige Unternehmen mit eigener Produktion mit Sitz und Geschäftsbetrieb in den neuen Bundesländern, deren Beschäftigungszahl 1000 Mitarbeiter nicht übersteigt, sofern sie Forschungs- und Entwicklungstätigkeiten mit eigenem Personal durchführen.

Art und Höhe der Förderung:

Die Förderung besteht in der Gewährung einer nicht rückzahlbaren Zuwendung zu den FuE-Personalaufwendungen in Höhe von bis zu 40 % der nachgewiesenen Aufwendungen, höchstens jedoch DM 240.000 jährlich.

Auf die Förderung besteht kein Rechtsanspruch.

Antrag/Beratung:

Anträge sind auf amtlichen Vordrucken (bei unten genannten Ansprechpartnern erhältlich) an die Arbeitsgemeinschaft industrieller Forschungsvereinigungen e. V., Außenstelle Berlin, zu richten. Über die Bewilligung entscheidet der Bundesminister für Wirtschaft. Anträge können halbjährlich gestellt werden. Die Anträge auf der Basis des Bemessungszeitraumes Januar–Juni eines Kalenderjahres müssen spätestens bis zum 31. Oktober des laufenden Jahres, die Anträge auf der Basis des Bemessungszeitraumes Juli–Dezember spätestens bis zum 30. April des Folgejahres eingereicht werden.

Die Erklärung über die nachgewiesenen Aufwendungen für das FuE-Personal muß den Bestätigungsvermerk eines Wirtschaftsprüfers, Steuerberaters, Steuerbevollmächtigten etc. tragen, der sich auch auf Angaben über die Beschäftigten und Umsätze des Unternehmens erstrecken muß.

Weitere Förderungsmöglichkeiten:

Werden Aufwendungen für FuE-Personal aus diesem Programm bezuschußt, kann aus einem anderen Programm keine Förderung erfolgen.

Arbeitsgemeinschaft industrieller
Forschungsvereinigungen e. V. (AiF)
Außenstelle Berlin
Tschaikowskistraße 49
13156 Berlin
Tel.: (0 30) 4 82 95 89
Fax: (0 30) 4 82 43 66

Industrie- und Handelskammern
(Adressen siehe S. 356 ff.)

Wirtschaftsministerien
(Adressen siehe S. 325 f.)

5.7 Zuschüsse im Rahmen der Dorferneuerung

Förderziel:

Im Rahmen der Gemeinschaftsaufgabe „Verbesserung der Agrarstruktur und des Küstenschutzes" 1991–1994 werden Fördermittel für die Finanzierung von Maßnahmen der Dorferneuerung zur Verfügung gestellt. Zuwendungsfähig sind die Aufwendungen für:
- Vorarbeiten (Untersuchungen, Erhebungen);
- die Dorferneuerungsplanung (ausgenommen sind Aufwendungen für Pläne, die gesetzlich vorgeschrieben sind);
- Maßnahmen zur Verbesserung der innerörtlichen Verkehrsverhältnisse;
- Maßnahmen zur Abwehr von Hochwassergefahren für den Ortsbereich und zur Sanierung innerörtlicher Gewässer;
- kleinere Bau- und Erschließungsmaßnahmen zur Erhaltung und Gestaltung des örtlichen Charakters;
- Maßnahmen zur Erhaltung und Gestaltung land- und forstwirtschaftlicher oder ehemals land- und forstwirtschaftlich genutzter Bausubstanz mit ortsbildprägendem Charakter einschließlich der dazugehörigen Hof-, Garten- und Grünflächen;
- Maßnahmen, die geeignet sind, land- und forstwirtschaftliche Bausubstanz einschließlich Hofräume und Nebengebäude an die Erfordernisse zeitgemäßen Wohnens und Arbeitens anzupassen, vor Einwirkungen von außen zu schützen oder in das Ortsbild oder in die Landschaft einzubinden;
- den Neu-, Aus- oder Umbau von land- und forstwirtschaftlichen Gemeinschaftsanlagen;
- den Erwerb von bebauten und unbebauten Grundstücken einschließlich besonders begründeter Abbruchmaßnahmen.

Antragsberechtigte:

Gemeinden und Gemeindeverbände, Teilnehmergemeinschaften und ihre Zusammenschlüsse nach dem Flurbereinigungsgesetz-Landwirtschaftsanpassungsgesetz sowie Wasser- und Bodenverbände, natürliche und juristische Personen sowie Personengemeinschaften des privaten Rechts.

Art und Höhe der Förderung:

Die Zuwendungen werden als Zuschüsse gewährt, die Höhe der Zuschüsse richtet sich nach der Art der Maßnahme, jedoch max. 80 %.

Verfahren:

Anträge auf Fördermittel sind in Abstimmung mit dem zuständigen Landratsamt an das jeweilige Landwirtschaftsministerium des Landes zu richten.

- Landwirtschaftsministerium des Landes
  Mecklenburg-Vorpommern
  Paulshöher Weg 1
  19061 Schwerin

- Ministerium für Ernährung,
  Landwirtschaft und Forsten
  Heinrich-Mann-Allee 107
  14473 Potsdam

- Ministerium für Ernährung,
  Landwirtschaft und Forsten
  Olvenstedter Straße 1–2
  39108 Magdeburg

- Thüringer Ministerium für
  Landwirtschaft und Forsten
  Hallesche Straße 16
  99085 Erfurt

- Sächsisches Staatsministerium für
  Landwirtschaft, Ernährung und Forsten
  Freiberger Straße 31
  01067 Dresden

5.8 Öffentliches Auftragswesen

a) Kleine und mittlere Unternehmen

Förderziel:

Die Chancen kleiner und mittlerer Unternehmen am Wettbewerb um öffentliche Aufträge zu vergrößern und damit einen Beitrag zur Sicherung bestehender und Schaffung neuer Arbeitsplätze zu leisten.

Antragsberechtigte:
- Handwerks- und Industrieunternehmen mit einem Jahresumsatz bis DM 10 Mio. oder 65 Beschäftigten,
- Einzelhandelsunternehmen mit einem Jahresumsatz bis DM 5 Mio.,
- Großhandelsunternehmen mit einem Jahresumsatz bis DM 10 Mio.,
- Freiberufler mit einem Jahresumsatz bis DM 1 Mio.

aus den Ländern Brandenburg, Mecklenburg-Vorpommern, Sachsen, Sachsen-Anhalt und Thüringen sowie dem Ostteil von Berlin.

Art und Höhe der Förderung:

Inhalt ist insbesondere eine auftragsbezogene Mehrpreisgewährung von 5 %.

Antrag/Beratung:

Auskünfte erteilen die Länderwirtschaftsministerien, die Landesauftragsstellen, die Kammern und Verbände sowie das Bundesministerium für Wirtschaft, Außenstelle Berlin, Referat I/4, Unter den Linden 44–60, 10109 Berlin.

b) Alle Unternehmen

Förderziel:

Freigabe der freihändigen Vergabe bei Beschaffungen im Bau- und Lieferbereich bis DM 25.000 Auftragswert.

Bei allen übrigen Aufträgen zumindest eine beschränkte Ausschreibung mit vorgeschaltetem Teilnehmerwettbewerb.

Um Unternehmen die Chance im Wettbewerb um öffentliche Lieferaufträge zu vergrößern, gibt es bei Bundesaufträgen, bei denen der Preis das ausschlaggebende Wertungskriterium ist,
- ein generelles Eintrittsrecht in Bestandsangebote **west**deutscher Bieter, vorausgesetzt, das Angebot des Eintrittsberechtigten und -willigen übersteigt dieses um nicht mehr als 20 %,
- eine Mehrpreisgewährung von bis zu 5 % bei Lieferaufträgen bis DM 100.000.

Antrag/Beratung:

Auskünfte erteilen die Länderwirtschaftsministerien, die Landesauftragsstellen, die Kammern und Verbände sowie das Bundesministerium für Wirtschaft, Außenstelle Berlin, Referat I/4, Unter den Linden 44–60, 10109 Berlin.

5.9 Förderung der Erprobung von Windenergieanlagen „250 MW Wind"

Förderziel:

Gefördert werden Errichtung und Betrieb von Windenergieanlagen an geeigneten Standorten in der Bundesrepublik Deutschland.

Art und Höhe der Förderung:

1. Investitionszuschuß, dieser berechnet sich:
Nabenhöhe in Meter × Rotorkreisradius in Meter × 400,
Höchstbetrag DM 40.000.
2. Betriebskostenzuschuß von 6 Pfg. pro erzeugter elektrischer kWh, für die im Abrechnungszeitraum eine Einspeisevergütung beansprucht werden kann und 8 Pfg. pro erzeugter elektrischer kWh, für die im Abrechnungszeitraum keine Einspeisevergütung beansprucht werden kann.

Antrag/Beratung:

Forschungszentrum Jülich GmbH
Projektträger Biologie, Energie, Ökologie
52425 Jülich

Verfahren:

Eine Zuwendung wird nur gewährt für neu zu errichtende Windenergieanlagen mit einer Leistung von mind. 1 kWh bei einer Windgeschwindigkeit von 10 m/Sekunde. Vorhaben können nicht gefördert werden, wenn sie vor dem Monat der Antragstellung begonnen worden sind.

5.10 Innovationsförderung für kleine und mittlere Unternehmen

Förderziel:

Gefördert werden Vorhaben zur Entwicklung von innovativen Produkten und Verfahren mit deutlicher technologischer Ausrichtung.

Förderungsfähig sind besonders:
- Entwicklungsvorhaben von der Detailkonzeption bis zur Fertigungsreife; dies schließt die Fertigung der Kleinserie dann ein, wenn sie für Feldtests erforderlich ist.
- Entwicklungsvorhaben aus dem Software-Bereich, wenn das Ergebnis in technischen Prozessen zum Einsatz kommt oder einer rechnergestützten Programmerstellung bzw. Systementwicklung (Werkzeugcharakter) dient.

Gefördert werden Innovationsvorhaben, wenn
- sie technisch und wirtschaftlich machbar erscheinen;
- deren Durchführung Entwicklungskosten mit hohem, aber kalkulierbarem Risiko erfordern;
- der internationale Stand der Technik erreicht oder übertroffen wird;
- ohne Förderung ein erheblicher Zeitverzug zu erwarten wäre.

Antragsberechtigte:

Rechtliche selbständige Unternehmen des produzierenden Gewerbes, die ihren Sitz und ihren wirtschaftlichen Schwerpunkt oder eine Fertigungsstätte in den neuen Bundesländern haben und deren Beschäftigtenzahl 1000 Mitarbeiter nicht übersteigt.

Art und Höhe der Förderung:

Die Förderung erfolgt in Form eines nicht rückzahlbaren Zuschusses durch Anteilsfinanzierung. Die Zuschußhöhe ist abhängig von der Beschäftigtenzahl und der Umsatzhöhe.

Antrag/Beratung:

VDI/VDE-Technologiezentrum Informationstechnik GmbH
Budapester Str. 40
10787 Berlin

Industrie- und Handelskammern;

Wirtschaftsministerien

Verfahren:

Anträge sind auf amtlichem Formular an die VDI/VDE-Technologiezentrum Informationstechnik GmbH zu richten.

5.11 Auftragsforschung und -entwicklung (Auftragsforschung West-Ost)

Förderziel:

Erhaltung und marktgerechter Einsatz wettbewerbsfähiger Forschungs- und Entwicklungskapazitäten in den neuen Bundesländern, Unterstützung der Zusammenarbeit zwischen Unternehmen außerhalb der neuen Bundesländer mit FuE-Einrichtungen in den neuen Bundesländern sowie Unterstützung des Technologietransfers.

Gefördert wird die Bearbeitung von FuE-Aufträgen, die darauf abzielen, technologisch neue und verbesserte Erzeugnisse oder Verfahren zu gewinnen, die sich auf dem Markt bewähren. Die Aufträge sollen die technologischen Kenntnisse des auftragserteilenden Unternehmens erweitern und ergänzen.

Förderungsfähig sind außerdem Aufträge für technische Durchführbarkeitsstudien zur Vorbereitung von Produkt- und Verfahrensentwicklung mit den dazu erforderlichen Marktrecherchen.

Nicht gefördert werden Aufträge,
- die im Rahmen anderer technologieorientierter Programme des Bundes, des Landes oder der EG eine Förderung erfahren;
- bei denen es sich um Funktions- oder Qualitätsprüfungen bereits im Markt eingeführter Produkte/Verfahren handelt, die durch die Prüfungen keine oder nur unwesentliche Änderung erfahren;
- die überwiegend der Vorbereitung oder der Durchführung vorgeschriebener Prüfverfahren (z. B. zur Erlangung von amtlichen Genehmigungen) dienen;
- deren Gegenstand die formengerechte Gestaltung von Produkten ist (Produktionsästhetik, Design);
- die im Auftrag eines Dritten oder ganz oder teilweise von einem Dritten bezahlt werden;
- die der Antragsteller von einer ihm nahestehenden natürlichen oder juristischen Person (Auftraggeber) erhalten soll.

Antragsberechtigte:

Auftraggeber können alle Unternehmen sein, die ihren Sitz außerhalb der neuen Bundesländer haben und die einen FuE-Auftrag an die neuen Bundesländer vergeben wollen.

Antragsberechtigt sind Auftragnehmer von Forschungs- und Entwicklungsaufträgen. Dies können sein:
- außeruniversitäre Forschungs- und Entwicklungsinstitute und -einrichtungen,
- Hochschulen oder
- Unternehmen, die externen Dritten Forschungs- und Entwicklungsleistungen anbieten,

mit Sitz, Geschäftsbetrieb und FuE-Tätigkeit in den neuen Bundesländern.

Art und Höhe der Förderung:

Folgende Zuschüsse können gewährt werden:
- 40 % der zuwendungsfähigen Gesamtkosten des FuE-Auftrages bei FuE-Einrichtungen und bei FuE-anbietenden Unternehmen, die weniger als 250 Beschäftigte und weniger als 20 Mio. ECU (z. Zt. DM 41 Mio.) Jahresumsatz haben und
- 35 % der zuwendungsfähigen Gesamtkosten bei größeren FuE-anbietenden Unternehmen.

Auf die Förderung besteht kein Rechtsanspruch.

Antrag/Beratung:

Anträge sind vor bindender Auftragsvereinbarung auf amtlichem Formular an den unten genannten Ansprechpartner zu richten. Dies gilt auch für Aufstockungsanträge, wenn das Forschungs- und Entwicklungsziel nachträglich inhaltlich erweitert werden soll.

Verfahren:

Anträge sind zu richten an:

Arbeitsgemeinschaft Industrieller Forschungsvereinigungen e. V.
– Außenstelle Berlin –
Tschaikowskistraße 49
13156 Berlin
Tel.: (0 30) 4 82 66 49
Fax: (0 30) 4 82 43 66

Kostenlose Informationen über die Fördermaßnahme und Hinweise für die Erarbeitung der Anträge geben die Arbeitsgemeinschaft industrieller Forschungsvereinigungen in Berlin, die IHK sowie die Handwerkskammern in den neuen Bundesländern.

5.12 Auftragsforschung und -entwicklung (Auftragsforschung Ost)

Förderziel:

Stärkung der Innovationskraft und Erhöhung der Wettbewerbsfähigkeit kleiner und mittlerer Unternehmen in den neuen Bundesländern durch Förderung der Vergabe von Forschungs- und Entwicklungsaufträgen.

Damit soll der Technologietransfer unterstützt und der Zugang zu externen Forschungs- und Entwicklungsleistungen (FuE) und zu modernem know how erleichtert werden.

Gefördert werden Forschungs- und Entwicklungsaufträge, die darauf abzielen, technologisch neue und verbesserte Erzeugnisse oder Verfahren zu gewinnen, die sich auf dem Markt bewähren.

Diese Aufträge sollen die technologischen Kenntnisse des antragstellenden Unternehmens erweitern oder ergänzen.

Förderfähig sind außerdem Aufträge für technische Durchführbarkeitsstudien zur Vorbereitung von Produkt- und Verfahrensentwicklungen mit den dazu erforderlichen Marktrecherchen.

Nicht gefördert werden Aufträge,
- die öffentlichen Interessen entgegenstehen;
- die im Rahmen anderer technologieorientierter Programme des Landes, Bundes oder der EG eine Förderung erfahren;
- bei denen es sich um Funktions- oder Qualitätsprüfungen von bereits eingeführten Produkten/Verfahren handelt, wenn sie durch die Prüfung keine oder nur unwesentliche Änderungen erfahren;
- die überwiegend der Vorbereitung oder Durchführung vorgeschriebener Prüfverfahren (z. B. amtlichen Genehmigungsverfahren) dienen;
- deren Gegenstand die formengerechte Gestaltung von Produkten ist (Ästhetik, Design);
- die auf die Entwicklung von Anwendungssoftware abzielen;
- die im Auftrag eines Dritten durchgeführt oder ganz oder teilweise von einem Dritten bezahlt werden;
- die der Antragsteller an ein rechtlich, wirtschaftlich oder personell verbundenes Unternehmen oder eine solche verbundene Einrichtung vergeben will.

Antragsberechtigte:

a) Gefördert werden Unternehmen oder Einrichtungen, die Forschungs- und Entwicklungsaufträge durchführen:
   - Juristisch selbständige Forschungs- und Entwicklungsinstitute oder -einrichtungen,
   - Hochschulen oder
   - Unternehmen mit Forschungs- und Entwicklungsgruppen (Auftragnehmer).

b) Antragsberechtigt sind rechtlich selbständige produzierende Unternehmen mit weniger als 1000 Beschäftigten in den Bereichen Industrie, Handwerk, Bauwesen, Land- und Forstwirtschaft und Verkehrswesen, sofern sie eine Forschungs- und Entwicklungstätigkeit durchführen bzw. durchführen wollen (Auftraggeber).

Antragsberechtigt sind nur Unternehmen, die den Hauptteil ihrer wirtschaftlichen Wertschöpfung aus der Produktionstätigkeit erzielen und Sitz und Produktionsbetrieb in den neuen Bundesländern haben.

Art und Höhe der Förderung:

Dem Antragsteller kann ein Zuschuß in Höhe von bis zu 50 % des Entgelts (ohne Umsatzsteuer) für die beauftragten und erbrachten Forschungs- und Entwicklungsleistungen gewährt werden. Die Höhe des Zuschusses ist während der Laufzeit des Programms auf maximal DM 300.000 begrenzt.

Auf die Förderung besteht kein Rechtsanspruch.

Antrag/Beratung:

Anträge sind vor der schriftlichen Vergabe des Auftrages auf amtlichem Formular an den unten genannten Ansprechpartner zu richten. Dies gilt auch für Aufstockungsanträge, wenn das Forschungs- und Entwicklungsziel nachträglich inhaltlich erweitert werden soll.

Unternehmen, die gemeinsam einen Forschungs- und Entwicklungsauftrag vergeben, können je für sich die Zuwendung entsprechend ihrem Finanzierungsanteil erhalten. Die Anträge sind gemeinsam vorzulegen.

Weitere Förderungsmöglichkeiten:

Das Programm kann mit anderen Programmen des Bundesministers für Forschung und Technologie und Programmen, die denselben Gegenstand fördern, nicht kombiniert werden. Im übrigen ist eine Verknüpfung mit anderen Programmen möglich.

Verfahren:

Anträge und Anfragen sind zu richten an:

Arbeitsgemeinschaft Industrieller Forschungseinrichtungen e. V. (AiF)
– Außenstelle Berlin –
Tschaikowskistraße 49
13156 Berlin
Tel.: (0 30) 4 82 66 49
Fax: (0 30) 4 82 43 66

6 Wohnungsbau/Modernisierung

6.1 KfW-Wohnraum-Modernisierungsprogramm

Förderziel:

Finanzierung von Maßnahmen in den neuen Bundesländern Brandenburg, Mecklenburg-Vorpommern, Sachsen, Sachsen-Anhalt, Thüringen und in Berlin (Ost) zum Zwecke der

a) Modernisierung und Instandsetzung von vermietetem und eigengenutztem Wohnraum durch
   - bauliche Modernisierungen, die den Gebrauchswert der Wohnungen verbessern (Schallschutz, Wohnungszuschnitt, Sanitärinstallationen),
   - bauliche Maßnahmen zur Verbesserung der allgemeinen Wohnverhältnisse (z. B. Gemeinschaftsanlagen, Ausbau von Balkonen/Loggien, Einbau von Fahrstühlen),
   - Maßnahmen zur Energieeinsparung sowie SO_2- und CO_2-Minderung (z. B. Fensteraustausch, Heizungsmodernisierung einschließlich Umstellung auf CO_2-ärmeren Brennstoff, Neuinstallation von Zentralheizungen, Warmwasserversorgung, Wärmedämmung),
   - Instandsetzung, Behebung baulicher Mängel durch Reparatur und Erneuerung (z. B. Fassade, Dach, Fenster, Fußboden, Treppe).

b) Schaffung neuer Mietwohnungen durch folgende Baumaßnahmen an bestehenden Gebäuden:
   - Umwandlung von Räumen, die nach ihrer baulichen Anlage und Ausstattung bisher nicht zu Wohnzwecken genutzt waren,
   - Ausbau von Dachgeschossen,
   - Erweiterung durch Aufstockung oder Anbau,
   - Aufteilung von selbstgenutzten Wohnungen in Eigenheimen oder Eigentumswohnungen.

c) Finanzierung von Investitionen an industriell gefertigten Mietwohnungsbauten („Plattenbauten").

Vorhaben können nur dann gefördert werden, wenn der Kreditantrag vor Beginn des Vorhabens gestellt wird. Ausgeschlossen ist damit die Umschuldung bzw. Nachfinanzierung von Investitionsvorhaben.

Antragsberechtigte:

- Privatpersonen,
- Unternehmen,
- Gemeinden, Kreise, Gemeindeverbände, Zweckverbände sowie sonstige Körperschaften und Anstalten des öffentlichen Rechts.

Art und Höhe der Förderung:

1. Zinsgünstige Darlehen (verbilligte Kapitalmarktdarlehen – ca. 3 % unter Kapitalmarktniveau)
   - Kredithöchstbetrag max. DM 500 pro qm Wohnfläche.
   Zur Ausschöpfung des Höchstbetrages können mehrere Kreditanträge gestellt werden.
   - Bei der Programmvariante für „Plattenbauwohnungen" liegt der Zinssatz um 1 Prozentpunkt unter dem üblichen Zinssatz des Programms.

2. Zinssatz fest für die ersten 10 Jahre, danach Kapitalmarktkonditionen.

   Einseitige Bindung der KfW, der Kunde kann jederzeit außerplanmäßig tilgen. Die Mittel können deshalb auch für die Vor- und Zwischenfinanzierung von Bausparverträgen ohne Zuteilung genutzt werden.

3. Auszahlung: 100 %.

4. Laufzeit: bis zu 25 Jahre bei höchstens 5 tilgungsfreien Anlaufjahren.

5. Kredite bis zu DM 200.000 sind in einer Summe frühestens nach Baubeginn abzurufen. Kredite von mehr als DM 200.000 werden nach Vorhabensfortschritt ausgezahlt. Die Abruffrist beträgt höchstens 6 Monate, gerechnet vom Datum der Zusage der KfW bis zum Eingang des Abrufs bei der KfW. Die Verlängerung der Abruffrist um weitere 6 Monate, zu den dann gültigen Konditionen (also ggf. mit erhöhtem Zinssatz), erfolgt als Angebot durch die KfW. Verlängerungsanträge sind nicht notwendig.

6. Es gibt in diesem Programm keine Mindestbeträge.

7. Außerplanmäßige Tilgungen werden mit den jeweils letztfälligen Raten verrechnet. Beträge über DM 1 Mio. sind anzukündigen.

Antrag/Beratung:

Die Antragstellung privater Investoren (natürliche und juristische Personen) erfolgt formgebunden mit dem Antrag KfW 141660 bei der Hausbank; diese leitet den Antrag über ihr Zentralinstitut an die KfW. Öffentlich-rechtliche Investoren beantragen mit dem Formular KfW 183 a direkt bei der KfW.

Verfahren:

Mit dem Vorhaben darf zum Zeitpunkt der Antragstellung bei der Hausbank nicht bereits begonnen worden sein. Um Rückfragen zu vermeiden, sollte der Antrag vollständig ausgefüllt, d. h. er muß insbesondere die Angaben enthalten:
- Verwendungszweck,
- Art der Maßnahme, genaue Spezifizierung der Modernisierungs- bzw. Instandsetzungsmaßnahme und des Objektes. Das gilt auch bei nachträglichen Vorhabensänderungen.
- Anzahl der Wohneinheiten und der qm-Zahl,
- bei der Erhöhung der qm-Wohnfläche die Anzahl der neuen Wohneinheiten,
- genaue Angabe der gewünschten Laufzeit,
- bei gemischt genutzten Objekten die Angabe der qm, die ausschließlich zu Wohnzwecken genutzt werden,
- Unterschrift des Antragstellers mit Datum.

Zusätzliche Unterlagen (Bauzeichnungen, Kostenaufstellungen etc.) sollen nicht eingereicht werden. Eigenleistungen (außer Material) können nicht gefördert werden.

Sicherheiten:

Aufgrund der Richtlinie ist die Eintragung einer Grundschuld nicht zwingend erforderlich. Ist als Sicherheit eine Bürgschaft vorgesehen, so ist die Bürgschaft unter dem Feld Sicherheiten aufzuführen. Die Vorhaben können über Einzelbürgschaften der Investitionsbank Berlin besichert werden; die fünf tilgungsfreien Anlaufjahre stehen einer Verbürgung nicht entgegen.

Kombinierbarkeit:

Kann nicht mit anderen Fördermitteln aus öffentlichen Haushalten kombiniert werden. Dieses Kumulierungsverbot bezieht sich jeweils auf das ge-

förderte Objekt (Eigentumswohnung/Wohnhaus). Ausgenommen von dem Kumulierungsverbot sind Förderungen
- des Denkmalschutzes,
- der Stadt- und Dorferneuerung, die sich ausschließlich auf die Gebäudeumhüllung (z. B. Dach, Fassade) beziehen,
- Sonderabschreibungen im Fördergebiet (Fördergebietsgesetz).

Bei der Variante „Plattenbauwohnungen" können gleichzeitig Mittel aus Landesprogrammen zur Modernisierung und Instandsetzung an industriell gefertigten Mietwohnungen (Plattenbauten) eingesetzt werden, wenn ohne diese zusätzlichen Fördermittel eine wirtschaftliche Durchführung der Maßnahme nicht gesichert werden kann und es sich nicht um Fördermittel handelt, die unmittelbar aus dem Bundeshaushalt bereitgestellt werden.

Verwendung der Mittel:

Die ordnungsgemäße Verwendung der Mittel sowie die Erfüllung eventueller Auflagen, hat sich die Hausbank nachweisen zu lassen. Der Nachweis erfolgt formgebunden auf dem Vordruck KfW 163 e. Dieser Nachweis hat auch zu erfolgen, wenn der Kredit zwischenzeitlich zurückgeführt worden ist. Sollte die Erstellung eines Verwendungsnachweises nicht möglich sein, sind die vorliegenden Gründe und Angaben zum Baubeginn mitzuteilen. Bei Nichteinreichung geht die KfW davon aus, daß die Mittel nicht zweckentsprechend eingesetzt wurden und berechnet für die Zeit der Inanspruchnahme Mehrzinsen. Die Hausbanken sollten sich Rechnungskopien für ihre Akten anfertigen.

6.2 Zuschüsse im Rahmen der Wohnraummodernisierung

Förderziel:

Förderfähig sind:
- bauliche Modernisierungen, die den Gebrauchswert der Wohnung verbessern (Schallschutz, Wohnungszuschnitt, Sanitäranlagen),
- bauliche Maßnahmen zur Verbesserung der allgemeinen Wohnverhältnisse (z. B. Gemeinschaftsanlagen, Ausbau von Balkonen/Loggien, Einbau von Fahrstühlen),
- Maßnahmen zur Energieeinsparung sowie SO_2-CO_2-Minderung (z. B. Fensteraustausch, Heizungsmodernisierung, einschließlich Umstellung auf einen CO_2-ärmeren Brennstoff, Neuinstallation von Zentralheizungen, Warmwasserversorgung, Wärmedämmung),
- Instandsetzung, Behebung baulicher Mängel durch Reparatur und Erneuerung (z. B. Dach, Fassade, Fenster, Fußboden, Treppe),
- die Schaffung zusätzlicher Mietwohnungen durch die Umwandlung von Räumen, die nach ihrer baulichen Lage und Ausstattung bisher nicht zu Wohnzwecken benutzt wurden (z. B. Gewerberäume, landwirtschaftlich genutzte Räume), der Ausbau von Dachgeschossen, die Erweiterung durch Aufstockung oder Ausbau sowie die Aufteilung von Wohnungen in Eigenheimen oder selbstgenutzten Eigentumswohnungen.

Nicht förderfähig sind Maßnahmen, die bereits mit zinsverbilligten Darlehen im KfW-Wohnraum-Modernisierungsprogramm gefördert wurden.

Antragsberechtigte:

Eigentümer von Wohnungen, und zwar sowohl Privatpersonen als auch Wohnungsunternehmen, Wohnungsgenossenschaften und Gemeinden.

Art und Höhe der Förderung:

Der Zuschuß beträgt 20 % der Aufwendungen. Die Länder können einen höheren Prozentsatz vorsehen.

Die Obergrenze der förderfähigen Aufwendungen beträgt DM 500 je qm Wohnfläche.

Antrag/Beratung:

Die Anträge sind an die von den Ländern benannten Stellen zu richten.

6.3 Zuschüsse, Baudarlehen, Aufwendungsdarlehen und -zuschüsse für die Modernisierung und die Instandsetzung des Wohnungsbestandes

Förderziel:

In diesem Programm wird die Erneuerung sowohl von vermieteten wie von selbstgenutzten Wohnungen gefördert. Hierunter fällt die Modernisierung und die Instandsetzung des Wohnungsbestandes (einschließlich Heizung). Vorrangig soll die Modernisierung und Instandsetzung bei Gebäuden gefördert werden, in denen sich ohne Förderung sozialunverträgliche Mieten oder Belastungen für die Eigentümer ergeben würden.

Antragsberechtigte:

Eigentümer von Wohnungen, und zwar sowohl Privatpersonen als auch Wohnungsunternehmen und Wohnungsgenossenschaften.

Art und Höhe der Förderung:

Die Höhe der Förderung richtet sich nach den Förderbestimmungen der Länder.

In Betracht kommen:
- Zuschüsse,
- Darlehen,
- Aufwendungsdarlehen und -zuschüsse (also Zuwendungen zu den laufenden Aufwendungen, insbesondere Kapitaldienst).

Antrag/Beratung:

Die entsprechenden Landratsämter und in kreisfreien Städten die Stadtverwaltungen.

Verfahren:

Die Anträge sind an die von den Ländern benannten Stellen zu richten.

6.4 Auskunftsstellen für den Wohnungsbau in den neuen Ländern

**Bundesministerium
für Raumordnung, Bauwesen und Städtebau**
Deichmanns Aue
53179 Bonn
Telefon: 02 28/3 37-0

Geschäftsbereich Berlin
Scharrenstraße 2/3
10178 Berlin
Telefon: 0 30/2 34 38 02, 2 31 53 14, 2 31 54 16, 2 31 54 18

**IN BRANDENBURG:
Ministerium für Stadtentwicklung,
Wohnung und Verkehr des Landes Brandenburg**
Dortustraße 30–33
14467 Potsdam
Telefon: 03 31/37 22 38

Landesinvestitionsbank Brandenburg Aufbaustab
Steinstraße 104–105 (Haus 6)
14480 Potsdam
Telefon: 03 31/7 69 11

Brandenburgische Beratungsgesellschaft für Stadterneuerung und Modernisierung mbH – B. B. S. M. –
Gregor-Mendel-Straße 41
14469 Potsdam
Telefon: 03 31/2 26 56, 2 38 50

**IN MECKLENBURG-VORPOMMERN:
Ministerium des Innern des Landes
Mecklenburg-Vorpommern**
Wismarsche Straße 133
19053 Schwerin
Telefon: 03 85/5 74 31 36

Landesbauförderungsamt Mecklenburg-Vorpommern
Wuppertaler Straße 12
19061 Schwerin
Telefon: 03 85/3 54-0

Außenstelle 18055 Rostock
August-Bebel-Straße 33

Außenstelle 17033 Neubrandenburg
Neustrelizer Straße 120

Außenstelle 17489 Greifswald
Rudolf-Petershagen-Allee 38

IN SACHSEN:
Staatsministerium des Innern des Freistaates Sachsen
Archivstraße 1
01097 Dresden
Telefon: 03 51/5 98 20

Sächsische Aufbaubank
St. Petersburger Straße 17
01069 Dresden
Telefon: 03 51/4 96 71 15

Regierungspräsidium Chemnitz
Brückenstraße 10
09111 Chemnitz
Telefon: 03 71/6 82-0

Regierungspräsidium Ostsachsen
Budapester Straße 5
01069 Dresden
Telefon: 03 51/4 85-0

Regierungspräsidium Westsachsen
Karl-Liebknecht-Straße 145
04277 Leipzig
Telefon: 03 41/3 99-0

(Nur zur Fertigstellung von Mietwohnungen, mit deren Bau vor dem 3. Oktober 1990 begonnen wurde:)

Treuarbeit AG
Auf'm Hennekamp 47
40225 Düsseldorf

IN SACHSEN-ANHALT:
Ministerium für Raumordnung, Städtebau
und Wohnungswesen des Landes Sachsen-Anhalt
Herrenkrugstraße 66
39114 Magdeburg
Telefon: 03 91/5 67 74 30

Landestreuhandstelle für Wohnungs- und Städtebau
Abteilung Sachsen-Anhalt
Breite Straße 10
30159 Hannover
Telefon: 05 11/36 15 55 31

Regierungspräsidium Halle
Willi-Lohmann-Straße 7
06114 Halle
Telefon: 03 45/3 47-0

IN THÜRINGEN:
Innenministerium des Landes Thüringen
Schillerstraße 27
99096 Erfurt
Telefon: 03 61/39 80

IM LAND BERLIN:

Senatsverwaltung für Bau- und Wohnungswesen
des Landes Berlin
Württembergische Straße 6–10
10707 Berlin
Telefon: 0 30/8 67 48 49

Wohnungsbaukreditanstalt Berlin
Bundesallee 210
10719 Berlin
Telefon: 0 30/2 10 31

Reichstagsufer 10
10117 Berlin
- für Bürgschaften
  Telefon: 0 30/22 52 53 39
- für Modernisierung
  und Instandsetzung
  Telefon: 0 30/22 52 34 19

Lützowstraße 33–39
10785 Berlin
- für Eigentumsneubau-
  maßnahmen
  Telefon: 0 30/25 00 84
  App. 176/177

7 Unternehmensberatungen, Schulungen und Informationsveranstaltungen/ Außenwirtschaft

7.1 Förderung von Unternehmensberatungen für kleine und mittlere Unternehmen

Förderziel:

Die Förderung von Unternehmensberatungen für mittelständische Unternehmen und wirtschaftsnahe freie Berufe soll deren Leistungs- und Wettbewerbsfähigkeit verbessern. Darüber hinaus soll die Bereitschaft selbständige Existenzen zu gründen gestärkt werden.

Gefördert werden:
- allgemeine Beratungen über wirtschaftliche, technische, finanzielle und organisatorische Probleme der Unternehmensführung,
- Existenzgründungsberatungen, bei Gründung eines neuen Unternehmens, Übernahme eines bestehenden Unternehmens oder tätige Beteiligung,
- Umweltschutzberatungen,
- Energiesparberatungen,
- begleitende Projektberatung.

Antragsberechtigte:

Rechtlich selbständige Beratungsunternehmen/Berater die ihren Sitz und Geschäftsbetrieb in der Bundesrepublik haben und Beratungen für folgende Zielgruppen durchführen:
- bestehende selbständige kleine und mittlere Unternehmen aus Handel, Handwerk, Industrie, Verkehrs-, Gast- und Fremdenverkehrsgewerbe, Handelsvertreter, -makler, sonstige Dienstleistungen und Angehörige wirtschaftsnaher freier Berufe (soweit sie nicht überwiegend wirtschaftsberatend tätig sind),
- natürliche Personen, bei Existenzgründungsberatungen,
- bei Umweltschutz- und Energiesparberatungen Betriebe des Agrarbereiches.

Art und Höhe der Förderung:

Die Beratungsunternehmen/der Berater erhalten/erhält einen Zuschuß zu den Kosten incl. Auslagen und Reisekosten. Der Zuschuß beträgt 60 % der in Rechnung gestellten Beratungskosten, höchstens jedoch DM 3000 bei Existenzgründungsberatungen und max. DM 4000 bei sonstigen Beratungen.

Je beratendes Unternehmen, freiberuflich Tätigen bzw. Existenzgründer können innerhalb von 5 Jahren insgesamt Zuschüsse bis zu folgenden Höchstbeträgen gewährt werden:
- für Existenzgründungsberatungen bis zu DM 3000,
- für allgemeine Beratungen bis zu DM 12.000,
- für Umweltschutzberatungen und Energiesparberatungen jeweils bis zu DM 12.000.

Antrag/Beratung:

Spitzenverbände/Organisationen der Wirtschaftsbereiche, soweit diese vom BMWi als sogenannte Leitstellen zugelassen sind.

Auskünfte erteilen die Kammern und Verbände sowie das Bundesamt für Wirtschaft, Referat II/2, Postfach 51 71, 65726 Eschborn.

Verfahren:

Anträge incl. Unterlagen sind auf den dafür vorgesehenen Formblättern bei den Leitstellen einzureichen.

7.2 Förderung von Informations- und Schulungsveranstaltungen (Fort- und Weiterbildung) für Unternehmer, Führungs- und Fachkräfte und Existenzgründer

Förderziel:

Durch die Förderung von Informations- und Schulungsveranstaltungen soll die Leistungs- und Wettbewerbsfähigkeit mittelständischer Unternehmen sowie freiberuflich Tätiger gestärkt werden. Darüber hinaus sollen Existenzgründungen unterstützt werden.

Gefördert werden:
- Informations- und Schulungsveranstaltungen über alle wirtschaftlichen, finanziellen, technischen und organisatorischen Probleme der Unternehmensführung,
- Informations- und Schulungsveranstaltungen über Fragen der Existenzgründung,
- Schulungsveranstaltungen über Ressourcen- und Energieeinsparung.

Nicht gefördert werden die Vermittlung von Anwenderwissen und zur Berufsausübung erforderlichen Grundlagenwissens.

Antragsberechtigte:

Veranstalter aus der Bundesrepublik.

Für die Zielgruppen aus der gewerblichen Wirtschaft gehören dazu die Organisationen der Wirtschaft, Institutionen sowie Berater/Beratungsunternehmen. Im Bereich der freien Berufe sind nur deren Berufsorganisationen auf Bundesebene antragsberechtigt.

Zielgruppen sind:
- Inhaber, Führungs- und Fachkräfte von kleinen und mittleren Unternehmen,
- freiberuflich Tätige,
- natürliche Personen, die sich selbständig machen wollen.

Nicht antragsberechtigt sind insbesondere Universitäten oder Fachhochschulen sowie deren Institute und Transfereinrichtungen, Volkshochschulen, politische und kirchliche Bildungseinrichtungen, Hersteller, Handelsbetriebe und sonstige Dienstleistungsbetriebe sowie deren Bildungseinrichtungen.

Art und Höhe der Förderung:

Die Veranstalter erhalten einen Zuschuß zu den Veranstaltungskosten.

Der Zuschuß beträgt je abgeschlossene Veranstaltung (mind. 6 Stunden, einschließlich Pausen) DM 720. Für eine Veranstaltung kann höchstens ein Zuschuß von DM 2880 gewährt werden. Die Förderung erstreckt sich auf Veranstaltungen von mind. 1 Tag und höchstens 4 Tagen Dauer. Die Zahl der Teilnehmer soll mind. 10 und höchstens 25 betragen.

Begünstigte dieser Förderung sind die genannten Zielgruppen. Sie können sich bei den Leitstellen über die in Frage kommenden Veranstaltungen informieren.

Antrag/Beratung:

Spitzenverbände/Organisationen der Wirtschaftsbereiche, soweit diese vom BMWi als sogenannte Leitstellen zugelassen sind.

Auskünfte erteilen die Kammern und Verbände sowie das Bundesamt für Wirtschaft, Referat II/2, Postfach 51 71, 65726 Eschborn.

Verfahren:

Anträge incl. Unterlagen sind auf den dafür vorgesehenen Formblättern bei den Leitstellen einzureichen.

7.3 Verzeichnis der Leitstellen für die Antragstellung bei Beratungen und Schulungen

Wirtschaftsbereich	Leitstellen
Handwerk	Zentralverband des Deutschen Handwerks Johanniterstraße 1, 53113 Bonn Telefon (02 28) 5 45-0, Telex 8 86 338 Telefax (02 28) 54 52 05
Industrie	Bundesverband der Deutschen Industrie e. V. Gustav-Heinemann-Ufer 84–88, 50968 Köln Telefon (02 21) 3 76 55-16 Deutscher Industrie- und Handelstag Adenauerallee 148, 53113 Bonn Telefon (02 28) 10 40, Telex 8 86 805 DIHT d Telefax (02 28) 10 41 58 oder 10 41 59
Groß-/Außenhandel	Bundesbetriebsberatungsstelle für den Deutschen Groß- und Außenhandels GmbH Kaiser-Friedrich-Straße 13, 53113 Bonn Telefon (02 28) 21 39 58, Telex 0 886 783 Telefax (02 28) 2 60 04 55
Einzelhandel	Leitstelle für die Gewerbeförderungsmittel des Bundes im Einzelhandel Sachsenring 89, 50677 Köln Telefon (02 21) 32 82 10, Telefax (02 21) 32 82 10
Verkehrsgewerbe	Bundesverband des Deutschen Güterfernverkehrs e. V. (BDF) Breitenbachstraße 1, 60487 Frankfurt a. M. Telefon (0 69) 79 19-0 Telefax (0 69) 7 91 92 65
Gastgewerbe	Interhoga Kronprinzenstraße 46, 53173 Bonn Telefon (02 28) 8 20 08-0, Telex 8 85 489 hogad Telefax (02 28) 8 20 08 46

Reisebürogewerbe	Deutscher Reisebüro-Verband e. V. Mannheimer Straße 15, 60329 Frankfurt a. M. Telefon (0 69) 2 73 90 70, Telex 4 11 413 Telefax (0 69) 23 66 47
Handelsvertreter/Handelsmakler	Deutscher Industrie- und Handelstag (Anschrift siehe unter „Industrie")
Sonstige Dienstleistungsgewerbe	Deutscher Industrie- und Handelstag (Anschrift siehe unter „Industrie")
Freie Berufe	Leitstelle für Gewerbeförderungsmittel des Bundes im Einzelhandel (Anschrift siehe unter „Einzelhandel")
Agrarbereich	(nur bei Energieeinspar- und Umweltschutz-Veranstaltungen) Bundesamt für Ernährung und Forstwirtschaft Adickesallee 40, 60322 Frankfurt a. M. Telefon (0 69) 15 64-0 Telefax (0 69) 1 56 44 45

7.4 Förderung überbetrieblicher Berufsbildungs- und Technologietransfereinrichtungen

Förderziel:

Aufbau eines Netzes von überbetrieblichen Berufsbildungs- und Technologietransfereinrichtungen, um die Qualifikation der Beschäftigten rasch dem Bedarf der Wirtschaft anzupassen und somit Arbeitslosigkeit zu vermeiden.

Antragsberechtigte:

Institutionen der gewerblichen Wirtschaft in den neuen Ländern und Berlin (Ost).

Antragsteller und Zuwendungsempfänger sind in der Bundesrepublik Deutschland und Berlin (West) ansässige Patenkammern oder -verbände.

Art und Höhe der Förderung:

Gefördert werden Investitionskosten, soweit sie von einem einzuschaltenden Gutachter als zuwendungsfähig anerkannt wurden. Dabei wird ein Eigenanteil von mind. 10 % der Institution vorausgesetzt. Sie kann als Eigenbeitrag Gebäude, Grundstücke oder sonstige Sachleistungen einbringen.

Antrag/Beratung:

Bundesministerium für Wirtschaft
Referat II B 3, Villemombler Str. 76, 53107 Bonn

Verfahren:

Anträge auf Förderung sind aus haushaltsrechtlichen Gründen über westdeutsche Partnerorganisationen der Industrie- und Handelskammern sowie der Handwerkskammern zu stellen.

7.5 Auslandshandelskammern

Förderziel:

- Anbahnung von Geschäftskontakten zu ausländischen Importeuren und Exporteuren,
- Analyse der Absatzchancen im Auslandsmarkt durch Erstellung von Marktinformationen und Marktstudien,
- Auskunft über Einfuhrbestimmungen im Exportmarkt,
- Beratung über Vertriebswege und Absatzstrategien,
- Erstellung von vertraulichen Firmenauskünften und Schlichtung von Streitfällen,
- Informationen über Messeveranstaltungen und Hilfe bei Messebeteiligungen,
- Individuelle Serviceleistungen.

Antragsberechtigte:

Unternehmen aus der Bundesrepublik Deutschland.

Art und Höhe der Förderung:

Bei Erstanfragen von Unternehmen aus den neuen Ländern werden die Leistungen zum halben Preis angeboten. Erst bei umfassenden Leistungen wird die Inanspruchnahme in Rechnung gestellt. Die Höhe des Rechnungsbetrages richtet sich nach dem erforderlichen Zeit- und Sachaufwand.

Antrag/Beratung:

Industrie- und Handelskammern in den neuen Ländern bzw. Deutscher Industrie- und Handelstag, Adenauerallee 148, 53113 Bonn.

Verfahren:

Informationen zu Auslandshandelskammern und Delegierten sind kostenlos bei allen neu gegründeten Industrie- und Handelskammern sowie vom Deutschen Industrie- und Handelstag, 53113 Bonn, erhältlich.

7.6 Auslandsmesseprogramm

Förderziel:

Durch die Beteiligung an Messen soll die Gelegenheit geschaffen werden, Absatzwege, Verbrauchergeschmack und Kaufgewohnheiten zu prüfen, Kontakte mit Importeurenvertretern anzuknüpfen und nicht zuletzt das Angebot der Konkurrenz kennenzulernen. Die Bundesregierung fördert deshalb die Beteiligung von Firmen an ausgesuchten internationalen Messen, Fachausstellungen und deutschen Industrieausstellungen im Ausland.

Antragsberechtigte:

Unternehmen mit Sitz in der Bundesrepublik Deutschland.

Art und Höhe der Förderung:

Mit öffentlichen Mitteln und aus den von den Firmen zu zahlenden Beteiligungsbeiträgen werden in der Regel folgende Leistungen erbracht:
- Betreuung durch die Durchführungsgesellschaft im Inland und am Messeort,
- Überlassung der Ausstellungsfläche,
- Allgemeine Dekoration, die sich nicht auf die Firmenstände bezieht,
- Einheitliche Standbeschriftung, und zwar Name und Ort des Ausstellers in lateinischer bzw. einer anderen ortsüblichen Schrift,
- Kostenpflichtige Benutzung von Telefon/Telex im Büro der Durchführungsgesellschaft,
- Kostenlose Eintragung im Ausstellerverzeichnis der Firmengemeinschaftsausstellung in lateinischer bzw. einer anderen ortsüblichen Schrift mit Angaben der Exponate und des Vertreters im Messeland.

Die Bundesregierung übernimmt in einzelnen Fällen außerdem die Kosten für besondere Begleitmaßnahmen, z. B.:
- Direct-mail-Aktionen in Landessprache (einschl. Beschaffung der Adressen),
- Adressen in Fachzeitschriften ebenfalls in der Landessprache, in denen auf die deutsche Beteiligung hingewiesen wird,
- Organisation und technische Betreuung für Symposien und Fachvorträge.

Firmen mit Hauptsitz in den neuen Bundesländern, die sich im Rahmen einer offiziellen Firmengemeinschaftsausstellung an Auslandsmessen beteiligen, erhalten zusätzliche Hilfen:

- Ermäßigung des Beteiligungsbeitrags um 50 % (bis zu einer Gesamtfläche von 30 qm),
- Zuschuß zu den Rücktransportkosten für Exponate in Höhe von 50 % der nachgewiesenen Kosten (maximaler Zuschuß DM 5000),
- Zuschuß zu den messebezogenen Werbungskosten in Höhe von 50 % der nachgewiesenen Kosten (maximaler Zuschuß DM 5000,
- Zuschuß zu den Reisekosten zum Messeort für einen Vertreter des Unternehmens (pauschal: DM 1000 in Europa, DM 2000 in Nahost und den außereuropäischen Mittelmeerstaaten, DM 3000 in Übersee).

Antrag/Beratung:

- Ausstellungs- und Messeausschuß der deutschen Wirtschaft, AUMA, Köln,
- Bundesminister für Wirtschaft, Außenstelle Berlin,
- Örtliche Industrie- und Handelskammern.

Verfahren:

Das Unternehmen kann eine aktuelle Übersicht über die von der Bundesregierung geförderten Auslandsmessen kostenlos vom Ausstellungs- und Messeausschuß der deutschen Wirtschaft, AUMA, Lindenstraße 8, 50674 Köln, anfordern.

7.7 Inlandsmesseförderung

Förderziel:

Die Beteiligung an Messen und Ausstellungen zur Unterstützung des jeweiligen Marketingkonzeptes.

Zur Heranführung an dieses Marketinginstrument, aber auch ganz konkret zur Förderung des Absatzes der Produkte und Dienstleistungen, unterstützt die Bundesregierung die Beteiligung von ostdeutschen, mittelständischen Firmen an ausgesuchten internationalen und regionalen Messen und Ausstellungen in Deutschland.

Antragsberechtigte:

Die Veranstalter, die als wirtschaftlicher Träger der in das Förderprogramm aufgenommenen Veranstaltungen auftreten. Das Unternehmen meldet seinen Beteiligungswunsch bei der jeweiligen Messegesellschaft an.

Es müssen sich mindestens 5 Unternehmen aus den neuen Bundesländern gemeinschaftlich beteiligen.

Art und Höhe der Förderung:

- Auf internationalen und überregionalen Messen und Ausstellungen können Gemeinschaftsstände mit bis zu DM 250.000 je Veranstaltung gefördert werden. Dabei entfallen maximal DM 180.000 auf die Standmiete und maximal DM 90.000 auf den Standbau.
- Auf regionalen Fachausstellungen und Messen können Gemeinschaftsstände mit bis zu DM 120.000 je Veranstaltung gefördert werden. Dabei entfallen maximal DM 80.000 auf die Standmiete und maximal DM 40.000 auf den Standbau.
- Die Standmieten können in tatsächlicher Höhe übernommen werden, jedoch höchstens bis DM 250 pro Quadratmeter. Die Standbaukosten können mit bis zu DM 100 pro Quadratmeter anteilig gefördert werden.
- Die Zuwendungsempfänger haben die Nachweispflicht (durch Erklärung der ausstellenden Firmen), daß sich die in die Förderung einbezogenen Unternehmen mehrheitlich (über 50 %) im Eigentum von natürlichen Personen mit Hauptwohnsitz und juristischen Personen mit Sitz in den neuen Bundesländern befinden. Dabei gelten nur solche Unter-

nehmen mittelständisch, deren Mitarbeiterzahl in der Regel bei höchstens 1000 liegt.

Antrag/Beratung:

Ausstellungs- und Messe-Ausschuß der Wirtschaft e. V. (AUMA), Lindenstraße 8, 50674 Köln.

Für die Fremdenverkehrswirtschaft auch:
Bundesministerium für Wirtschaft, Außenstelle Berlin – Ref. II/3, Unter den Linden 44–60, 10109 Berlin.

Verfahren:

Die an einer gemeinschaftlichen Beteiligung interessierten mittelständischen Firmen teilen dies der jeweiligen Messegesellschaft mit. Die Messegesellschaften richten dann den Zuwendungsantrag mit der Gesamtkonzeption nebst Skizze der Aufplanung und Kostenaufschlüsselung sowie Firmenerklärungen der Aussteller über den AUMA an den Bundesminister für Wirtschaft. Die Anträge müssen rechtzeitig vor Messebeginn, spätestens jedoch vor Abschluß des Vertrages gestellt werden. Den ausstellenden Unternehmen werden lediglich die über die Förderbeträge (über DM 250 je qm Standmiete, über DM 100 je qm Standbaukosten) hinausgehende Kosten in Rechnung gestellt.

7.8 Beratungs- und Schulungsmaßnahmen zur Verbesserung des Produktmarketings und Qualitätsmanagements

Förderziel:

Verbesserung der Absatzchancen von Produkten aus den neuen Bundesländern.

Antragsberechtigte:

Mittelständische Unternehmen des warenproduzierenden Gewerbes bis zu 600 Beschäftigten (mit Schwerpunkt Gebrauchs- und Verbrauchsgüter) sowie Unternehmen, die Lieferbeziehungen zu Produzenten aufbauen wollen. Das begünstigte Unternehmen muß zu mindestens 51 % im Besitz eines oder mehrerer ostdeutscher Unternehmer sein. Seine Produkte müssen eine belegbare Chance zur Behauptung am Markt haben.

Unternehmen im Besitz der Treuhandanstalt erhalten keine Verbilligungszuschüsse. Ausnahmsweise können aber auch Unternehmen gefördert werden, die noch bei der Treuhand sind, bei denen aber ein Eigentümer bereits eingewiesen ist (§ 6 a VermG) bzw. ein genehmigtes Privatisierungskonzept schon vorliegt.

Art und Höhe der Förderung:

Die Förderung besteht aus einem Verbilligungszuschuß von DM 750 pro Beratungstag und von DM 900 pro Tag innerbetrieblicher Schulung. Pro Unternehmen können bis zu 12 Tagewerke für Beratung und 15 Tagewerke für innerbetriebliche Schulung gefördert werden.

Antrag/Beratung:

RKW-Geschäftsstellen in den neuen Ländern.

Verfahren:

Das Projekt wird von der Bundesgeschäftsstelle des Rationalisierungs-Kuratoriums der Deutschen Wirtschaft e. V. (RKW) und den RKW-Geschäftsstellen in den neuen Bundesländern und Berlin organisiert und abgewickelt. Eine Gültigkeit dieses Programms war bis zum 31. 12. 1993 vorgesehen.

7.9 Unternehmensführungslehrgänge

Förderziel:

Mit der Förderung soll das für einen wirtschaftlichen Aufschwung erforderliche betriebswirtschaftlich/kaufmännische und technische Wissen an die Betriebe herangetragen werden.

Antragsberechtigte:

Durch die Zuschüsse werden die Kursgebühren der teilnehmenden Unternehmer, Führungs- und Fachkräfte sowie von Existenzgründern im Handwerk verbilligt.

Art und Höhe der Förderung:

Die Kurse werden von den Handwerksorganisationen durchgeführt. Dort sind auch Verzeichnisse über geplante Kurse erhältlich.

Die Teilnehmer können mit Hilfe dieser Förderung die Qualifikation „Betriebswirt des Handwerks" erwerben.

Antrag/Beratung:

Interessierte Handwerker wenden sich an die Handwerksorganisationen. Diese werden informiert vom

Zentralverband des Deutschen Handwerks
Abteilung Gewerbeförderung
Johanniterstraße 1
53113 Bonn

7.10 Senioren-Experten-Service-Programm

Förderziel:

Im Rahmen dieses Programms wird Fachleuten, die aus dem aktiven Berufsleben ausgeschieden sind, die Gelegenheit geboten, ihre Erfahrungen und Kenntnisse aus einem langen Berufsleben weiterzugeben.

Antragsberechtigte:

Begünstigt sind:
- kleine und mittlere Unternehmen,
- Wirtschaftsförderungsgesellschaften,
- Existenzgründer,
- Freiberufler,
- Verbände der gewerblichen Wirtschaft und der freien Berufe.

Darüber hinaus können Senioren-Experten auf Wunsch von Landräten, Bürgermeistern und/oder Oberbürgermeistern vermittelt werden, wenn die Hilfe der Experten den lokalen Unternehmen direkt zugute kommt.

Die Senioren-Einsätze umfassen:
- mehrwöchige Beratungen und tätige Mitwirkung (lang- und mittelfristige Einsätze),
- mehrtägige Beratung (Kurzeinsätze) zur Existenzgründung und Beseitigung von Schwachstellen.

Art und Höhe der Förderung:

Die Tätigkeit der Senioren-Experten erfolgt grundsätzlich ehrenamtlich und unentgeltlich. Die Kosten, die von den Beratenen zu tragen sind, sind im Einzelfall mit den beiden Trägerorganisationen abzuklären. Das Bundesministerium für Wirtschaft gibt einen Zuschuß an die beiden Trägerorganisationen „Alt hilft Jung e. V." und „Senioren-Experten-Service".

Antrag/Beratung:

- Alt hilft Jung e. V., Kennedyallee 62–70, 53175 Bonn
- Senioren-Experten-Service, Postfach 22 62, 53113 Bonn.

7.11 Informationen, Beratung, Weiterbildung für Unternehmer, Fach- und Führungskräfte sowie für Existenzgründer durch das RKW

Förderziel:

Ziel ist die Anpassung an die Erfordernisse einer Sozialen Marktwirtschaft und Steigerung der Produktivität durch:
- Informationsvermittlung,
- Kooperationsförderung,
- Fachstudienreise,
- Unternehmensberatungen,
- Qualifizierung von Beratern im Beitrittsgebiet,
- innerbetriebliche Weiterbildung,
- überbetriebliche Seminare und Lehrgänge,
- Arbeitsgemeinschaften und unternehmerische Gesprächskreise,
- Trainerqualifizierung,
- Information und Schulung zur Zusammenarbeit der Sozialpartner.

Antragsberechtigte:

Begünstigte sind Unternehmer, Existenzgründer, Fach- und Führungskräfte.

Art und Höhe der Förderung:

Zuschüsse zu den RKW-Aktivitäten verbilligen die RKW-Dienstleistungen für die Begünstigten bis auf einen zumutbaren Eigenbetrag.

Eine Kombination mit anderen Förderprogrammen ist nicht möglich.

Antrag/Beratung:

Rationalisierungs-Kuratorium der Deutschen Wirtschaft (RKW)
Düsseldorfer Straße 40
Postfach 58 67
65760 Eschborn
Telefon: 0 61 96/4 95-1
Telex: 4 072 755 rkw d
Telefax: 0 61 96/4 95-3 03

mit folgenden RKW-Geschäftsstellen:

RKW-Geschäftsstelle Thüringen
Arnstädter Straße 28
19096 Erfurt
Telefon: 03 61/38 1(0)-2 89
Telefax: 03 61/3 19 02

RKW-Landesgruppe Sachsen
Caspar-David-Friedrich-Straße 13 a
01219 Dresden
Telefon: 03 51/46 53-1 07
Telefax: 03 51/46 53-1 34

RKW-Geschäftsstelle Brandenburg
Berliner Straße 89
14467 Potsdam
Telefon: 03 31/2 21 24
Telefax: 03 31/2 41 00

RKW-Geschäftsstelle Mecklenburg-Vorpommern
E.-Schlesinger-Straße 38
18059 Rostock
Telefon: 03 81/4 40 21 41
Telefax: 03 81/4 40 21 25

RKW-Landesgruppe Berlin
Rankestraße 5–6
10789 Berlin
Telefon: 0 30/88 44 80-0
Telefax: 0 30/88 44 80-25

RKW-Geschäftsstelle Sachsen-Anhalt
Tismarstraße 20
39108 Magdeburg
Telefon: 03 91/3 29 04
Telefax: 03 91/3 57 54

7.12 Führungs- und Fachkräftetransfer in die neuen Bundesländer

Förderziel:

Förderung des Einsatzes von Führungs- und Fachkräften aus EG-Ländern, Österreich und der Schweiz, in ostdeutschen Unternehmen zur Verstärkung des Managements.

Transfer modernen Führungs- und Fachwissens durch befristete Tätigkeit geeigneter Führungs- und Fachkräfte.

Antragsberechtigte:

Mittelständische Industrie- und Dienstleistungsunternehmen, die nicht im Mehrheitsbesitz eines westlichen Unternehmens bzw. einer westlichen Privatperson sind. Unternehmen der Treuhandanstalt nehmen am Programm teil, wenn sich ihre Privatisierung abzeichnet.

Art und Höhe der Förderung:

Die Förderung besteht aus einem Zuschuß von 50 % (max. DM 125.000 pro Jahr) des Gehalts der entsandten Führungs- oder Fachkraft. Der restliche Gehaltsanteil soll so auf entsendendes West-Unternehmen und empfangendes Ost-Unternehmen aufgeteilt werden, daß letztlich das Ost-Unternehmen nicht mehr als 20 % des Gehalts zahlt (Richtwert).

Bei im (Vor-)Ruhestand befindlichen Fach- und Führungskräften, die mindestens 6 Monate in einem ostdeutschen Unternehmen tätig werden, wird eine monatliche Pauschale von DM 2500 bezahlt.

Antrag/Beratung:

Die Koordination und Abwicklung des Programms liegt beim Wuppertaler Kreis e. V., Schönhauser Straße 64, 50968 Köln.

Kombinierbarkeit:

Eine Kombination mit andern Förderprogrammen ist nicht möglich.

8 Bürgschaften/Garantien

8.1 Bürgschaften der Bürgschaftsbanken in den fünf neuen Bundesländern

Siehe:

III 9	Bürgschaften des Landes Mecklenburg-Vorpommern (s. S. 241)
IV 11	Bürgschaften der Bürgschaftsbank Thüringen (s. S. 262)
V 6	Bürgschaftsprogramm des Freistaates Sachsen für die gewerbliche Wirtschaft (s. S. 273)
VI 12	Bürgschaften Sachsen-Anhalt (s. S. 295)
VI 14	Landesbürgschaften Sachsen-Anhalt (s. S. 298)
VII 10	Landesbürgschaften Brandenburg (s. S. 322)

8.2 DtA-Bürgschaften

Förderziel:

Die DtA kann – mit Unterstützung durch anteilige Rückbürgschaften des Bundes und der Länder – Bürgschaften für langfristige Investitionskredite von Kreditinstituten oder Kapitalsammelstellen (Hausbanken) übernehmen, die der Finanzierung des Erwerbs von Betrieben oder der Durchführung förderungswürdiger Investitionen auf dem Gebiet der neuen Bundesländer und Berlin (Ost) dienen.

Durch die Investitionen sollen Betriebsstätten errichtet, erweitert, umgestellt oder modernisiert werden. Darüber hinaus können auch mittel- und langfristige Betriebsmittelkredite verbürgt werden (auch Avale), deren Gewährung in einem sachlichen Zusammenhang mit der Durchführung von Investitionen stehen soll.

Die Bürgschaften werden als anteilige Ausfallbürgschaften übernommen, soweit der Kredit durch bankübliche Sicherheiten nicht gedeckt werden kann; sie decken höchstens 80 % des Ausfalls an Kapital, Zinsen, Provisionen und Kosten. Der Selbstbehalt der Hausbank beträgt mindestens 20 %; er kann nicht gesondert oder vorrangig besichert oder auf Dritte abgewälzt werden.

Der Mindestbetrag der Bürgschaftssumme der DtA beträgt in der Regel DM 1 Mio.; die Regelgrenze kann unterschritten werden, wenn die andernfalls zuständige Kreditgarantiegemeinschaft (Bürgschaftsbank) die Bürgschaft nicht übernimmt. Ein Höchstbetrag von DM 20 Mio. sollte in der Regel nicht überschritten werden.

Für Kredite, die bereits vor Beantragung der Bürgschaft gewährt worden sind, werden keine Bürgschaften übernommen. Die Verbürgung von Krediten für die finanzielle Sanierung von Unternehmen ist ausgeschlossen. Ein Rechtsanspruch auf Übernahme einer Bürgschaft besteht nicht.

Antragsberechtigte:

Als Kreditnehmer kommen nur mittelständische Unternehmen der gewerblichen Wirtschaft in Betracht, die sich ganz oder mehrheitlich in privater Hand befinden (auch Genossenschaften). Sie müssen sachlich und persönlich kreditwürdig sein.

Art und Höhe der Förderung:

Laufzeit:

Die Laufzeit der verbürgten Darlehen soll die voraussichtliche Nutzungsdauer der finanzierten Investitionen nicht übersteigen. Die Höchstlaufzeit beträgt 15 Jahre, bei Bauinvestitionen 23 Jahre. Die Zins- und sonstigen Kreditkosten müssen unter Berücksichtigung der Risikoentlastung durch die DtA marktüblich sein.

Kosten:

Für die Bearbeitung eines Bürgschaftsantrages wird ein einmaliges Antragsentgelt und eine Bearbeitungsgebühr von jeweils 0,5 %, höchstens TDM 30 erhoben.

Das Antragsentgelt wird mit der Antragstellung fällig und bei positiver Entscheidung über den Bürgschaftsantrag auf die Bearbeitungsgebühr angerechnet. Bei Rücknahme oder Ablehnung des Bürgschaftsantrages werden 50 % des Antragsentgeltes erstattet.

Die Bearbeitungsgebühr wird mit der Bewilligung der Bürgschaft fällig.

Bis zur Mitteilung der darlehensgewährenden Bank über die Erfüllung eventueller Auflagen und über die (Teil-)Valutierung des verbürgten Kredits wird ab Datum der Bürgschaftszusage für jedes angefangene Halbjahr ein Entgelt in Höhe von 0,45 % p. a. des Bürgschaftsbetrages erhoben. Nach der entsprechenden Mitteilung beträgt das laufende Entgelt 0,9 % p. a. und wird halbjährlich am 1. Februar und 1. August erhoben. Bemessungsgrundlage ist dann die vor dem jeweiligen Fälligkeitstermin verbürgte Kreditvaluta per 31. 12. oder 30. 6. Soweit Entgelt im Sinne des Satzes 1 dieses Absatzes für einen Zeitraum nach Eingang der Mitteilung über die Erfüllung eventueller Auflagen und über die Valutierung erhoben worden ist, wird es zeitanteilig erstattet.

Sicherheiten:

Der Kreditnehmer hat soweit wie möglich Sicherheiten zur Verfügung zu stellen. Bei haftungsbeschränkten Rechtsformen sollen grundsätzlich alle Gesellschafter, die einen wesentlichen Einfluß auf den Kreditnehmer ausüben können, für den Kredit mithaften.

Die DtA verbürgt nur den nach Abzug des Wertes der Sicherheiten verbleibenden Kreditteil. Da also der anderweitig besicherte Kreditteil nicht verbürgt ist, ist es folgerichtig, bei einem Ausfall den Sicherheitenerlös auch zunächst – d. h. bis zum ursprünglich unterstellten Sicherheitenwert – auf den nicht verbürgten Kreditteil anzurechnen.

Verfahren:

Bürgschaftsanträge sind von der Hausbank auf dem entsprechenden Antragsformular, 2 DtA/B-020, an die DtA zu richten. Dem Antrag ist eine Erklärung des Kreditnehmers auf dem hierfür vorgesehenen Vordruck beizufügen.

Die Entscheidung über den Bürgschaftsantrag wird der Hausbank mitgeteilt, die im Falle der Übernahme der Bürgschaft auch die schriftliche Bürgschaftszusage und die Bürgschaftsurkunde erhält.

Für einen verbürgten Kredit ist ein schriftlicher Kreditvertrag abzuschließen, dessen Formulierung der Hausbank überlassen bleibt.

8.3 Bundesbürgschaften

Förderziel:

Für die Besicherung von Großkrediten vor allem zu Investitionszwecken stehen grundsätzlich Bundesbürgschaften zur Verfügung, soweit die vorhandenen Sicherheiten ausgeschöpft, die Ausfallrisiken vertretbar und die Förderung der Vorhaben volkswirtschaftlich sinnvoll sind.

Antragsberechtigte:

Bundesbürgschaften werden zugunsten von Wirtschaftsunternehmen übernommen, die nicht oder nicht mehrheitlich dem Bereich der Treuhandanstalt zuzuordnen sind.

Art und Höhe der Förderung:

Unmittelbare Bundesbürgschaften stehen für Projekte mit einem Kreditbedarf ab ca. DM 20 Mio. bereit. Die Bürgschaftsbedingungen werden jeweils nach den Erfordernissen des Einzelfalls festgesetzt. Dies gilt insbesondere für die Laufzeit der Bürgschaft und den Deckungsgrad.

Antrag/Beratung:

C & L Treuarbeit Deutsche Revision

Verfahren:

Anträge und Anfragen werden an die

C & L Treuarbeit Deutsche Revision
Auf'm Hennekamp 47
40225 Düsseldorf
Telefon: 02 11/3 39 40

gerichtet.

8.4 Exportkreditversicherung (HERMES-Deckungen)

Förderziel:

Die Bundesregierung stellt seit dem 1. 7. 1990 ihr Ausfuhrgewährleistungsinstrumentarium (sog. HERMES-Deckungen) auch für Exporte von ostdeutschen Unternehmen zur Verfügung.

Durch die Exportkreditversicherungen können Deckungen für Kredite, die zur Finanzierung des Ausfuhrgeschäftes vom Exporteur oder einer von ihm eingeschalteten Bank an den ausländischen Besteller (oder gegebenenfalls dessen Bank) gewährt werden. Dabei trägt die Hermesdeckung wirtschaftliche Risiken, wie z. B. die Zahlungsunfähigkeit des ausländischen Schuldners und politische Risiken, wie Ausbleiben der Zahlungen wegen Devisenmangels des ausländischen Staates, politisch verordnete Zahlungsverbote oder Krieg, Aufruhr und Revolution.

Hermesdeckungen sind sowohl für kurzfristige Exportkredite (bis 360 Tage) als auch für langfristige Exportkredite (bis 5 Jahre, in Ausnahmen bis 10 Jahre) erhältlich. Dadurch soll eine schnelle und wirkungsvolle Förderung der Exportwirtschaft der neuen Länder, die damit in den Stand gesetzt werden sollen, ihre bisherigen Exportbeziehungen jetzt auf der Basis von Forderungen in konvertierbaren Währungen aufrechtzuerhalten oder sich neue Märkte zu erschließen, erreicht werden.

Antragsberechtigte:

Unternehmen und Banken mit Sitz in den neuen Bundesländern, die Kredite in konvertierbarer Währung (z. B. DM, US-$) zur Finanzierung von Ausfuhrgeschäften an ausländische Schuldner gewähren. Als Deckungsnehmer kommen alle Firmenarten in Frage.

Voraussetzungen:
- Ursprung der Waren muß in den neuen Ländern liegen. Zulieferungen aus Drittländern sind jedoch in einem begrenzten Umfang zulässig.
- Risikomäßige Vertretbarkeit und Förderungswürdigkeit des Ausfuhrgeschäftes.
- Bei Unternehmen, die noch im Eigentum der Treuhandanstalt stehen, ist eine Bestätigung der Sanierungsfähigkeit des Antragstellers durch die Treuhandanstalt, Berlin, erforderlich.
- Die zu deckenden Geschäfte müssen im Einklang mit EG-Recht und internationalen Bestimmungen und Usancen (GATT, OECD) stehen.

Unter anderem wurden Regeln für die Zahlungsbedingungen von Ausfuhrgeschäften aufgestellt, die z. B. Mindestanzahlungen und Höchstkreditlaufzeiten vorschreiben.

Art und Höhe der Förderung:

Für übernommene Deckungen ist vom Deckungsnehmer ein angemessenes Entgelt zu zahlen. Die Höhe hängt von der Deckungsform, der Höhe der gedeckten Forderung sowie von der Kreditlaufzeit ab. Daneben ist eine Bearbeitungsgebühr zu entrichten.

Der Deckungsnehmer hat jedoch eine Selbstbeteiligung, je nach Risiko zwischen 5 % und 25 % des entstandenen Schadens, zu tragen.

Antrag/Beratung:

Hermes-Kreditversicherungs-AG
Friedensallee 254
22763 Hamburg

Verfahren:

Anträge auf Exportkreditversicherung (HERMES-Deckungen) sind bei der Hermes-Kreditversicherungs-AG in 22763 Hamburg zu stellen.

8.5 Bürgschaften für Angehörige Freier Berufe

Förderziel:

Voraussetzung für eine Bürgschaft ist die Aufnahme einer selbständigen freiberuflichen Tätigkeit. Dabei ist es unerheblich, ob es sich um die erstmalige oder erneute Aufnahme einer selbständigen Tätigkeit handelt.

Investitionen im gewerblichen Bereich.

Zu den berücksichtigungsfähigen Investitionen zählt auch der gewerbliche Teil eines Vorhabens, wenn freiberuflicher und gewerblicher Bereich eine Einheit darstellen (z. B. die Sauna des Masseurs, der Parfümerie- oder Reformhausbereich einer Apotheke, das Dentallabor einer Zahnarztpraxis, ein an eine Arztpraxis angeschlossener Klinikteil und anderes mehr).

Die zu verbürgenden Kredite müssen der Finanzierung der zur Begründung oder Festigung selbständiger Erwerbstätigkeit notwendigen Investitionen dienen.

Es können daher gefördert werden:
- Erweiterungsmaßnahmen bestehender Praxen,
- der Erwerb oder Bau von Praxisräumen,
- die Ausstattung von radiologischen Praxen mit Großgeräten (z. B. Computertomographen),
- der Ausbau bestehender Praxen bzw. die Gründung von Praxen mit angeschlossenen Tageskliniken,
- die Errichtung von ambulanten Operationszentren entsprechend der Zielsetzung des Gesundheitsstrukturgesetzes.

Für Existenzfestigungsmaßnahmen, die zeitlich unbegrenzt nach der Existenzgründung erfolgen können, werden die gleichen Kriterien angelegt wie für Gründungsinvestitionen.

Betriebsmittel/-finanzierung:

Kontokorrentkredite können auch verbürgt werden, sofern diese langfristig bereitgestellt werden. Die Rückführung erfolgt über eine Herabsetzung des Limits. Die Pauschalen für den langfristig finanzierten Teil der Betriebsmittel beträgt bei Ärzten, Zahnärzten sowie Apotheker TDM 100 und für alle anderen Freien Berufe TDM 50. Sofern ein höherer Bedarf besteht, ist dieser darzulegen.

Folgende Voraussetzungen müssen erfüllt sein:

1. Das Vorhaben muß einen nachhaltigen wirtschaftlichen Erfolg erwarten lassen; Sanierungsfälle sind ausgeschlossen.
2. Nur angemessene Vorhaben können gefördert werden. Die mitzufinanzierenden Investitionen und Betriebsmittel müssen der Art und Höhe nach betriebswirtschaftlich sinnvoll sein. Ein Höchstbetrag für die Bürgschaft ist nicht festgelegt.
3. Für einen langfristigen Kredit können keine ausreichenden Sicherheiten gestellt werden. Vorhandene Vermögenswerte, insbesondere die mit dem Kredit zu finanzierenden Gegenstände, sind grundsätzlich zur Kreditbesicherung heranzuziehen. Das Kreditinstitut hat sich an dem Kreditrisiko mit 20 % zu beteiligen. Eine Sonderabsicherung dieses Risikoanteils ist nicht gestattet.
4. Laufzeit und Tilgungsplan müssen dem Verwendungszweck entsprechen. Bei bis zu 12 Laufzeitjahren (bei Bauinvestitionen bis zu 15 Jahren) können bis zu 2 (ausnahmsweise 3) Jahre als tilgungsfreie Zeit eingeräumt werden.

Antragsberechtigte:

Angehörige Freier Berufe, die überwiegend Einkünfte aus selbständiger freiberuflicher Tätigkeit haben oder haben werden, z. B. Ärzte, Apotheker, Architekten, Ingenieure, Rechtsanwälte, Steuerberater, Steuerbevollmächtigte, Wirtschaftsprüfer.

Art und Höhe der Förderung:

1. Die Gewährleistungen werden als modifizierte Ausfallbürgschaften übernommen. Sie decken 80 % eines Ausfalls an Kapital, Zinsen und Kosten der Rechtsverfolgung.
2. Es werden Kredite mit einer Laufzeit bis zu 12, bei Bauvorhaben bis zu 15 Jahre verbürgt. Die gesamten effektiven Kreditkosten sollen den bei langfristigen Finanzierungen banküblichen Zinssatz nicht überschreiten.
3. Die Bürgschaftsprovision beträgt halbjährlich 0,75 % p. a. des jeweiligen Bürgschaftsbetrages am vorhergehenden Stichtag 1. 1. bzw. 1. 7.; die Bearbeitungsgebühr einmalig 0,5 % des bewilligten Bürgschaftsbetrages.

Antrag/Beratung:

Formgebundener Antrag der Deutschen Ausgleichsbank 1 V-003 und Anlage zum Antrag auf Existenzgründungsförderung 2 EK-004 sowie das Begleitschreiben 2 AV-047 über die Hausbank an die DtA.

Verfahren:

Bei Antragstellung ist zu beachten:

1. Die Übernahme der Haftung im Rahmen dieses Bürgschaftsprogrammes kann auch erfolgen, wenn für das gleiche Vorhaben Mittel aus einem ERP-Darlehensprogramm eingesetzt werden. Ein ERP-Darlehen selbst kann nicht verbürgt werden.

2. Die nachträgliche Verbürgung bereits gewährter Bankkredite ist ausgeschlossen.

3. Der Bürgschaftsantrag und die Anlage zum Antrag sind vollständig und wahrheitsgemäß auszufüllen. Die Angaben über die Antragsberechtigung und über den Verwendungszweck sind subventionserheblich im Sinne von § 264 StGB in Verbindung mit § 2 Subventionsgesetz.

4. Ferner ist eine Stellungnahme einer fachlich kompetenten Stelle (z. B. Kammer, Kassen(zahn)ärztliche Vereinigung, Betriebsberater, unabhängige Sachverständige abzugeben. Bei überdurchschnittlich großen Vorhaben von Heilberuflern (wie z. B. von Radiologen) sollte aber die Stellungnahme der Kassen(zahn)ärztlichen Vereinigung eingeholt werden.

5. Ein Rechtsanspruch auf Bürgschaftsübernahme besteht nicht.

Bürgschaften der Ehepartner:

Grundsätzlich ist die Bürgschaft des Ehepartners zur Kreditbesicherung heranzuziehen. Auf Antrag kann sie jedoch begrenzt werden auf 50 % des zu verbürgenden Kreditbetrages mit einem Höchstbetrag von TDM 100. In Ausnahmefällen kann von der Bürgschaft ganz abgesehen werden, wenn eine der nachfolgenden Voraussetzungen gegeben ist:

– die Eheleute leben dauernd getrennt,
– es besteht der Güterstand der Gütertrennung,
– der Ehepartner ist selbst Existenzgründer (bis zum 5. Jahr nach Gründung).

Kombinierbarkeit:

Die Bürgschaft kann zusammen mit den sonstigen Finanzierungshilfen (DtA-Existenzgründungsdarlehen und in den neuen Bundesländern auch ERP-Darlehen und Eigenkapitalhilfe) kombiniert werden.

9 Steuerliche Investitionsförderung

9.1 Gesetz über Sonderabschreibungen und Abzugsbeträge im Fördergebiet (Fördergebietsgesetz)

§ 1
Anspruchsberechtigter, Fördergebiet

(1) Für begünstigte Investitionen im Sinne der §§ 2 und 3, die im Fördergebiet durchgeführt werden, können Steuerpflichtige Sonderabschreibungen nach § 4 oder Gewinnabzüge nach § 5 vornehmen oder Rücklagen nach § 6 bilden. Bei Personengesellschaften und Gemeinschaften tritt an die Stelle des Steuerpflichtigen die Gesellschaft oder Gemeinschaft.

(2) Fördergebiet sind die Länder Berlin, Brandenburg, Mecklenburg-Vorpommern, Sachsen, Sachsen-Anhalt und Thüringen nach dem Gebietsstand vom 3. Oktober 1990.

§ 2
Bewegliche Wirtschaftsgüter des Anlagevermögens

Begünstigt sind die Anschaffung und die Herstellung von abnutzbaren beweglichen Wirtschaftsgütern des Anlagevermögens sowie nachträgliche Herstellungsarbeiten an abnutzbaren beweglichen Wirtschaftsgütern des Anlagevermögens, die

1. keine Luftfahrzeuge sind,

2. mindestens 3 Jahre nach ihrer Anschaffung oder Herstellung zum Anlagevermögen einer Betriebsstätte des Steuerpflichtigen im Fördergebiet gehören und während dieser Zeit in einer solchen Betriebsstätte verbleiben und

3. in jedem Jahr des in Nummer 2 genannten Zeitraums vom Steuerpflichtigen zu nicht mehr als 10 vom Hundert privat genutzt werden.

§ 3
Baumaßnahmen

Begünstigt sind die Anschaffung und die Herstellung von abnutzbaren unbeweglichen Wirtschaftsgütern sowie Modernisierungsmaßnahmen und andere nachträgliche Herstellungsarbeiten an abnutzbaren unbeweglichen Wirtschaftsgütern. Die Anschaffung eines abnutzbaren unbeweglichen Wirtschaftsguts ist nur begünstigt, wenn

1. das Wirtschaftsgut bis zum Ende des Jahres der Fertigstellung angeschafft worden ist und für das Wirtschaftsgut weder Absetzungen für Abnutzung nach § 7 Abs. 5 des Einkommensteuergesetzes noch erhöhte Absetzungen oder Sonderabschreibungen in Anspruch genommen worden sind oder

2. das Wirtschaftsgut beim Erwerber zu einem Betriebsvermögen gehört, nach dem Jahr der Fertigstellung und

    a) vor dem 1. Januar 1994 angeschafft worden ist oder

    b) nach dem 31. Dezember 1993 angeschafft worden ist und mindestens fünf Jahre nach seiner Anschaffung zu eigenbetrieblichen Zwecken verwendet wird oder

3. das Wirtschaftsgut nach dem Jahr der Fertigstellung und aufgrund eines nach dem 31. Dezember 1991 rechtswirksam abgeschlossenen obligatorischen Vertrags oder gleichstehenden Rechtsakts angeschafft worden ist, soweit Modernisierungsmaßnahmen und andere nachträgliche Herstellungsarbeiten nach dem Abschluß dieses Vertrags oder Rechtsakts durchgeführt worden sind.

§ 4
Sonderabschreibungen

(1) Die Sonderabschreibungen betragen bis zu 50 vom Hundert der Anschaffungs- oder Herstellungskosten der angeschafften oder hergestellten Wirtschaftsgüter oder der Herstellungskosten, die für die nachträglichen Herstellungsarbeiten aufgewendet worden sind, oder der Anschaffungskosten, die auf Modernisierungsmaßnahmen und andere nachträgliche Herstellungsarbeiten im Sinne des § 3 Satz 2 Nr. 3 entfallen. Sie können im Jahr der Anschaffung oder Herstellung oder Beendigung der nachträglichen Herstellungsarbeiten und in den folgenden vier Jahren in Anspruch genommen werden. In den Fällen des § 3 Satz 2 Nr. 3 tritt an die Stelle des Jahres der Anschaffung das Jahr der Beendigung der nachträglichen Herstellungsarbeiten.

(2) Die Sonderabschreibungen nach Absatz 1 können bereits für Anzahlungen auf Anschaffungskosten und für Teilherstellungskosten in Anspruch genommen werden.

(3) Bei Herstellungskosten, die für nachträgliche Herstellungsarbeiten im Sinne des § 3 Satz 1 aufgewendet worden sind, und bei Anschaffungskosten, die auf Modernisierungsmaßnahmen und andere nachträgliche Herstellungsarbeiten im Sinne des § 3 Satz 2 Nr. 3 entfallen, ist der Restwert von dem auf das Jahr der Inanspruchnahme der insgesamt zulässigen Sonderabschreibungen folgenden Jahr an, spätestens vom fünften auf das Jahr der Beendigung der Herstellungsarbeiten folgenden Jahr an, bis zum Ende des neunten Jahres nach dem Jahr der Beendigung der Herstellungsarbeiten in gleichen Jahresbeträgen abzusetzen.

§ 5
Gewinnabzug

Land- und Forstwirte, deren Gewinn nach § 13 a des Einkommensteuergesetzes zu ermitteln ist, können im Wirtschaftsjahr der Anschaffung oder Herstellung oder Beendigung der nachträglichen Herstellungsarbeiten 25 vom Hundert der Anschaffungs- oder Herstellungskosten der angeschafften oder hergestellten Wirtschaftsgüter oder der Herstellungskosten, die für die nachträglichen Herstellungsarbeiten aufgewendet worden sind, vom Gewinn abziehen. Die abzugsfähigen Beträge dürfen insgesamt 4000 Deutsche Mark nicht übersteigen und nicht zu einem Verlust aus Land- und Forstwirtschaft führen. § 7 a Abs. 5 und 6 des Einkommensteuergesetzes gilt entsprechend.

§ 6
Steuerfreie Rücklage

(1) Steuerpflichtige, die den Gewinn nach § 4 Abs. 1 oder § 5 des Einkommensteuergesetzes ermitteln, können eine den steuerlichen Gewinn mindernde Rücklage für Investitionen im Sinne der §§ 2 und 3 bilden, mit denen vor dem 1. Januar 1992 begonnen worden ist. Die Rücklage kann bis zu der Höhe gebildet werden, in der voraussichtlich Sonderabschreibungen nach § 4 Abs. 1 in Anspruch genommen werden können, höchstens jedoch im Wirtschaftsjahr in Höhe von jeweils 20 Millionen Deutsche Mark.

(2) Die Rücklage ist gewinnerhöhend aufzulösen, sobald und soweit Sonderabschreibungen nach § 4 Abs. 1 für Investitionen, die vor dem 1. Januar 1995 abgeschlossen worden sind, in Anspruch genommen werden können, spätestens jedoch zum Schluß des ersten nach dem 30. Dezember 1994 endenden Wirtschaftsjahrs.

(3) Soweit eine nach Absatz 1 gebildete Rücklage gewinnerhöhend aufgelöst wird, ohne daß in gleicher Höhe Sonderabschreibungen nach § 4 vorgenommen werden, ist der Gewinn des Wirtschaftsjahrs, in dem die Rücklage aufgelöst wird, für jedes volle Wirtschaftsjahr, in dem die Rücklage bestanden hat, um 6 vom Hundert des aufgelösten Rücklagebetrags zu erhöhen.

§ 7
Abzugsbetrag bei zu eigenen Wohnzwecken genutzten Gebäuden

(1) Aufwendungen, die auf an einem eigenen Gebäude vorgenommene Herstellungs- und Erhaltungsarbeiten entfallen, können im Jahr der Zahlung und den folgenden neun Jahren jeweils bis zu 10 vom Hundert wie Sonderausgaben abgezogen werden. Die Aufwendungen sind nur begünstigt, wenn das Gebäude in dem Teil des Fördergebiets liegt, in dem das Grundgesetz vor dem 3. Oktober 1990 nicht gegolten hat, und soweit sie

1. nicht zu den Betriebsausgaben oder Werbungskosten gehören,

2. nicht in die Bemessungsgrundlage nach § 10 e, § 10 f oder § 52 Abs. 21 Satz 6 des Einkommensteuergesetzes einbezogen und nicht nach § 10 e Abs. 6 des Einkommensteuergesetzes abgezogen werden,

3. auf das Gebäude oder Gebäudeteil entfallen, das im jeweiligen Jahr des Zeitraums nach Satz 1 zu eigenen Wohnzwecken genutzt wird,

4. während des Anwendungszeitraums nach § 8 Abs. 3 40.000 Deutsche Mark nicht übersteigen.

Eine Nutzung zu eigenen Wohnzwecken liegt auch vor, wenn Teile einer zu eigenen Wohnzwecken genutzten Wohnung unentgeltlich zu Wohnzwecken überlassen werden.

(2) Für Zeiträume, für die von Aufwendungen, die auf Herstellungsarbeiten entfallen, Absetzungen für Abnutzung, erhöhte Absetzungen oder Sonderabschreibungen abgezogen worden sind, können für diese Aufwendungen keine Abzugsbeträge nach Absatz 1 Satz 1 in Anspruch genommen werden. Soweit das Gebäude während des Zeitraums nach Absatz 1 Satz 1 zur Einkunftserzielung genutzt wird, ist der noch nicht berücksichtigte Teil der Aufwendungen, die auf Erhaltungsarbeiten entfallen, im Jahr des Übergangs zur Einkunftserzielung wie Sonderausgaben abzuziehen.

(3) Die Absätze 1 und 2 sind auf Gebäudeteile, die selbständige unbewegliche Wirtschaftsgüter sind, und auf Eigentumswohnungen entsprechend anzuwenden.

§ 8
Anwendung

(1) Die §§ 1 bis 5 sind anzuwenden bei

1. Wirtschaftsgütern, die nach dem 31. Dezember 1990 und vor dem 1. Januar 1997 angeschafft oder hergestellt werden, und bei nachträglichen Herstellungsarbeiten, die in diesem Zeitraum beendet werden, sowie

2. nach dem 31. Dezember 1990 und vor dem 1. Januar 1997 geleisteten Anzahlungen auf Anschaffungskosten und entstandenen Teilherstellungskosten.

Bei beweglichen Wirtschaftsgütern, die im Zeitpunkt der Anschaffung oder Herstellung zum Anlagevermögen einer Betriebsstätte in dem Teil des Landes Berlin gehören, in dem das Grundgesetz schon vor dem 3. Oktober 1990 gegolten hat (Berlin-West), und bei unbeweglichen Wirtschaftsgütern in Berlin-West ist Satz 1 nur anzuwenden, wenn der Steuerpflichtige sie nach dem 30. Juni 1991 bestellt oder herzustellen begonnen hat. Bei nachträglichen Herstellungsarbeiten an einem Gebäude gilt Satz 2 entsprechend. Als Beginn der Herstellung gilt bei Baumaßnahmen, für die eine Baugenehmigung erforderlich ist, der Zeitpunkt, in dem der Bauantrag gestellt wird. Bei Wirtschaftsgütern und nachträglichen Herstellungsarbeiten im Sinne der Sätze 2 und 3 tritt an die Stelle des 1. Januar 1997 jeweils der 1. Januar 1995. Satz 5 gilt nicht bei unbeweglichen Wirtschaftsgütern und nachträglichen Herstellungsarbeiten an unbeweglichen Wirtschaftsgütern, soweit die unbeweglichen Wirtschaftsgüter oder die durch die nachträglichen Herstellungsarbeiten geschaffenen Teile mindestens 5 Jahre nach ihrer Anschaffung oder Herstellung oder nach Beendigung der nachträglichen Herstellungsarbeiten Wohnzwecken dienen und nicht zu einem Betriebsvermögen gehören.

(2) § 6 Abs. 1 ist erstmals für das Wirtschaftsjahr anzuwenden, das nach dem 31. Dezember 1990 endet, und letztmals für das Wirtschaftsjahr, das nach dem 30. Dezember 1991 endet. § 6 ist für Investitionen in Berlin-West nicht anzuwenden.

(3) § 7 ist auf Aufwendungen anzuwenden, die auf nach dem 31. Dezember 1990 und vor dem 1. Januar 1997 vorgenommene Herstellungs- oder Erhaltungsarbeiten entfallen.

Verbesserungen der Steuervergünstigungen für die jungen Bundesländer

Entsprechend Artikel 4 des am 9. Juli 1993 vom Bundesrat verabschiedeten Standortsicherungsgesetzes werden die Steuervergünstigungen nach dem Fördergebietsgesetz wie folgt geändert:

1. Die Sonderabschreibungen für bewegliche Wirtschaftsgüter des Anlagevermögens und für Baumaßnahmen sind um zwei Jahre bis Ende 1996 verlängert worden. Diese Verlängerung gilt in Berlin (West) nur für unbewegliche Wirtschaftsgüter und für nachträgliche Herstellungsarbeiten an unbeweglichen Wirtschaftsgütern, soweit die unbeweglichen Wirtschaftsgüter oder die durch die nachträglichen Herstellungsarbeiten geschaffenen Teile mindestens fünf Jahre nach ihrer Anschaffung oder Herstellung oder nach Beendigung der nachträglichen Herstellungsarbeiten Wohnzwecken dienen und nicht zu einem Betriebsvermögen gehören.

2. Unbewegliche Wirtschaftsgüter des Betriebsvermögens, die nach dem Jahr der Fertigstellung angeschafft werden (sogenannte Altbauten), sind nur noch uneingeschränkt begünstigt, wenn sie vor dem 1. Januar 1994 angeschafft werden. Bei Anschaffung nach dem 31. Dezember 1993 ist Voraussetzung für die Inanspruchnahme der Sonderabschreibungen, daß die unbeweglichen Wirtschaftsgüter mindestens fünf Jahre nach ihrer Anschaffung zu eigenbetrieblichen Zwecken verwendet werden.

3. Die Sonderabschreibungen sind auf Sanierungs- und Modernisierungsmaßnahmen an angeschafften Gebäuden, z. B. im Rahmen von Erwerbergemeinschaften, ausgedehnt worden. Bei Gebäuden, die aufgrund eines nach dem 31. Dezember 1991 rechtswirksam abgeschlossenen obligatorischen Vertrags oder gleichstehenden Rechtsakts angeschafft worden sind, sind die Anschaffungskosten begünstigt, soweit sie auf Sanierungs- und Modernisierungsmaßnahmen entfallen, die nach Abschluß dieses Vertrags durchgeführt worden sind.

4. Bei Wirtschaftsgütern des Anlagevermögens können die Sonderabschreibungen über das Jahr der Anschaffung oder Herstellung des

Wirtschaftsguts und die folgenden vier Jahre beliebig verteilt werden. Die bisherige Befristung der Verteilungsmöglichkeit auf das Kalenderjahr 1994 bzw. das Wirtschaftsjahr 1994/95 ist entfallen.

5. Der Gewinnabzug für Land- und Forstwirte, die ihren Gewinn nach Durchschnittssätzen ermitteln, ist um zwei Jahre bis Ende 1996 verlängert worden.

6. Die Frist für die Auflösung der steuerfreien Rücklage ist um zwei Jahre verlängert worden. Die Rücklage ist gewinnerhöhend aufzulösen, sobald und soweit Sonderabschreibungen für Investitionen in Anspruch genommen werden können, die vor dem 1. Januar 1995 abgeschlossen worden sind, spätestens jedoch am 31. Dezember 1994 bzw. bei abweichendem Wirtschaftsjahr am Ende des Wirtschaftsjahres 1994/95.

7. Die Bildung einer Rücklage für Investitionen in Berlin (West) ist aufgrund einer Entscheidung der EG-Kommission vom 31. Juli 1992 ausgeschlossen worden.

8. Der Sonderausgabenabzug bei Herstellungs- und Erhaltungsarbeiten an zu eigenen Wohnzwecken genutzten Gebäuden ist um zwei Jahre bis Ende 1996 verlängert worden.

9.2 Entlastungsmaßnahmen bei der Gewerbe- und der Vermögenssteuer

Förderziel:

Befristeter Verzicht auf die Erhebung der Vermögenssteuer (bis 31. 12. 1995)

In den neuen Bundesländern wird zeitlich befristet auf die Erhebung der Vermögenssteuer verzichtet:
- Befreiung der juristischen Personen mit dem im Beitrittsgebiet gelegenen Vermögen.
- Befreiung des Vermögens von natürlichen Personen, die vor dem 1. 1. 1991 im Beitrittsgebiet ihren Wohnsitz begründet haben.

Verzicht auf die Erhebung der Gewerbekapitalsteuer (bis 31. 12. 1995)

In den neuen Bundesländern wird zeitlich befristet auf die Erhebung der Gewerbekapitalsteuer verzichtet. Das vom Einheitswert des gewerblichen Betriebes abgeleitete Gewerbekapital bildet zusammen mit dem Gewerbeertrag die Besteuerungsgrundlage für die von den Gemeinden jährlich erhobene Gewerbesteuer.

10 Förderung technologieorientierter Unternehmensgründungen im Beitrittsgebiet (TOU)

Förderziel:

Der BMFT gewährt projektgebundene Zuwendungen und geht Risikobeteiligungen für Innovationsvorhaben ein, die im Zusammenhang mit der Gründung von technologieorientierten Unternehmen stehen oder darauf abzielen, die technologische Basis von neugegründeten Kleinunternehmen aufzubauen oder zu verstärken.

Je nach erreichtem Projektstadium der Innovationsvorhaben werden Beratungshilfen, projektbezogene Zuwendungen oder auch Risikobeteiligungen gewährt. Eine Förderung im Rahmen dieser Maßnahme ist ausgeschlossen, wenn für denselben Zweck Mittel aus anderen technologieorientierten Programmen des Bundes, der Länder oder der europäischen Gemeinschaften oder aus dem Modellversuch Beteiligungskapital für junge Technologieunternehmen in Anspruch genommen werden. Dies gilt nicht für Kreditprogramme.

Ein Rechtsanspruch der Antragsteller auf Gewährung der Zuwendungen oder Risikobeteiligungen besteht nicht.

Antragsberechtigte:

- Personen, die die Absicht haben, ein technologieorientiertes, gewerbliches Unternehmen mit Sitz und künftigem Geschäftsbetrieb im Beitrittsgebiet zu gründen.
- Technologieorientierte Unternehmen der gewerblichen Wirtschaft mit Sitz, Geschäftsbetrieb und wirtschaftlichem Schwerpunkt im Beitrittsgebiet.
- Die neugegründeten bzw. bereits bestehenden Unternehmen dürfen nicht älter als 2 Jahre sein und
- nicht mehr als 10 Mitarbeiter haben.
- Der bzw. die Gründer müssen mindestens 50 v. H. der Anteile halten.
- Dabei müssen die Personen, die Träger des technischen Fachwissens sind, mindestens 25 v. H. der Anteile des Unternehmens halten und den größeren Teil ihrer Arbeitszeit den Innovationsvorhaben widmen.

- Mindestens einer der Gründer muß über kommerzielle Grundkenntnisse verfügen.
- Die Gründer dürfen andere Beschäftigungsverhältnisse als in dem geförderten Unternehmen nicht eingehen oder beibehalten.
- Darüber hinaus müssen die Gründer grundsätzlich ihren Wohnsitz im Beitrittsgebiet haben.
- Die Beteiligung Dritter darf die wirtschaftliche Eigenständigkeit der Unternehmen nicht gefährden.

Förderungsvoraussetzungen:

- Die zu entwickelnden und zu vermarktenden Produkte, Verfahren und technischen Dienstleistungen müssen deutliche Wettbewerbsvorteile und Marktchancen aufgrund der darin enthaltenen technischen Innovation erwarten lassen.
- Wenn die Durchführung eigene Entwicklungsaufwendungen mit nicht unerheblichem technischem Risiko erfordert.
- Das Innovationsvorhaben muß technisch und wirtschaftlich machbar sein und einen nachhaltigen Unternehmenserfolg erwarten lassen.
- Wenn das Vermögen der Antragsteller nicht ausreicht.
- Die Innovationsvorhaben sollen in der Regel in Gründer- und Technologiezentren bzw. in den Regionen, die von diesen Zentren betreut werden, durchgeführt werden. Diese Zentren müssen die notwendigen infrastrukturellen Voraussetzungen für Gründer bzw. neugegründete, kleine Unternehmen und/oder Dienstleistungen für Technologieunternehmen bieten (insbesondere Technologie- und betriebswirtschaftliche Beratung). Eine Förderung von Innovationsvorhaben, die außerhalb dieser Technologiezentren bzw. der Regionen, die von diesen Zentren betreut werden, durchgeführt werden, setzt voraus, daß die gegebenenfalls notwendige Betreuung anderweitig sichergestellt werden kann.

Art und Höhe der Förderung:

- Sofern ein beurteilungsreifes Konzept für Innovationsvorhaben nicht vorliegt, können Zuwendungen als nicht rückzahlbare Zuschüsse für Arbeiten zur Erstellung beurteilungsreifer Unterlagen bis zu 75 % der zuwendungsfähigen Ausgaben (Personalausgaben, Materialausgaben), höchstens jedoch DM 45.000 gewährt werden. Die Förderungsdauer soll ein Jahr nicht überschreiten **(Phase 1)**.
- Zur Finanzierung von Innovationsvorhaben können Zuwendungen als nicht rückzahlbare Zuschüsse bis zu 80 % der zuwendungsfähigen

Ausgaben (z. B. Personalausgaben, Materialausgaben, Ausgaben für Raum- und Gerätemieten, Ausgaben für Beratungen durch Dritte, Ausgaben für Betriebs- und Geschäftsausstattung usw.), höchstens jedoch DM 800.000 gewährt werden **(Phase 2)**.
- Für Produktionseinrichtungen und Markteinführung können projektbezogene Risikobeteiligungen, die zur Finanzierung der Investitionen und der Betriebsmittel sowie zur Absicherung von Bankbürgschaften notwendig sind, bis zu einer Gesamthöhe von DM 1 Mio. übernommen werden **(Phase 3)**. Eine Förderung in **Phase 3** setzt voraus, daß das Innovationsvorhaben auch in **Phase 2** gefördert worden ist.
- Bankkredite zur Finanzierung der Produktionseinrichtung können bis zu 80 %, höchstens jedoch mit DM 800.000 durch Risikobeteiligungen mit einer Laufzeit von bis zu 10 Jahren abgesichert werden. Dabei sind 2 tilgungsfreie Jahre möglich. Bei den Krediten kann es sich auch um Ergänzungsdarlehen der Deutschen Ausgleichsbank handeln, die in gleicher Weise abgesichert werden können.
- Ein zur Finanzierung der Betriebsmittel eingeräumter Kontokorrentkredit kann bis zu 80 %, höchstens jedoch mit DM 400.000 durch Risikobeteiligungen mit einer Laufzeit von bis zu 5 Jahren abgesichert werden. Diese Risikobeteiligung wird ab dem 3. Jahr um jährlich 25 % des Ursprungsbetrages reduziert.
- Risikobeteiligungen werden nur für solche Kredite übernommen, bei denen keine anderen, ausreichenden Sicherheiten gestellt werden können. Die Risikobeteiligungen berühren in keiner Weise die Haftung des Kreditnehmers für den von ihm aufgenommenen Bankkredit.

Zuwendungsfähige Ausgaben in **Phase 2:**

Personalausgaben, ermittelt als Summe der projektbezogenen, lohnsteuerpflichtigen jährlichen Bruttolöhne und Gehälter ohne umsatz- und gewinnabhängige Lohn- und Gehaltsbestandteile. Personalausgaben für mitarbeitende Familienangehörige sind grundsätzlich nicht zuwendungsfähig. Personalausgaben für Unternehmer und Personen, die am Unternehmen kapitalmäßig beteiligt sind und die am Projekt mitarbeiten, auf der Basis vergleichbarer Gehälter, im Einzelfall bis zu jährlich DM 40.000.

Materialausgaben:

- Ausgaben für Raum- und Gerätemieten, Reparaturen, Akquisition (in Phase 2 max. 15 % der übrigen zuwendungsfähigen Ausgaben), Patentanmeldungen, Rechnerkosten, Zulassungsgebühren sowie für

projektbezogene Qualifizierung einschl. betriebswirtschaftlicher Weiterbildung.
- Ausgaben für projektbezogene Beratung durch Dritte und für Aufträge an Dritte (insbesondere Tests, Gutachten, Expertisen, Marktstudien, Literatur-, Datenbank- und Patentrecherchen, Erstellung von Funktionsmustern).
- Ausgaben für Betriebs- und Geschäftsausstattung und Entwicklungseinrichtungen. Ausgaben für Einrichtungen, die außer zu Entwicklungszwecken auch für die Produktion eingesetzt werden können, sind nur in Ausnahmefällen in geringem Umfang zurechnungsfähig.
- Zur Abgeltung der übrigen Ausgaben ist eine Pauschale von 35 %, bezogen auf die Personalausgaben, zuwendungsfähig.
- Im Rahmen der **Phase 1** sind nur Materialausgaben und Ausgaben für projektbezogene Beratung sowie für Geschäftsreisen, Rechnerkosten, Fachliteratur und für projektbezogene Qualifizierung einschl. betriebswirtschaftlicher Weiterbildung zuwendungsfähig. Dabei dürfen die Ausgaben für projektbezogene Beratung sowie für Fachliteratur und projektbezogene Qualifizierung einschl. betriebswirtschaftlicher Weiterbildung zusammen 50 % der insgesamt zuwendungsfähigen Ausgaben nicht überschreiten.

Antrag/Beratung:

- Deutsche Ausgleichsbank, Wielandstr. 4, 53173 Bonn und
- VDI/VDE Technologiezentrum Informationstechnik GmbH, Budapester Str. 40, 10787 Berlin

Verfahren:

- Anträge auf Gewährung von Zuwendungen in **Phase 1 und 2** sind von den Gründern/dem Gründer bzw. dem gegründeten Unternehmen an die VDI/VDE Technologiezentrum Informationstechnik GmbH, Budapester Str. 40, 10787 Berlin zu richten.
- Anträge auf Risikobeteiligung sind von dem Kreditgeber an die Deutsche Ausgleichsbank, Wielandstr. 4, 53173 Bonn, zu richten.

11 Darlehen zur Förderung der Teilnahme an beruflichen Fortbildungsmaßnahmen (BF-Darlehen)

Förderziel:

Gefördert wird im gesamten Bundesgebiet die Teilnahme an Meisterkursen (§§ 45, 122 HwO) und anderen Fortbildungsmaßnahmen im Handwerk (§ 42 HwO), an Fortbildungsmaßnahmen nach §§ 46, 81 und 95 BBiG sowie an Fortbildungsmaßnahmen im Bereich der gewerblichen Wirtschaft an Fachschulen und Fachakademien im Zuständigkeitsbereich der Länder. Die Fortbildung muß mit einer anerkannten Prüfung abschließen. Dies ist von der für die Prüfung zuständigen Stelle zu bestätigen.

Zuständige Stellen sind: die Handwerkskammern, die Industrie- und Handelskammern, die vorgenannten Fachschulen und Fachakademien (Bestätigung in Verbindung mit einer Bescheinigung der Kultusbehörden der Länder), für einbezogene Maßnahmen nach §§ 81 und 95 BBiG.

Antragsberechtigte:

Antragsberechtigt ist, wer zu einer der oben genannten Maßnahme zugelassen ist und die bei Anmeldung zu entrichtende Gebühr gezahlt hat. Die Maßnahme muß innerhalb der nächsten sechs Monate beginnen.

Der Antragsteller muß seinen ständigen Wohnsitz in der Bundesrepublik Deutschland haben.

Ein Rechtsanspruch auf eine Darlehensgewährung besteht nicht.

Der Antragsteller darf das BF-Darlehen nur einmal und nicht neben anderen individuellen öffentlichen Fördermitteln (AFG, BAFÖG, Meisterbildungslehrgänge im Handwerk in den neuen Ländern mit dem Ziel der Existenzgründung) beantragen. Die „Begabtenförderung in der beruflichen Bildung" fällt nicht unter das Kumulierungsverbot.

Art und Höhe der Förderung:

Für die Darlehensgewährung können folgende Kosten der Fortbildungsmaßnahme angesetzt werden:
- Teilnahme- und Prüfungsgebühren, Material und Lernmittel.

- Bei Vollzeitlehrgängen (max. für 2 Jahre) zusätzlich für die Kosten der Lebenshaltung pauschal ein Betrag von DM 1.100 pro Monat und monatliche Beiträge zur Krankenversicherung von pauschal DM 150 bzw. im Einzelfall darüber hinaus zu leistende Beträge gemäß Beitragsbescheinigung der Krankenkasse oder -versicherung.

1. Höchstbetrag:
   DM 30.000 bei Vollzeitkursen,
   DM 10.000 bei Teilzeitkursen.
2. Mindestbetrag: DM 5.000.
3. Laufzeit: 10 Jahre, davon 3 Jahre tilgungsfrei.
4. Auszahlung:
   - Darlehen bis zu DM 10.000 und Darlehen für Fortbildungsmaßnahmen, die nicht länger als 9 Monate dauern, werden in einem Betrag ausgezahlt.
   - Bei länger als 9 Monate dauernden Fortbildungsmaßnahmen und DM 10.000 übersteigenden Darlehensgesamtbeträgen werden weitere DM 10.000 (bzw. ein niedrigerer Darlehensrestbetrag) im Abstand von jeweils 9 Monaten ausgezahlt.

Bearbeitungsgebühr: einmalig 2 % vom Darlehensbetrag.

Sicherheiten: keine. Bei Tod und Berufsunfähigkeit kann die Rückzahlung auf begründeten Antrag erlassen werden.

Zinssatz: bei Gewährung des Darlehens wird der Zinssatz von der DtA festgelegt. Er ist fest für die gesamte Laufzeit. Der Zinssatz wird aus Bundesmitteln für die ersten 3 Jahre der Kreditlaufzeit um 4 Prozentpunkte verbilligt, höchstens jedoch auf einen Zinssatz von 4 % p. a.

Antrag/Beratung:

Der Antrag ist vor Vorhabensbeginn bei der Hausbank zu stellen, diese leitet ihn an die Deutsche Ausgleichsbank:

Verfahren:

Anträge sind auf den DtA-Vordrucken zu stellen und können – mit der im Vordruck vorgesehenen Bestätigung des Veranstalters/der zuständigen Stelle – bei der Hausbank eingereicht werden.

Aktuelle Informationen:

Die Richtlinie tritt rückwirkend zum 1. 1. 1994 in Kraft. Anträge können bis zum 31. 12. 1998 gestellt werden.

Regionalförderung

III Mecklenburg-Vorpommern

1 Beratung zum Anfassen

Förderziel:

Praktische Hilfe durch erfahrene Fachleute bei der Umsetzung von konzeptionellen Maßnahmen im Alltag. Förderziel ist es, die Unternehmen auf dem Wege der „Hilfe zur Selbsthilfe" an die Bedingungen der freien Marktwirtschaft heranzuführen.

Antragsberechtigte:

Unternehmen der gewerblichen Wirtschaft, des Handwerks, des Handels und der Freien Berufe in Mecklenburg-Vorpommern.

Nicht antragsberechtigt sind:
- Land- und Forstwirtschaft,
- Krankenhäuser, Kurheime, Sanatorien u. ä. soziale Einrichtungen.

Art und Höhe der Förderung:

Die Förderung besteht in der Gewährung eines 80 %igen Zuschusses zu den in Rechnung gestellten Beratungskosten. In Einzelfällen kann der Fördersatz 100 % betragen. Nicht gefördert werden Beratungen in Rechts-, Versicherungs- und Steuerfragen sowie für Jahresabschlüsse.

Antrag/Beratung:

Die Antragstellung erfolgt beim Wirtschaftsministerium Mecklenburg-Vorpommern.

Verfahren:

Im Wirtschaftsministerium erfolgt die Überprüfung und die Bewilligung der Förderung.

2 Zinszuschüsse Mecklenburg-Vorpommern

Förderziel:

Die Gewährung von Zinszuschüssen für Errichtung, Erwerb oder Erweiterung einer Betriebsstätte, wenn durch das Vorhaben mindestens ein zusätzlicher Ausbildungsplatz geschaffen wird oder, wenn dies nicht erfüllt werden kann, ein zusätzlicher Dauerarbeitsplatz geschaffen wird.

Als grundlegende Rationalisierung oder Umstellung einer Betriebsstätte kann gefördert werden, wenn das Vorhaben zur Sicherung der dort bestehenden Arbeitsplätze erforderlich ist.

Antragsberechtigte:

Ärzte, Zahnärzte und Tierärzte.

Art und Höhe der Förderung:

Die Förderung erfolgt als Projektförderung im Wege der Anteilsfinanzierung in Form eines kapitalisierten Zinszuschusses für Investitionskredite. Die Zuwendung wird dabei in Höhe von DM 1000 je DM 10.000 des zu verbilligenden Darlehens gewährt. Der Höchstbetrag des Zinszuschusses beträgt DM 100.000.

Die Förderung bezieht sich grundsätzlich auf die im Anlagevermögen aktivierten und überwiegend eigenbetrieblich genutzten Investitionen.

Antrag/Beratung:

Hausbank, Wirtschaftsministerium.

Verfahren:

Die Anträge können bis zum 31. 12. 1994 gestellt werden. Die Antragstellung erfolgt auf dem Formblatt „Antrag auf Gewährung öffentlicher Finanzhilfen an die gewerbliche Wirtschaft im Rahmen der regionalen Wirtschaftsförderung". Die Bewilligung erfolgt durch den Wirtschaftsminister.

3 Technologieförderprogramm

Förderziel:

Die Entwicklung und Einführung von für das Land neuartigen Technologien. Unter Technologie im Sinne dieser Richtlinie werden Produkte, Produktionsverfahren und Anlagen einschließlich ihrer Entwicklung und Konstruktion verstanden. Zur Technologie gehören auch das Zusammenwirken zwischen Mensch und Maschine sowie die organisatorische Verknüpfung von technologischen Betriebsabläufen und sonstige damit im Zusammenhang stehende betriebliche Vorgänge.

Die Förderung dient
- der Umsetzung der angewandten Forschung und Erarbeitung neuer technischer Lösungen und/oder der Entwicklung, Konstruktion und Herstellung von neuen Produkten, Produktionsverfahren oder Dienstleistungen und deren erstmalige Umsetzung, die i. d. R. mit der Herstellung eines Prototyps endet;
- der Weiterentwicklung vorhandener Technologien, Produkte oder Dienstleistungen bis hin zu deren industriellen Anwendung und kommerziellen Nutzung mit dem Ziel der qualitativen Verbesserung dieser Erzeugnisse unter Berücksichtigung neuester wissenschaftlicher Erkenntnisse;
- der Vermittlung der zur Anwendung einer neuen Technologie erforderlichen Kenntnisse sowie deren Demonstration evtl. weiterer Entwicklungsarbeit, die zur Aufnahme der Produktion notwendig ist.

Hierunter fallen nicht die für Unternehmen üblichen Werbemaßnahmen.

Antragsberechtigte:

Mittelständische Unternehmen der gewerblichen Wirtschaft, die ihren Sitz oder eine Betriebsstätte in Mecklenburg-Vorpommern haben, soweit sie jeweils nicht mehr als 1000 Mitarbeiter beschäftigen. Unternehmen, an denen Großunternehmen mit mehr als 25 % Anteilseigner sind, gelten im Sinne der Richtlinie nicht als mittelständisch.

Art und Höhe der Förderung:

Die Gewährung der Zuwendungen erfolgt in Form eines Zuschusses als Projektförderung im Wege der Anteilsfinanzierung.

Antrag/Beratung:

Wirtschaftsministerium/Agenturen für Technologietransfer und Innovationsförderung (ATIs).

Verfahren:

Der Antrag ist vor Beginn des Vorhabens zu stellen. Die Entscheidung über den Antrag erfolgt beim Wirtschaftsministerium auf der Grundlage der eingereichten Unterlagen und einer fachlichen Stellungnahme.

Agenturen für Technologietransfer und Innovationsförderung (ATI)
- ATI GmbH Schwerin, Hagenower Str. 73, 19063 Schwerin
- ATI Küste GmbH Geschäftsstelle Rostock, Joachim-Jungius-Str. 9, 18059 Rostock
- ATI Küste GmbH Geschäftsstelle Greifswald, Brandteichstr. 19, 17464 Greifswald
- ATI titan e. V. Neubrandenburg, Lindenstr. 39, 17033 Neubrandenburg.

4 Innovationsförderprogramm

Förderziel:

Eine Förderung kann für
- Entwicklungs- und Innovationsvorhaben,
- Pilot- oder Demonstrationsvorhaben,
- Beratungen und Informationsvermittlung über neue Produktionstechniken und Technologien sowie deren Vermarktung,
- den Einsatz von Innovationsassistenten in den Bereichen Produktion, Innovation, Umweltmanagement und Marketing,
- Erfindung, einschließlich Betreuung,
- Sicherung und den Erwerb von Schutzrechten für Erfindungen und anderen Innovationsergebnissen,
- eine Innovationskooperation zwischen Partnern aus Wissenschaft und Wirtschaft zur Bereitstellung neuer wissenschaftlicher Erkenntnisse für mittelständische Unternehmen

gewährt werden.

Antragsberechtigte:

Kleine und mittlere Unternehmen, die ihren Sitz oder eine Produktionsstätte in Mecklenburg-Vorpommern haben, sowie freie Erfinder, Urheber und Schutzrechtsanmelder mit Wohnsitz in Mecklenburg-Vorpommern.
- Nicht mehr als 250 Arbeitskräfte und entweder
- einen Jahresumsatz von nicht mehr als DM 40 Mio. erzielen oder
- eine Bilanzsumme von nicht mehr als DM 20 Mio. erreichen und
- sich zu höchstens 25 % im Besitz eines oder mehrerer diese Definition nicht erfüllende Unternehmen befinden (Ausnahme: öffentliche Beteiligungsgesellschaften, Risikokapitalgesellschaften und – soweit keine Kontrolle ausgeübt wird – institutionelle Anleger).

Art und Höhe der Förderung:

Die Zuwendungen erfolgen als nicht rückzahlbare Zuschüsse zur Projektförderung im Wege der Anteilsfinanzierung. Die Höhe der Zuwendung beträgt bis zu 75 % der zuwendungsfähigen Kosten und höchstens DM 400.000 je Unternehmen.

Antrag/Beratung:

Wirtschaftsministerium/Agenturen für Technologietransfer und Innovationsförderung (ATIs).

Verfahren:

Der Antrag ist vor Beginn des Vorhabens zu stellen. Die Entscheidung über den Antrag erfolgt beim Wirtschaftsministerium auf der Grundlage der eingereichten Unterlagen und einer fachlichen Stellungnahme.

Agenturen für Technologietransfer und Innovationsförderung (ATI)
- ATI GmbH Schwerin, Hagenower Str. 73, 19063 Schwerin
- ATI Küste GmbH Geschäftsstelle Rostock, Joachim-Jungius-Str. 9, 18059 Rostock
- ATI Küste GmbH Geschäftsstelle Greifswald, Brandteichstr. 19, 17464 Greifswald
- ATI titan e. V. Neubrandenburg, Lindenstr. 39, 17033 Neubrandenburg.

5 Imageförderung einheimischer Produkte und Leistungen

Förderziel:

Die Förderung des Absatzes von Produkten und Leistungen mittelständischer Unternehmen in Mecklenburg-Vorpommern hat das Ziel der Erschließung und/oder Wiedergewinnung von insbesondere überregionalen und Export-Märkten.

Es werden Maßnahmen gefördert, die eine Verbesserung des Absatzes und/oder des Images von Produkten oder Leistungen zur Folge haben. Dies betrifft die Bildung von Absatz-, Bieter-, Werbe-, Entwicklungsgemeinschaften, die Erstellung von Absatzkonzeptionen, die Produktgestaltung (Produktdesign), die Entwicklung von Werbestrategien oder Vertriebsvorschläge durch Dritte.

Das Produkt/die Dienstleistung, deren Absatzmöglichkeit hergestellt oder verbessert werden soll, muß bereits existieren oder konkret bezeichnet sein.

Antragsberechtigte:

Kleine und mittlere Unternehmen aus Mecklenburg-Vorpommern oder Gruppen dieser Unternehmen und Freie Berufe, soweit sie den Gemeinschaften angehören.
- Nicht mehr als 250 Arbeitskräfte und entweder
- einen Jahresumsatz von nicht mehr als DM 40 Mio. erzielen oder
- eine Bilanzsumme von nicht mehr als DM 20 Mio. erreichen und
- sich zu höchstens 25 % im Besitz eines oder mehrerer diese Definition nicht erfüllende Unternehmen befinden.

Nicht antragsberechtigt sind Unternehmen aus folgenden Bereichen:
- Land- und Forstwirtschaft,
- soziale Einrichtungen,
- Kreditinstitute und das Versicherungsgewerbe.

Art und Höhe der Förderung:

Die Zuwendungen erfolgen als nicht rückzahlbare Zuschüsse zur Projektförderung im Wege der Anteilsfinanzierung.

Antrag/Beratung:
Wirtschaftsministerium Mecklenburg-Vorpommern.

6 Förderung von Messen und Ausstellungen

Förderziel:

Gefördert wird die Einrichtung und der Betrieb des Standes bei Messen und Ausstellungen. Dazu gehören:
- Standkosten (Standmiete, -gestaltung und -betrieb),
- Transport- und Versicherungskosten,
- Kosten für veranstaltungsbezogene Werbung,
- Kosten für Fremdpersonal.

Nicht gefördert werden grundsätzlich eigene Personalausgaben der Antragsteller und Ausgaben für Reisen, Aufenthalt und Repräsentation.

Voraussetzung für eine Förderung ist das wirtschaftspolitische Interesse an der Maßnahme. Gefördert werden ausschließlich Gemeinschaftsbeteiligungen von mindestens drei Firmen.

Förderungsfähig ist eine Maßnahme nur, wenn sie ohne die beantragte Finanzhilfe zu diesem Zeitpunkt nicht oder nicht in einem angemessenen Umfang durchgeführt werden könnte und ihre Finanzierung unter Einbeziehung der beantragten Finanzhilfe gesichert ist.

Antragsberechtigte:

- Industrie- und Handelskammern,
- Handwerkskammern,
- Landesfachverbände der Wirtschaft, soweit sie für Unternehmen oder Mitglieder tätig werden,
- Gruppen von Unternehmen (z. B. Arbeitsgemeinschaften, Arbeitskreise, Innungen, Landesinnungsverbände),
- Kommunen.

Die Antragsberechtigten haben den Nachweis der Verwendung zu erbringen und die Förderbeträge anteilig, entsprechend den zuwendungsfähigen Aufwendungen, an die begünstigten Unternehmen weiterzugeben.

Die finanzielle Unterstützung von Messebeteiligungen der Kammern selbst ist in bestimmten Fällen ebenfalls möglich (z. B. Sonderschauen des Handwerks).

Die Förderung der Beteiligung an Messen und Ausstellungen darf ausschließlich Unternehmen mit Hauptsitz in Mecklenburg-Vorpommern zugute kommen, soweit sie nicht mehr als 250 Beschäftigte haben und der Jahresumsatz DM 50 Mio. nicht übersteigt.

Art und Höhe der Förderung:

Die Zuwendungen erfolgen als nicht rückzahlbare Zuschüsse zur Projektförderung im Wege der Anteilsfinanzierung bis zur Höhe von 50 % der zuwendungsfähigen Kosten, maximal DM 10.000 pro Unternehmen. Ein Rechtsanspruch auf die Förderung besteht nicht.

Antrag/Beratung:

Wirtschaftsministerium Mecklenburg-Vorpommern.

Verfahren:

Anträge sind bis spätestens 6 Wochen vor Beginn der Maßnahme beim Wirtschaftsministerium in 2facher Ausfertigung einzureichen.

Dem Antrag sind beizufügen:
- der Finanzierungsplan mit Berechnung aller mit dem Zuwendungszweck zusammenhängenden Ausgaben einschließlich einer Übersicht über die beabsichtigte Finanzierung,
- die verbindliche Erklärung des Firmeninhabers/-geschäftsführers, daß die zu begünstigenden Unternehmen die Größenkriterien (Beschäftigtenzahl/Umsatz) nicht überschreiten.

7 Maßnahmen der Wasserversorgung und der Abwasserentsorgung

Förderziel:

Im einzelnen können gefördert werden:
- zentrale Wasserversorgungsanlagen mit den Einrichtungen zur Förderung, Aufbereitung und Verteilung des Wassers,
- zentrale Abwasseranlagen mit Schmutzwassersammlern, Pumpstationen und Abwasserreinigungsanlagen.

Nicht förderfähig sind:
- Unterhaltung von Gewässern und wasserwirtschaftlichen und kulturbautechnischen Anlagen und das dazu benötigte Material,
- laufende Verwaltungs- und Betriebsausgaben,
- Beschaffung von Kraftfahrzeugen, Geräten und Fachliteratur,
- Kosten für Richtfeste, Abnahmen, Einweihungen,
- Kosten für Ernteausfälle, Entschädigung für entgangene Nutzung und ähnliches,
- abziehbare Vorsteuerbeträge,
- die Zahlung von Ablösungsbeträgen zum Ausgleich eines erhöhten Unterhaltungsaufwandes für Straßen und Wegebrücken sowie Durchlässe an die jeweiligen Baulastträger,
- Kapitalbeschaffungskosten,
- Kosten zur Sicherung von Leitungsrechten u. ä.,
- der Bau von Verwaltungsgebäuden,
- der Bau von Bauhöfen, Dienst- und Werkdienstwohnungen und Garagen,
- die Aufstellung von Bestandsplänen.

Antragsberechtigte:

- Kreise, Städte und Gemeinden,
- natürliche und juristische Personen, die die Aufgaben der Wasserversorgung oder der Abwasserbeseitigung für die Kommunen wahrnehmen.

Art und Höhe der Förderung:

Die Zuwendungen erfolgen als nicht rückzahlbare Zuschüsse zur Projektförderung im Wege der Anteilsfinanzierung oder durch Schuldendiensthilfen in der Form von Zinszuschüssen.

Antrag/Beratung:

Umweltministerium des Landes Mecklenburg-Vorpommern.

Verfahren:

Die Antragsvordrucke sind bei dem örtlich zuständigen Staatlichen Amt für Umwelt und Natur einzureichen. Dem Antrag sind beizufügen:
- Aufstellung der Gesamtausgaben,
- Finanzierungsplan einschließlich Nachweis der Eigenmittel und der Kreditfinanzierung,
- Darlegung der Finanzierung vorangegangener Bauabschnitte,
- Stand des Genehmigungsverfahrens,
- Planunterlagen, Bauzeitplan, Erläuterungsbericht.

8 Maßnahmen der Abfallwirtschaft

Förderziel:

Abfallwirtschaftliche Maßnahmen, die im öffentlichen Interesse liegen und die ohne Zuwendungen nicht oder nicht im notwendigen Umfang durchgeführt werden können, insbesondere Maßnahmen, die der Vermeidung, Verringerung und Verwertung von Abfällen und Reststoffen dienen, die zu einem Aufbau einer höher qualifizierten Entsorgungsstruktur führen.

Abfallwirtschaftliche Maßnahmen dienen öffentlichen Interessen, wenn durch sie
- Gefährdungen und Belastungen für Mensch und Umwelt vermieden oder reduziert,
- die Inanspruchnahme von Naturressourcen verringert,
- Abfälle vermieden,
- Schadstoffe in Abfällen vermieden oder verringert,
- Abfälle stofflich verwertet,
- stofflich nichtverwertbare Abfälle zum Zweck der umweltverträglichen Verwertung oder Ablagerung behandelt

werden.

Antragsberechtigte:

Unternehmen zur Erfüllung abfallwirtschaftlicher Aufgaben, die nach dem Abfallwirtschafts- und Altlastengesetz für Mecklenburg-Vorpommern entsorgungspflichtigen Körperschaften, deren Zusammenschlüsse oder beauftragte Dritte.

Art und Höhe der Förderung:

Die Zuwendungen erfolgen als nicht rückzahlbare Zuschüsse von höchstens 20 % zur Projektförderung im Wege der Anteilsfinanzierung.

Antrag/Beratung:

Umweltministerium des Landes Mecklenburg-Vorpommern.

Verfahren:

Die Antragsvordrucke sind bei dem örtlich zuständigen Staatlichen Amt für Umwelt und Natur einzureichen. Die Anträge sind dort erhältlich.

9 Bürgschaften des Landes Mecklenburg-Vorpommern

Förderziel:

Die Bürgschaftsbank Mecklenburg-Vorpommern GmbH übernimmt Ausfallbürgschaften für Kredite von Kreditinstituten, Bausparkassen und Versicherungsunternehmen. Für bereits vor der Beantragung einer Ausfallbürgschaft gewährte Kredite werden nachträglich keine Ausfallbürgschaften übernommen. Dies gilt auch für Kredite zur Ablösung solcher Kredite, es sei denn, daß mit den zu verbürgenden Krediten Vorhaben betriebsgerecht finanziert werden sollen, deren erster Bilanzausweis nicht länger als drei Jahre zurückliegt.

Antragsberechtigte:

Mittelständische Unternehmen der gewerblichen Wirtschaft, des Gartenbaus und Angehörige Freier Berufe in Mecklenburg-Vorpommern, wenn ihnen bankmäßig ausreichende Sicherheiten nicht in erforderlichem Ausmaß zur Verfügung stehen. Die zu verbürgenden Kredite sollen der Betriebsgründung oder der Beteiligung an einem Unternehmen der vorgenannten Wirtschaftszweige oder der Steigerung und Sicherung der Wettbewerbsfähigkeit dienen.

Art und Höhe der Förderung:

Die Ausfallbürgschaften können bis zur Höhe von 80 % des einzelnen Kreditbetrages übernommen werden. Zinsen und Fremdkosten werden im Rahmen des Bürgschaftshöchstbetrages erfaßt.

Die Bürgschaftsbank haftet für die vertraglich vereinbarten Zinsen oder bis zu gleicher Höhe für den Ausgleich des Verzugsschadens, der im Falle der Kreditkündigung an ihre Stelle tritt, höchstens bis zur Höhe des jeweiligen Diskontsatzes der Deutschen Bundesbank zuzüglich 3 % p. a. Sie haftet ebenfalls für Fremdkosten, die mit der Abwicklung des verbürgten Krediktes oder Kreditteils im Zusammenhang stehen.

Die Ausfallbürgschaften werden nur für Tilgungskredite übernommen, deren Laufzeit 15 Jahre nicht überschreiten. Bei Krediten, die der Finanzierung baulicher Maßnahmen für betriebliche Zwecke dienen, kann die Laufzeit bis zu 23 Jahre betragen. Bei Programmkrediten der öffentlichen Hand kann davon abgewichen werden. Freijahre sind zulässig; sie können für verbürgte Kontokorrent- und Avalkreditrahmen nach Ablauf von vier Jahren für weitere vier tilgungsfreie Jahre zugestanden werden.

Tilgungsleistungen auf den Kredit vermindern anteilig den von der Bürgschaftsbank verbürgten und nicht verbürgten Kreditteil.

Für den Kredit sollen neben der Ausfallbürgschaft der Bürgschaftsbank bestmögliche Sicherheiten gestellt werden, die vor der Ausfallbürgschaft für den gesamten Kreditbetrag, Zinsen, Provisionen und Kosten haften.

Antrag/Beratung:

Hausbank/Bürgschaftsbank Mecklenburg-Vorpommern GmbH.

Verfahren:

Der Kreditnehmer stellt den Antrag auf Gewährung des zu verbürgenden Kredites unter Verwendung des dafür vorgesehenen Formblattes bei einem Kreditinstitut seiner Wahl. Die Hausbank übersendet den Bürgschaftsantrag mit den erforderlichen Angaben und Unterlagen an die Bürgschaftsbank, die ihn eigenverantwortlich prüft und alsdann eine Stellungnahme einer Kammer oder eines Wirtschaftsverbandes zu dem Antrag einholt. Die Hausbank ist verpflichtet, den Bürgschaftsantrag aufgrund ihrer Kenntnisse zu ergänzen oder zu berichtigen, wenn die Darstellungen des Kreditnehmers unzutreffend sind.

Die Bürgschaftsbewilligung wird dem Kreditnehmer mitgeteilt; die Hausbank erhält die Bürgschaftserklärung ausgehändigt.

IV Thüringen

1 Mittelstandskreditprogramm Thüringen

Förderziel:

Gefördert werden Investitionen in Thüringen, die die Wettbewerbs- und Leistungsfähigkeit der mittelständischen Wirtschaft steigern.
Insbesondere werden folgende Maßnahmen gefördert:
- Investitionen zur Schaffung oder Sicherung von Arbeits- und Ausbildungsplätzen,
- Investitionen im Zusammenhang mit der Gründung einer ersten selbständigen Vollexistenz, auch durch Übernahme eines bestehenden Betriebes oder durch Eingehen einer tätigen Beteiligung,
- Investitionen zur Errichtung und Übernahme von Betrieben, einschließlich stillgelegter oder von der Stillegung bedrohter Betriebe,
- Investitionen zur Erweiterung, Modernisierung und Rationalisierung von Betrieben,
- Aufwendungen für die Beschaffung des ersten Warenlagers oder des ersten Materialbestandes sowie deren Aufstockung im Zusammenhang mit entsprechenden Investitionen.

Ausgeschlossen ist eine Förderung von Unternehmen, die in Thüringen im Rahmen der Gemeinschaftsaufgabe „Verbesserung der regionalen Wirtschaftsstruktur" oder anderer spezifischer Landesförderprogramme gefördert werden können.

Antragsberechtigte:

Mittelständische Unternehmen der gewerblichen Wirtschaft, insbesondere des Handwerks, Handels, Dienstleistungs- und Kleingewerbes, der Industrie und des Gaststätten- und Beherbergungsgewerbes sowie der wirtschaftsnahen Freien Berufe.

Das Unternehmen gilt als mittelständisch, wenn es weniger als 250 Mitarbeiter beschäftigt und im letzten Wirtschaftsjahr vor Antragstellung einen Jahresumsatz von nicht mehr als DM 40 Mio. erzielt oder eine Bilanzsumme von weniger als DM 20 Mio. ausgewiesen hat. Es darf sich zu höchstens 25 % im Besitz eines oder mehrerer diese Definition nicht erfüllenden Unternehmen befinden.

Art und Höhe der Förderung:

Die Förderung erfolgt durch ein langfristiges, zinsgünstiges Darlehen. Das Darlehen kann bis zu 75 % der anrechenbaren Investitionssumme betragen.

1. Darlehenshöchstbetrag: DM 750.000
   Darlehensmindestbetrag: DM 35.000
2. Zinssatz: fest für die gesamte Laufzeit; bei Existenzgründungen 1 % günstiger
3. Auszahlung: 100 %
4. Laufzeit:
   bauliche Investitionen: bis zu 15 Jahre, davon bis zu 2 Jahre tilgungsfrei
   sonstige Investitionen: bis zu 10 Jahre, davon bis zu 2 Jahre tilgungsfrei.

Antrag/Beratung:

Der Antrag ist bei der Hausbank zu stellen und wird von dieser über das Zentralinstitut an die

Thüringer Aufbaubank
Postfach 1 29
99003 Erfurt

weitergeleitet.

Verfahren:

Mit dem Vorhaben darf zum Zeitpunkt der Antragstellung bei der Hausbank nicht bereits begonnen worden sein, gleichzeitig muß nach Bewilligung der Mittel unmittelbar mit dem Vorhaben begonnen werden.

2 Konsolidierungsprogramm Thüringen

Förderziel:

Ziel des Programmes ist es, kleine und mittlere Unternehmen der gewerblichen Wirtschaft in Thüringen, die in Liquiditäts- und Rentabilitätsschwierigkeiten geraten sind, bei der Konsolidierung ihrer finanziellen Verhältnisse zu unterstützen. Hierfür werden zinsgünstige Konsolidierungsdarlehen zur Umschuldung überhöhter kurzfristiger Verbindlichkeiten gewährt. Eine Förderung ist nur möglich, wenn die Betriebe auf Dauer existenzfähig erscheinen.

Zuwendungsvoraussetzungen:

Die finanziellen Schwierigkeiten des Unternehmens müssen plausibel dargestellt werden. Hierfür ist ein tragfähiges Gesamtkonsolidierungskonzept vorzulegen, das nach seiner Verwirklichung eine dauerhafte Überwindung der augenblicklichen Probleme erwarten läßt. Das Konzept soll im wesentlichen folgende Punkte umfassen:

1. Konsolidierungsanlaß

Es sind die Gründe für die bestehenden Liquiditäts- und Rentabilitätsschwierigkeiten anzugeben und betragsmäßig darzustellen (z. B. Höhe von Forderungsausfällen, schleppende Forderungseingänge, überhöhte Lieferantenverbindlichkeiten, Umstrukturierungsprobleme, Absatzrückgänge, Betriebsverluste etc.).

Bei starken Liquiditätsspannungen aufgrund kurzfristig finanzierter Investitionen ist die Thüringer Aufbaubank (TAB) bereit, bei einer Umschuldung mitzuwirken, sofern sich die Hausbank mit einem Eigenmitteldarlehen in Höhe von 50 % daran beteiligt.

Bei Rentabilitätsschwierigkeiten, die allein durch ein hohes Zinsniveau bedingt sind, kann kein Darlehen aus diesem Programm gewährt werden.

2. Konsolidierungsbedarf

Es muß ein Konsolidierungsbedarf nachgewiesen werden, der sich im allgemeinen aus einer Unterdeckung der Liquidität in Stufe II (= kurzfristige Vermögenswerte ./. kurzfristige Verbindlichkeiten) ergibt. In der Regel kann bis zur Höhe dieser Unterdeckung ein Konsolidierungsdarlehen gewährt werden. Sofern ein über diese Unterdeckung hinausgehendes Darlehen beantragt wird, ist der geltend gemachte höhere Konsolidierungsbedarf ausführlich darzulegen.

Für die Kreditentscheidung ist jedoch immer der jeweilige Einzelfall maßgebend. Wenn die mögliche Zinseinsparung im Hinblick auf die Vermögensverhältnisse des Antragstellers bzw. der Gesellschafter unerheblich ist, kann keine Finanzhilfe gewährt werden.

3. Konsolidierungsmaßnahmen

Betriebliche Verbesserungsmaßnahmen (z. B. Produktionsumstellungen, Rationalisierungen, Erschließungen neuer Absatzmärkte etc.).

Beiträge des Firmeninhabers/der Gesellschafter (z. B. Entnahme-/Gehaltsbeschränkungen, Einbringung von Eigenmitteln etc.).

Beiträge der Hausbank (z. B. Deckung eines angemessenen Teils des Konsolidierungsbedarfs durch ein Eigenmitteldarlehen, Einräumung von Sonderkonditionen, Gewährung von Tilgungsstreckungsdarlehen etc.).

4. Erfolgs- und Finanzplanung

Die Auswirkungen der Konsolidierungsmaßnahmen sind durch eine Ertragsvorschau in GuV-Form sowie einem Finanzplan (= monatliche Einnahmen-/Ausgabenrechnung) jeweils für das laufende und die beiden nächsten Geschäftsjahre zu belegen.

Nichtförderungsfähige Maßnahmen und Branchen:
- Ablösung von Darlehen.
- Branchen: Aus- und Weiterbildungseinrichtungen (inklusive Fahrschule, Tanzschule etc.), Bauträger- und Baubetreuungsfirmen, Vermietungs- und Kapitalanlagefirmen (Ausnahme: Besitzfirma bei Betriebsaufspaltung), Freie Berufe, land- und forstwirtschaftliche Betriebe (Ausnahme: Unternehmen, die unabhängig von der Rechtsform als gewerblich anzusehen sind) sowie Betriebe, an deren Förderung kein öffentliches Interesse besteht (z. B. Spielhallen, Videofilmverleih etc.).

Antragsberechtigte:

Mittelständische Unternehmen der gewerblichen Wirtschaft.

Das Unternehmen gilt als mittelständisch, wenn es weniger als 250 Mitarbeiter beschäftigt und im letzten Wirtschaftsjahr vor Antragstellung einen Jahresumsatz von nicht mehr als DM 40 Mio. erzielt oder eine Bilanzsumme von weniger als DM 20 Mio. ausgewiesen hat. Es darf sich zu höchstens 25 % im Besitz eines oder mehrerer dieser Definition nicht erfüllenden Unternehmen befinden.

Art und Höhe der Förderung:

Die Förderung erfolgt durch ein langfristiges, zinsgünstiges Darlehen.

1. Darlehenshöchstbetrag: DM 750.000
   Darlehensmindestbetrag: DM 50.000
2. Zinssatz: fest für die gesamte Laufzeit
3. Auszahlung: 100 %
4. Laufzeit: bis zu 10 Jahre,
   davon bis zu 2 Jahre tilgungsfrei

Haftungsfreistellung:

Sofern keine ausreichenden banküblichen Sicherheiten vorhanden sind, kann eine Haftungsfreistellung durch die TAB beantragt werden. Die Hausbank hat sich in angemessenem Umfang am Darlehensrisiko zu beteiligen. Eine Haftungsfreistellung ist bis zu 50 % – in besonders gelagerten Fällen bis zu 60 % – möglich. Bei Umschuldungen bereits bestehender Kredite ist keine Haftungsfreistellung möglich, da dies eine nachträgliche Risikoübernahme durch die öffentliche Hand bedeuten würde.

Bei Betriebsaufspaltungen müssen die Besitz- und Betriebsfirma als Gesamtschuldner für das Darlehen haften.

Antrag/Beratung:

Der Antrag ist bei der Hausbank zu stellen und wird von dieser über das Zentralinstitut an die

Thüringer Aufbaubank
Postfach 1 29
99003 Erfurt

weitergeleitet.

Verfahren:

Mit dem Vorhaben darf zum Zeitpunkt der Antragstellung bei der Hausbank noch nicht begonnen worden sein.

3 Thüringer Umlaufmittelprogramm

Förderziel:

Ziel des Programmes ist es, kleine und mittlere Unternehmen bei der Errichtung oder Sicherung, insbesondere um Gefahren für den Betrieb und für den Bestand von Arbeitsplätzen abzuwenden, durch eine günstige Betriebsmittelversorgung zu unterstützen.

Im Rahmen des Programmes werden insbesondere Existenzgründungen, einschließlich MBO/MBI sowie Reprivatisierungen unterstützt.

Anträge im Zusammenhang mit Konsolidierungsmaßnahmen werden mit Vorrang berücksichtigt.

Die Darlehen sollen nur einer Deckung der Finanzierung des Umlaufvermögens dienen. Die antragstellende Hausbank muß sich an der Bereitstellung der Umlaufmittel in angemessener Weise mit hauseigenen Mitteln beteiligen.

Antragsberechtigte:

Mittelständische Unternehmen der gewerblichen Wirtschaft.

Das Unternehmen gilt als mittelständisch, wenn es weniger als 250 Mitarbeiter beschäftigt und im letzten Wirtschaftsjahr vor Antragstellung einen Jahresumsatz von nicht mehr als DM 40 Mio. erzielt oder eine Bilanzsumme von weniger als DM 20 Mio. ausgewiesen hat. Es darf sich zu höchstens 25 % im Besitz eines oder mehrerer diese Definition nicht erfüllenden Unternehmen befinden.

Art und Höhe der Förderung:

Die Förderung erfolgt durch ein langfristiges, zinsgünstiges Darlehen.

1. Darlehensmindestbetrag: DM 50.000
2. Zinssatz: fest für die gesamte Laufzeit
3. Auszahlung: 100 %
4. Laufzeit: 3 Jahre (mit Verlängerungsmöglichkeit)

Haftungsfreistellung:

Je nach Lage des Einzelfalls ist die Thüringer Aufbaubank (TAB) bereit, eine Haftungsfreistellung bis zu 60 % des Darlehensbetrages zu gewähren.

Antrag/Beratung:

Der Antrag ist bei der Hausbank zu stellen und wird von dieser über das Zentralinstitut an die

Thüringer Aufbaubank
Postfach 1 29
99003 Erfurt

weitergeleitet.

4 Förderung von Privat-Vermietern für den Einbau von Naßzellen

Förderziel:

Ziel der Förderung ist die Entwicklung des klein- und mittelständischen Fremdenverkehrsgewerbes sowie, zur Sicherung der Wettbewerbsfähigkeit, die Unterstützung bei der Anpassung an internationale Qualitäts- und Leistungsanforderungen.

Förderfähig sind Investitionen beim Ein- bzw. Umbau von Naßzellen zur Modernisierung und qualitativen Verbesserung von fremdenverkehrsmäßig genutzten Privatzimmern.

Antragsberechtigte:

Vermieter von Fremdenzimmern und Ferienwohnungen mit weniger als 9 Betten.

Art und Höhe der Förderung:

Die Förderung erfolgt als projektbezogene Anteilsfinanzierung für diejenigen Kosten, die im direkten Zusammenhang mit dem Vorhaben stehen. Die gewährten Investitionszuschüsse können bis zu 50 % der förderfähigen Gesamtinvestitionen betragen. Das förderfähige Gesamtinvestitionsvolumen muß mindestens DM 10.000 betragen.

Antrag/Beratung:

Antragannehmende Stelle ist die

Thüringer Aufbaubank
Postfach 1 29
99003 Erfurt

Verfahren:

Mit dem Vorhaben darf zum Zeitpunkt der Antragstellung bei der Hausbank noch nicht begonnen worden sein. Die Maßnahme soll kurzfristig begonnen und innerhalb von 12 Monaten abgeschlossen sein.

5 Förderung von kleinen Verkaufseinrichtungen privater Einzelhändler im ländlichen Raum

Förderziel:

Mit den Zuwendungen sollen Investitionen für stationäre oder mobile Verkaufseinrichtungen gefördert werden, um die Nahversorgung der Bevölkerung mit Waren des täglichen Bedarfes im ländlichen Raum zu verbessern.

Zuwendungen werden nur für Vorhaben gewährt, mit deren Durchführung zum Zeitpunkt der Antragstellung noch nicht begonnen worden ist. Zusätzliche Fördervoraussetzungen:

- Bei stationären Verkaufseinrichtungen:
  - Der Standort muß sich im ländlichen Raum außerhalb zentraler Orte befinden.
  - Die Verkaufs- einschließlich Lagerfläche soll nach Abschluß der Investition größer/gleich 100 qm betragen, aber keinen großflächigen Einzelhandel darstellen.
- Bei mobilen Verkaufseinrichtungen:
  - Sie sind von einem stationären Einzelhandelsunternehmen zu betreiben.
  - Sie haben zu feststehenden Zeiten auf einer vereinbarten Fahrtroute den ländlichen Raum zu beliefern.
- Standort und Fahrtroute sind durch die jeweilige Kreisverwaltung zu bestätigen.

Antragsberechtigte:

Kleine und mittlere Einzelhandelsunternehmen mit Sitz in Thüringen, die bei einer Thüringer Industrie- und Handelskammer eingetragen sind, eine jährliche Umsatzhöhe bis zu DM 2 Mio. Warenumsatz Netto pro Gesamtunternehmen aufweisen und ein Vollsortiment im Sinne eines ländlichen Gemischtwarengeschäftes mit dem Schwerpunkt Lebensmittel führen.

Art und Höhe der Förderung:

Die Förderung wird als einmaliger, nicht rückzahlbarer Investitionszuschuß gewährt, sofern nicht bereits Mittel aus dem Mittelstandskreditprogramm für die Vorhaben in Anspruch genommen wurden.

Die Höhe des Zuschusses beträgt für stationäre Einrichtungen bis zu 20 % und für mobile Verkaufseinrichtungen bis zu 23 % des förderfähigen Investitionsvolumens, maximal aber DM 100.000 für alle Vorhaben pro Unternehmen innerhalb von drei Jahren.

Antrag/Beratung:

Antragannehmende Stelle ist die

Thüringer Aufbaubank
Postfach 1 29
99003 Erfurt

6 Öffentlich geförderte Kapitalbeteiligungen – Thüringen

Förderziel:

Verbreiterung der Eigenkapitalbasis bei mittelständischen Unternehmen in Thüringen mit öffentlich geförderten stillen Beteiligungen.

Die Beteiligung dient der Mitfinanzierung des Auf- und Ausbaues sowie der Sicherung wettbewerbsfähiger Unternehmen. Die Erweiterung der Eigenkapitalbasis soll vor allem die langfristige Finanzierung langfristiger Vorhaben ermöglichen:
- Existenzgründungen (auch als Übernahme von Betrieben oder Betriebsteilen),
- Investitionen zur Erweiterung, zur grundlegenden Rationalisierung oder für Umstrukturierungsmaßnahmen in Betrieben,
- Warenlageraufstockung, insbesondere in Handelsbetrieben.

Ausgeschlossen sind Beteiligungen, die nur der Konsolidierung oder Sanierung dienen. Das Vorhaben kann bereits begonnen, darf jedoch noch nicht abgeschlossen sein.

Antragsberechtigte:

Mittelständische Unternehmen der gewerblichen Wirtschaft mit Sitz oder Betriebsstätte in Thüringen bis zu einem Jahresumsatz von DM 100 Mio. (Konzernbetrachtung) sowie Existenzgründer.

Art und Höhe der Förderung:

Die stille Beteiligung kann bis zu DM 2 Mio., bei einer Laufzeit von 15 Jahren, betragen. Es ist anteilmäßig eine feste und eine erfolgsabhängige Vergütung an der Beteiligungssumme zu entrichten. Zusätzlich wird eine Garantieprovision für die Bürgschaftsbank Thüringen GmbH (BBT) erhoben. Sie dient der Abgeltung der 80%igen Ausfallgarantie, die von der BBT oder vom Bund zugunsten der Mittelständischen Beteiligungsgesellschaft Thüringen mbH übernommen wird.

Die Rückzahlung erfolgt zum Nominalwert. Es sind keine dinglichen Sicherheiten zu stellen, die persönliche Garantie genügt. Die betrieblichen Sicherheiten bleiben damit für Kredite verfügbar.

Für die Bearbeitung fällt eine einmalige Gebühr von 2 % der Beteiligungssumme an.

Antrag/Beratung:

Hausbank / Mittelständische Beteiligungsgesellschaft Thüringen mbH, Neuwerkstraße 10, 99084 Erfurt.

Verfahren:

Die Anträge können formlos gestellt werden. Als Leitfaden wird ein Fragenkatalog vorab zur Verfügung gestellt.

Es hat sich als zweckmäßig erwiesen, vor Antragstellung zunächst fernmündlich Kontakt aufzunehmen.

7 Exportberatungsprogramm

Förderziel:

Gegenstand der Förderung ist die gezielte Einzelberatung auf dem Gebiet der Außenwirtschaft für kleine und mittelständische Unternehmen sowie Handwerksbetriebe. Die Beratung soll in verstärktem Maße die Beteiligung am Außenhandel durch Vermittlung entsprechender Informationen und fachlicher Kenntnisse ermöglichen.

Der Antragsteller muß in fachlicher, persönlicher, kaufmännischer und technischer Hinsicht die Gewähr bieten, daß er grundsätzlich zu einer außenwirtschaftlichen Tätigkeit in der Lage und auch dafür geeignet ist.

Der Aufwand für die Beratung muß in einem angemessenen Verhältnis zu der angestrebten außenwirtschaftlichen Tätigkeit stehen.

Antragsberechtigte:

Kleine und mittlere Unternehmen sowie Handwerksbetriebe, die ihren Hauptsitz oder eine Niederlassung in Thüringen haben und eine Tätigkeit im Bereich der Außenwirtschaft durchführen wollen.

Art und Höhe der Förderung:

Die Zuwendungen sollen gestaffelt in Abhängigkeit vom Umsatz und von der Dauer der Beratung gewährt werden und sollen einen bestimmten Höchstbetrag nicht überschreiten (max. DM 1.000 pro Tag und max. 5 Tage im Jahr).

Antrag/Beratung:

Antragannehmende Stelle ist die
- IHK Erfurt, Abt. Außenwirtschaft, Friedrich-List-Str. 36, 99096 Erfurt
- IHK Ostthüringen Gera, Abt. Außenwirtschaft, Feuerbachstr. 9, 07548 Gera
- IHK Südthüringen Suhl, Abt. Außenwirtschaft, Lutz-Meier-Str. 1, 98529 Suhl

Weiterer Ansprechpartner ist das
Thüringer Ministerium für Wirtschaft und Verkehr, Referat 3B2, Johann-Sebastian-Bach-Str. 1, 99096 Erfurt.

8 Förderung der Ansiedlung auf Altstandorten

Förderziel:

Gefördert werden:
- Investitionen zur Entwicklung, Errichtung, Erweiterung und Rationalisierung von gewerblichen Betriebsstätten an Altstandorten,
- Neuansiedlung auf Altstandorten,
- Erschließungs-, Umbau- und Ausbauinvestitionen von Industrie- und Gewerbeflächen im Rahmen der wirtschaftsnahen Infrastruktur.

Altstandorte im Sinne der Richtlinie sind staatliche, halbstaatliche, genossenschaftliche oder private Industrie- und Gewerbeflächen, die zur Ansiedlung neuer oder zum Erhalt bereits ansässiger Unternehmen geeignet sind, soweit die planungsrechtlichen Voraussetzungen gegeben sind.

Zuwendungen werden nur für Vorhaben gewährt, deren Durchführung zum Zeitpunkt der Antragstellung noch nicht begonnen worden ist. Als Beginn der Investition gilt bei baulichen Maßnahmen die Aufnahme der Bauarbeiten (erster Spatenstich), bei sonstigen Investitionen der Zeitpunkt der Bestellung/Auftragsvergabe.

Zuwendungen werden vorzugsweise für Investitionsvorhaben in zentralen Orten mit mindestens Mittelzentrumsfunktion gewährt. Sie werden für diejenigen Investitionsvorhaben gewährt, die in Thüringen nicht im Rahmen der Gemeinschaftsaufgabe „Verbesserung der regionalen Wirtschaftsstruktur" gefördert werden können.

Antragsberechtigte:

Die Zuwendungen im Rahmen der gewerblichen Förderung werden kleinen und mittleren mittelständischen industriellen und handwerklichen Unternehmen gewährt. Größere Unternehmen können dann in die Förderung einbezogen werden, wenn das Vorhaben von erheblicher Bedeutung für das Land Thüringen ist.

Art und Höhe der Förderung:

Die Zuwendungen werden als Investitionszuschuß im Wege der projektbezogenen Anteilsfinanzierung gewährt.

Die förderfähigen Investitionskosten im Rahmen der gewerblichen Förderung können um nachfolgende Sätze verbilligt werden:

- bei Errichtungsinvestitionen um bis zu 23 %,
- bei Erweiterungsinvestitionen um bis zu 20 %,
- bei Rationalisierungsinvestitionen um bis zu 15 %,

höchstens jedoch bis zu DM 3 Mio. je Gesamtvorhaben.

Die förderfähigen Investitionskosten im Rahmen der wirtschaftsnahen Infrastruktur können um bis zu 70 % verbilligt werden.

Antrag/Beratung:

Antragannehmende Stelle ist das
Thüringer Ministerium für Wirtschaft und Verkehr, Referat 3B2, Johann-Sebastian-Bach-Str. 1, 99096 Erfurt.

9 Förderung von Handwerkerhöfen

Förderziel:

Gefördert werden die Errichtung, der Ausbau und die Erweiterung von Handwerkerhöfen. Förderfähig sind im Rahmen der Gesamtinvestitionen:
- Bau- und Erschließungskosten,
- die Planungs- und Projektierungskosten, die im unmittelbaren Zusammenhang mit der Errichtung oder dem Ausbau stehen,
- die Ausstattungskosten, wenn diese zur Sicherung der Funktion der Handwerkerhöfe unmittelbar erforderlich sind.

Zuwendungen werden nur für Vorhaben gewährt, mit deren Durchführung zum Zeitpunkt der Antragstellung noch nicht begonnen worden ist. Das Investitionsvorhaben muß die angestrebte städtebauliche Zielsetzung unterstützen und von den zuständigen Behörden bewilligt sein. Bei der Förderung werden vorzugsweise Investitionsvorhaben in zentralen Orten mit mindestens einem Mittelzentrum berücksichtigt. Handwerkerhöfe können gefördert werden, wenn auf mehr als 50 % der Fläche Handwerksbetriebe mit Handels- und Dienstleistungscharakter angesiedelt werden.

Antragsberechtigte:

Antragsberechtigt sind vorzugsweise:
- Körperschaften des öffentlichen Rechts,
- juristische Personen des privaten Rechts mit mehrheitlicher Beteiligung von Körperschaften des öffentlichen Rechts,
- juristische Personen des privaten Rechts mit handwerksfördernden Satzungszielen.

Art und Höhe der Förderung:

Die Zuwendungen werden als Projektförderung im Wege der Anteilsfinanzierung bewilligt. Es können bis zu 50 % der anerkannten Gesamtausgaben, höchstens jedoch bis zu DM 4 Mio. je Gesamtobjekt, als Zuschuß gewährt werden.

Auf die Zuschüsse besteht kein Rechtsanspruch. Sie werden im Rahmen der verfügbaren Haushaltsmittel unter Berücksichtigung der Dringlichkeit des Vorhabens gewährt. Die Kosten des Grundstückserwerbes werden in den förderfähigen Betrag nicht mit einbezogen. Die Investitionskosten können auch gefördert werden, wenn der Zuwendungsempfänger die

Ausführung der Maßnahmen einem Dritten überträgt. Die geförderten Handwerksbetriebe unterliegen einer 10jährigen Zweckbindung.

Antrag/Beratung:

Antragannehmende Stelle ist das
Thüringer Ministerium für Wirtschaft und Verkehr, Referat 3B2, Johann-Sebastian-Bach-Str. 1, 99096 Erfurt.

10 Förderung des Fremdenverkehrs

Förderziel:

Gefördert wird:
- die Errichtung, Erweiterung und Rationalisierung von gewerblichen Fremdenverkehrsbetriebsstätten,
- die Neuerrichtung, Modernisierung sowie Erweiterung bestehender Objekte im Rahmen der Fremdenverkehrsinfrastrukturförderung.

Mit den Zuwendungen soll die Verbesserung der Fremdenverkehrsinfrastruktur als Basis sowie die Entwicklung von gewerblichen Fremdenverkehrsbetrieben gefördert werden. Die Zuwendungen werden für aktivierungsfähige Wirtschaftsgüter des Anlagevermögens gewährt. Die Kosten des Grundstücks- und Immobilienerwerbes werden in die förderfähigen Investitionskosten nicht mit einbezogen.

Zuwendungen werden nur für Vorhaben gewährt, mit deren Durchführung zum Zeitpunkt der Antragstellung noch nicht begonnen worden ist. Sie werden für diejenigen Investitionsvorhaben gewährt, die in Thüringen nicht im Rahmen der Gemeinschaftsaufgabe „Verbesserung der regionalen Wirtschaftsstruktur" gefördert werden können. Die Zuwendungen werden insbesondere für Investitionsvorhaben in Fremdenverkehrsregionen gewährt.

Antragsberechtigte:

Antragsberechtigt sind:
- im Rahmen der einzelbetrieblichen Förderung Fremdenverkehrsbetriebe
- im Rahmen der Fremdenverkehrsinfrastrukturförderung vorzugsweise Träger, die nicht auf Gewinnerzielung ausgerichtet sind.

Art und Höhe der Förderung:

Die Zuwendungen werden als Investitionszuschuß im Wege der projektbezogenen Anteilsfinanzierung gewährt. Die förderungsfähigen Investitionskosten im Rahmen der gewerblichen Förderung können um bis zu 23 %, höchstens jedoch um bis zu DM 2 Mio. je Gesamtvorhaben, verbilligt werden. Die förderfähigen Investitionskosten im Rahmen der Verkehrsinfrastrukturförderung können um bis zu 90 % verbilligt werden.

Antrag/Beratung:

Antragannehmende Stelle ist das
Thüringer Ministerium für Wirtschaft und Verkehr, Referat 6A3, Johann-Sebastian-Bach-Str. 1, 99096 Erfurt.

11 Bürgschaften der Bürgschaftsbank Thüringen GmbH (BBT)

Förderziel:

Besicherung von Krediten vor allem für Existenzgründer und mittelständische Unternehmen, soweit diese nicht über bankübliche Sicherheiten verfügen.

Antragsberechtigte:

Antragsberechtigt sind Betriebe des privaten gewerblichen Mittelstandes (Handwerk, Handel, Kleinindustrie, Gaststätten- und Dienstleistungsgewerbe usw.) sowie Angehörige Freier Berufe.

Art und Höhe der Förderung:

Die Bürgschaften werden gegenüber dem Kreditinstitut (Hausbank) übernommen, soweit der Kreditnehmer keine ausreichenden Sicherheiten stellen kann. Sie decken bis zu 80 % der Kreditsumme (Selbstbehalt des Kreditgebers 20 %). Der Regelhöchstbetrag der Bürgschaft liegt bei DM 1 Mio. im Einzelfall. Die Laufzeit der verbürgten Kredite darf bis zu 15 Jahre, bei Bauvorhaben bis zu 23 Jahre betragen. Daneben ist die Beantragung eines ERP-Krediten und der Eigenkapitalhilfe n. L. ist kumulativ möglich.

Antrag/Beratung:

Die Bürgschaft ist über die jeweilige Hausbank bei der
Bürgschaftsbank Thüringen GmbH (BBT), Hirschlachufer 72, 99084 Erfurt,
zu beantragen.

V Sachsen

1 Mittelstandsprogramm Sachsen

Förderziel:

Unterstützung der mittelständischen Wirtschaft bei:
- Errichtung,
- Übernahme,
- Erweiterung,
- grundlegenden Umstellungs-, Modernisierungs- und Rationalisierungsmaßnahmen.

Antragsberechtigte:

Mittelständische Unternehmen der gewerblichen Wirtschaft, insbesondere des Handwerks, Handels, Dienstleistungs- und Kleingewerbes, der Industrie und des Gaststätten- und Beherbergungsgewerbes.

Das begünstigte Unternehmen darf nicht mehr als 100 Mitarbeiter beschäftigen und der Jahresumsatz nicht über DM 20 Mio. betragen.

Unternehmen, die die Voraussetzungen für die Förderung nach der Gemeinschaftsaufgabe „Verbesserung der regionalen Wirtschaftsstruktur" erfüllen, sind von der Förderung ausgenommen.

Die geförderte Maßnahme soll der Erhaltung und Schaffung von Arbeitsplätzen dienen.

Art und Höhe der Förderung:

Die Förderung erfolgt durch ein langfristiges, zinsgünstiges Darlehen.

Das Darlehen kann bis zu einem Drittel der anrechenbaren Investitionssumme betragen.

1. Darlehenshöchstbetrag: DM 500.000
2. Zinssatz: fest für die gesamte Laufzeit
3. Auszahlung: 98 %

4. Laufzeit:
   - bauliche Investitionen: bis zu 15 Jahre, davon bis zu 2 Jahre tilgungsfrei
   - sonstige Investitionen: bis zu 10 Jahre, davon bis zu 2 Jahre tilgungsfrei

Antrag/Beratung:

Der Antrag ist bei der Hausbank zu stellen und wird von dieser über das Zentralinstitut an die

Sächsische Aufbaubank
St. Petersburger Str. 15
01054 Dresden
Tel. 03 51/4 82 90

weitergeleitet.

Verfahren:

Mit der Investition darf nicht vor Antragseingang bei der Sächsischen Aufbaubank begonnen werden.

Verwendung der Mittel:

Die Verwendung der Mittel ist formgebunden nachzuweisen.

Aktuelle Information:

Sofern ausreichende banktübliche Sicherheiten nicht zur Verfügung gestellt werden können, kann die Übernahme einer Bürgschaft der Sächsischen Bürgschaftsbank GmbH, Dresden, beantragt werden.

2 Mittelstandsprogramm für besonders benachteiligte Gebiete

Förderziel:

Unterstützung der mittelständischen Wirtschaft bei:
- Errichtung von Betrieben einschließlich Erwerb betriebsnotwendiger Grundstücke,
- Übernahme von Betrieben,
- Erweiterung von Betrieben,
- grundlegenden Umstellungs-, Modernisierungs- und Rationalisierungsmaßnahmen.

Antragsberechtigte:

Kleine und mittlere Unternehmen der gewerblichen Wirtschaft, insbesondere des Handwerks, Dienstleistungs- und Kleingewerbes und unter bestimmten Voraussetzungen auch Handel.

Das begünstigte Unternehmen darf nicht mehr als 20 Mitarbeiter beschäftigen und der Jahresumsatz nicht über DM 5 Mio. betragen.

Der Betrieb muß seinen Standort in einem als besonders benachteiligt ausgewiesenen Randgebiet haben.

Unternehmen, die die Voraussetzungen für die Förderung nach der Gemeinschaftsaufgabe „Verbesserung der regionalen Wirtschaftsstruktur" erfüllen, sind von der Förderung ausgenommen.

Die geförderte Maßnahme soll der Erhaltung und Schaffung von Arbeitsplätzen dienen.

Art und Höhe der Förderung:

Die Förderung erfolgt durch ein langfristiges, zinsgünstiges Darlehen.

Das Darlehen kann bis zu 50 % der anrechenbaren Investitionssumme betragen.

1. Darlehenshöchstbetrag: DM 500.000
2. Zinssatz: fest für die gesamte Laufzeit
3. Auszahlung: 98 %

4. Laufzeit:
   bauliche Investitionen: bis zu 15 Jahre,
   davon bis zu 2 Jahre tilgungsfrei
   sonstige Investitionen: bis zu 10 Jahre,
   davon bis zu 2 Jahre tilgungsfrei

Antrag/Beratung:

Der Antrag ist bei der Hausbank zu stellen und wird von dieser über das Zentralinstitut an die

Sächsische Aufbaubank
St. Petersburger Str. 15
01054 Dresden
Tel. 03 51/4 82 90

weitergeleitet.

Verfahren:

Mit der Investition darf nicht vor Antragseingang bei der Sächsischen Aufbaubank begonnen werden.

Verwendung der Mittel:

Die Verwendung der Mittel ist formgebunden nachzuweisen.

Aktuelle Information:

Sofern ausreichende bankübliche Sicherheiten nicht zur Verfügung gestellt werden können, kann die Übernahme einer Bürgschaft der Sächsischen Bürgschaftsbank GmbH, Dresden, beantragt werden.

3 Förderung des Fremdenverkehrs mit regionaler Zielsetzung

Förderziel:

Im Rahmen der Förderung des Fremdenverkehrs mit regionaler Zielsetzung werden folgende Maßnahmen gefördert:
- Errichtung und Verlagerung von
  - Betrieben des Hotelgewerbes,
  - der gehobenen oder gebietstypischen traditionellen Gastronomie,
  - Kureinrichtungen,
- Erweiterungs-, Modernisierungs- und Rationalisierungsmaßnahmen,
- Übernahme von Fremdenverkehrsbetrieben.

Antragsberechtigte:

Kleine und mittlere Unternehmen
- des Hotelgewerbes (einschließlich Pensionen),
- der gehobenen und gebietstypischen Gastronomie (Speiserestaurants, Ausflugsgaststätten),
- traditionsreiche gastronomische Objekte (Berggaststätten, Mühlen),
- Kurkliniken bis zu 200 Betten.

Unternehmen aus traditionellen, besonders strukturschwachen Regionen wie der Lausitz, des Erzgebirgskamms, des Vogtlandes und des Elbsandsteingebirges, werden bevorzugt.

Art und Höhe der Förderung:

Die Förderung erfolgt durch ein langfristiges, zinsgünstiges Darlehen.

Das Darlehen kann bis zu 40 % der anrechenbaren Investitionssumme betragen. Das förderfähige Investitionsvolumen muß mindestens DM 100.000 betragen.

1. Darlehenshöchstbetrag: DM 1 Mio.
2. Zinssatz: fest für die gesamte Laufzeit
3. Auszahlung: 98 %

4. Laufzeit:
bei Erwerb von
Grundstücken und
baulichen Investitionen:
sonstige Investitionen:

bis zu 15 Jahre,
davon bis zu 4 Jahre tilgungsfrei

bis zu 10 Jahre,
davon bis zu 4 Jahre tilgungsfrei

Antrag/Beratung:

Der Antrag ist bei der Hausbank zu stellen und wird von dieser über das Zentralinstitut an die

Sächsische Aufbaubank
St. Petersburger Str. 15
01054 Dresden
Tel. 03 51/4 82 90

weitergeleitet.

Verfahren:

Mit der Investition darf nicht vor Antragseingang bei der Sächsischen Aufbaubank begonnen werden.

Verwendung der Mittel:

Die Verwendung der Mittel ist formgebunden nachzuweisen.

Aktuelle Informationen:

Sofern ausreichende banktübliche Sicherheiten nicht zur Verfügung gestellt werden können, kann die Übernahme einer Bürgschaft
- bei bis zu DM 1 Mio. durch die Bürgschaftsbank Sachsen GmbH, Dresden,
- bei bis zu DM 20 Mio. bei der Deutschen Ausgleichsbank, Berlin

beantragt werden.

4 Privatzimmer- und Ferienwohnungen-Programm

Förderziel:

Im Rahmen des Privatzimmer- und Ferienwohnungen-Programmes werden investive Maßnahmen gefördert, die zu einer Erhöhung des Komforts und zu einer nachfragegerechten Gestaltung der gewerblich genutzten Privatzimmer sowie Ferienwohnungen führen.

Es werden gefördert:
- Modernisierung,
- Komplettierung,
- Erweiterung.

Antragsberechtigte:

Vermieter, die im Haupt- oder Nebenerwerb Privatzimmer und/oder Ferienwohnungen gegen Entgelt vermieten.

Zuwendungsvoraussetzungen sind:
- mindestens 2 Zimmer,
- bis maximal 8 Betten,
- ständig wechselnde Urlaubsgäste,
- Vorhaben in traditionellen Fremdenverkehrsbetrieben und Regionen mit geeigneter landschaftlicher Struktur.

Ausgenommen sind Antragsteller, die Zuwendungsempfänger aus Förderprogrammen des Bereiches Landwirtschaft der Sächsischen Aufbaubank mit gleicher Zielsetzung sind.

Art und Höhe der Förderung:

Die Förderung erfolgt durch ein langfristiges, zinsgünstiges Darlehen.

Das Darlehen kann bis zu 75 % der anrechenbaren Investitionssumme betragen. Die anrechenbaren Investitionsaufwendungen müssen mindestens DM 15.000 betragen.

1. Darlehenshöchstbetrag: DM 100.000
2. Zinssatz: fest für die gesamte Laufzeit
3. Auszahlung: 98 %
4. Laufzeit: bis zu 10 Jahre, davon bis zu 3 Jahre tilgungsfrei

Antrag/Beratung:

Der Antrag ist bei der Hausbank zu stellen und wird von dieser über das Zentralinstitut an die

Sächsische Aufbaubank
St. Petersburger Str. 15
01054 Dresden
Tel. 03 51/4 82 90

weitergeleitet.

Verfahren:

Mit der Investition darf nicht vor Antragseingang bei der Sächsischen Aufbaubank begonnen werden.

Verwendung der Mittel:

Die Verwendung der Mittel ist formgebunden nachzuweisen.

5 Konsolidierungsprogramm für sächsische Unternehmen

Förderziel:

Ein Darlehen kann für die
- Konsolidierung eines Unternehmens,
- Übernahme eines Unternehmens,
- in Ausnahmefällen für Investitionen

gewährt werden.

Antragsberechtigte:

Mittelständische Unternehmen der gewerblichen Wirtschaft und Angehörige der wirtschaftsnahen Freien Berufe.

Das Unternehmen muß auf die Zuwendung angewiesen sein und es muß die begründete Aussicht bestehen, daß das Unternehmen durch die Zuwendung aufrechterhalten werden kann.

Art und Höhe der Förderung:

Darlehensbetrag und Finanzierungsanteil werden nach den Bedürfnissen des Einzelfalls zu kapitalmarktähnlichen Bedingungen gewährt.

1. Zinssatz: fest für die gesamte Laufzeit
2. Auszahlung: 99 %
3. Laufzeit: bis zu 8 Jahre, davon tilgungsfreie Jahre nach Erfordernis des Einzelfalls

Antrag/Beratung:

Der Antrag ist bei der Hausbank zu stellen und wird von dieser über das Zentralinstitut an die

Sächsische Aufbaubank
St. Petersburger Str. 15
01054 Dresden
Tel. 03 51/4 82 90

weitergeleitet.

Verfahren:

Mit der Investition darf nicht vor Antragseingang bei der Sächsischen Aufbaubank begonnen werden.

Verwendung der Mittel:

Die Verwendung der Mittel ist formgebunden nachzuweisen.

Aktuelle Informationen:

Sofern ausreichende banktübliche Sicherheiten nicht zur Verfügung gestellt werden können, kann die Übernahme einer Bürgschaft bei der Bürgschaftsbank Sachsen beantragt werden. Falls eine solche Bürgschaft nicht ausreicht oder nach den Bestimmungen der Bürgschaftsbank Sachsen nicht möglich ist, kann für einen Teil des möglichen Ausfalls eine Entlastungszusage (Risikoübernahme) durch die Sächsische Aufbaubank beantragt werden.

6 Bürgschaftsprogramm des Freistaates Sachsen für die gewerbliche Wirtschaft

Förderziel:

Im Rahmen des Bürgschaftsprogrammes Sachsen für die gewerbliche Wirtschaft werden folgende Kredite verbürgt:
- Finanzierung eines anfallenden Betriebsmittelbedarfs,
- in Einzelfällen Konsolidierungsmaßnahmen.

Antragsberechtigte:

Unternehmen der gewerblichen Wirtschaft sowie Angehörige der wirtschaftsnahen Freien Berufe.

Art und Höhe der Förderung:

Kredite und Garantien können für einen Bürgschaftsbetrag zwischen DM 1 Mio. und DM 5 Mio. von der Sächsischen Aufbaubank verbürgt werden.

In der Regel wird die Bürgschaft in Höhe von bis zu 80 % des zu verbürgenden Kredits oder der Garantie übernommen.

Laufzeit: bis zu 15 Jahre

Bürgschaften bis zu DM 1 Mio. werden von der Bürgschaftsbank Sachsen GmbH übernommen. Für Bürgschaften über DM 5 Mio. kommen im Betriebsmittelkreditbereich Bundes- oder Staatsbürgschaften zum Tragen.

Bürgschaften zwischen DM 5 Mio. bis DM 20 Mio. werden vorwiegend für investive Maßnahmen von der Deutschen Ausgleichsbank gewährt.

Antrag/Beratung:

Der Antrag ist bei der

Bürgschaftsbank Sachsen
Anton-Graff-Str. 20
01309 Dresden
Tel. 03 51/4 40 90

zu stellen.

VI Sachsen-Anhalt

1 Zinszuschußprogramm Sachsen-Anhalt

Förderziel:

Investitionen zur Errichtung, Erweiterung oder Modernisierung von Betriebsstätten in Sachsen-Anhalt.

Nicht gefördert werden:
- Kaufpreisfinanzierung von Geschäftsanteilen,
- Anlaufkosten (Löhne, Miete, Prospekte u. ä.),
- Treuhandbetriebe.

Ausgeschlossen sind ebenfalls Investitionen, die Gegenstand einer gewerblichen Vermietung oder Verpachtung sind.

Antragsberechtigte:

Kleine und mittlere Unternehmen der gewerblichen Wirtschaft und der Freien Berufe mit bis zu 250 Dauerarbeitsplätzen und mit einem Jahresumsatz von bis zu DM 40 Mio. und die sich zu höchstens 25 % im Besitz eines oder mehrere diese Definition nicht erfüllenden Unternehmen befinden, sowie Angehörige der wirtschaftsnahen Freien Berufe.

Art und Höhe der Förderung:

Es werden Zuschüsse zu den marktüblichen Darlehenszinsen mittel- und langfristiger Kredite/Darlehen von Kreditinstituten, die zur Finanzierung aufgenommen werden, gewährt. Ausgeschlossen von der Förderung sind alle durch öffentliche Mittel zinsvergünstigte Darlehen (wie z. B. ERP-, EGKS- und EKH-Darlehen, Eigenmitteldarlehen der Deutschen Ausgleichsbank und der Kreditanstalt für Wiederaufbau).

Die Förderung erfolgt durch einen zweckgebundenen Zuschuß in Höhe von jährlich 2 % für das verbilligungsfähige Darlehen.

Die Mindestdarlehenssumme beträgt DM 100.000; die Höchstdarlehenssumme DM 300.000.

Antrag/Beratung:

Die Antragstellung erfolgt formgebunden über die Hausbank bei dem Landesförderinstitut Sachsen-Anhalt, Breiter Weg 193, 39104 Magdeburg.

Verfahren:

Der Antrag ist vor Vorhabensbeginn zu stellen. Als Beginn des Vorhabens gilt der Zeitpunkt der Inanspruchnahme des beantragten Darlehens. Das Darlehen darf vor Bewilligung des Zinszuschusses noch nicht in Anspruch genommen worden sein.

2 Beteiligung an Messen und Ausstellungen

Förderziel:

Kleinen und mittleren Unternehmen soll der Zugang zu regionalen, überregionalen und internationalen Märkten auf dem Weg über Beteiligungen an Messen und Ausstellungen erleichtert und ihre Absatzbemühungen unterstützt werden. Hiermit können Wettbewerbsnachteile auf diesem Sektor, den diese oft gegenüber Großunternehmen haben, teilweise ausgeglichen werden.

Antragsberechtigte:

Kleine und mittlere Unternehmen der gewerblichen Wirtschaft und der Freien Berufe mit bis zu 250 Dauerarbeitsplätzen und mit einem Jahresumsatz von bis zu DM 40 Mio. und die sich zu höchstens 25 % im Besitz eines oder mehrerer diese Definition nicht erfüllenden Unternehmen befinden.

Gruppen von Unternehmen (z. B. Arbeitsgemeinschaften, Arbeitskreise).

Der Umsatz bezieht sich auf ein volles Geschäftsjahr. War ein Unternehmen noch kein volles Geschäftsjahr tätig, so ist zur Ermittlung des Jahresumsatzes der durchschnittliche Monatsumsatz zu errechnen und mit zwölf zu multiplizieren.

Bei der Teilnahme an Messen/Ausstellungen im Ausland sind zuschußfähig:
- die vom Messeveranstalter oder einer Durchführungsgesellschaft in Rechnung gestellten Kosten der Anmietung des Standes,
- die Sachkosten für den Betrieb des Standes,
- die Transportkosten der Exponate.

Art und Höhe der Förderung:

Es werden nicht rückzahlbare Zuschüsse in Form einer Anteilsfinanzierung mit Begrenzung auf einen Höchstbetrag als Projektförderung gewährt.

Bemessungsgrundlage für den Zuschuß sind die Mietkosten für die Standfläche und die Kosten des Standbaus in Höhe von:

Veranstaltungs-kosten	v. H.	Einzelbeteiligung Höchstbetrag in TDM	Gemeinschafts-beteiligung Höchstbetrag in TDM
Land Sachsen-Anhalt	50	6	30
übrige Länder	70	9	45
Ausland	90	12	60

Eine Gemeinschaftsbeteiligung im Sinne der Richtlinie ist der Zusammenschluß von mindestens fünf Unternehmen.

Bei der Teilnahme über ein Vertretungsunternehmen wird der Höchstbetrag für eine Einzelbeteiligung auf ein Drittel reduziert. Es werden jährlich bis zu drei Messen/Ausstellungen pro Unternehmen gefördert.

Beteiligt sich ein einzelnes Unternehmen, werden bis zu zwei aufeinanderfolgende Messen/Ausstellungen pro Veranstaltungsort gefördert.

Antrag/Beratung:

Anträge müssen spätestens einen Tag vor Messebeginn beim Landesförderinstitut Sachsen-Anhalt, Breiter Weg 193, 39104 Magdeburg (gleichzeitig Bewilligungsbehörde), vorliegen.

Verfahren:

Antragsformulare sind bei den Kammern erhältlich.

3 Förderung des Absatzes heimischer Produkte in Sachsen-Anhalt

Förderziel:

Gefördert werden die Erstellung und Verbesserung von Absatzkonzepten heimischer Produkte durch Dritte; diese umfassen auch die Erhebung und Auswertung von Strukturdaten, die Produktgestaltung (Produktdesign) bis hin zur kompletten Werbestrategie und Vertriebsvorschlägen für ein Produkt.

Das Produkt, dessen Absatzmöglichkeit hergestellt bzw. verbessert werden soll, muß bereits existieren oder konkret bezeichnet sein. Die zuständige Kammer hat zu bestätigen, daß die Auftragserteilung für ein zu erstellendes Konzept angemessen, notwendig und zweckmäßig ist.

Für jedes Produkt kann nur einmal eine Förderung in Anspruch genommen werden.

Antragsberechtigte:

Kleine und mittlere Unternehmen der gewerblichen Wirtschaft und der Freien Berufe mit bis zu 250 Dauerarbeitsplätzen und mit einem Jahresumsatz von bis zu DM 40 Mio. und die sich zu höchstens 25 % im Besitz eines oder mehrerer diese Definition nicht erfüllenden Unternehmen befinden.

Nicht gefördert werden Unternehmen der öffentlichen Hand oder solche, an denen diese Anteile hält.

Bei dem antragstellenden Unternehmen muß es sich um ein Unternehmen aus dem Bereich des verarbeitenden Gewerbes oder des Handwerks handeln. Das Unternehmen muß seinen Sitz und die Produktionsstätte im Land Sachsen-Anhalt haben.

Jedes Unternehmen kann innerhalb von drei Jahren bis zu drei Anträge stellen, jährlich aber nur einen Antrag.

Gefördert wird nur die Erstellung/Verbesserung eines schriftlichen Absatzkonzeptes durch einen Dritten. Maßnahmen zur Umsetzung des Absatzkonzeptes sind nicht förderfähig.

Art und Höhe der Förderung:

Die Förderung erfolgt durch eine anteilmäßige Projektfinanzierung durch einen zweckgebundenen Zuschuß. Die Höhe der Förderung beträgt bis zu 70 % des Auftragswertes für die Erstellung des Absatzkonzeptes, maximal DM 50.000 pro Antrag und Antragsteller.

Antrag/Beratung:

Anträge sind vor Beginn der Maßnahme über die zuständige Kammer an das Landesförderinstitut Sachsen-Anhalt, Breiter Weg 192, 39104 Magdeburg zu stellen. Als Beginn der Maßnahme gilt die Beauftragung des Dritten durch den Antragsteller.

Verfahren:

Die Auftragsvergabe darf erst nach Erteilung des bestandsfähigen Bewilligungsbescheides erfolgen.

4 Förderung des Auf- und Ausbaues von Technologie-, Innovations- und Gründerzentren sowie Technologieparks

Förderziel:

- Beschaffung von Gegenständen und Material sowie die Vergabe von Aufträgen an Dritte, die notwendig sind, um eine funktionsgerechte, insbesondere technische und kommunikative Infrastruktur in Technologiezentren einzurichten,
- Kauf von Grundstücken zur Errichtung eines Technologie- und Gründerzentrums,
- Tätigkeit von Personen, die in dem Technologie- und Gründerzentrum Leitungsfunktionen wahrnehmen einschließlich einer Bürokraft,
- Ausgaben des Technologiezentrums für Mieten, Pachten, Versicherungen, Rechtsberatung, public-relations und für die Qualifizierung des Managements,
- Aufträge des Technologie- und Gründerzentrums an Personen und Unternehmen mit dem Ziel, junge Technologieunternehmen im Zentrum und in der Region in technischer und betriebswirtschaftlicher Hinsicht zu beraten oder entsprechende Beratungs- und Betreuungsleistungen zu vermitteln,
- Material- und Betriebsausgaben von Gemeinschaftseinrichtungen, die in den Technologie- und Gründerzentren als zentrale Dienste angeboten werden.

Das Produkt, dessen Absatzmöglichkeit hergestellt oder verbessert werden soll, muß bereits existieren oder konkret bezeichnet sein. Die zuständige Kammer hat zu bestätigen, daß die Auftragserteilung für ein zu erstellendes Konzept angemessen, notwendig und zweckmäßig ist.

Antragsberechtigte:

Antragsberechtigt sind Betreibergesellschaften von Technologie- und Gründerzentren, kommunale Zweckverbände, Gebietskörperschaften und eingetragene Vereine zur Förderung des Aufbaues von Technologie- und Gründerzentren im Lande Sachsen-Anhalt.

Art und Höhe der Förderung:

Die Zuwendungen werden für die Projektförderung als nicht rückzahlbare Zuschüsse in Form der Anteilsfinanzierung und Vollfinanzierung mit Höchstbetragsbegrenzung sowie der Festbetragsfinanzierung gewährt.

Antrag/Beratung:

Ministerium für Wirtschaft, Technologie und Verkehr
Abteilung 6
Wilhelm-Höpfner-Ring 4
39116 Magdeburg

Verfahren:

Mit dem Vorhaben darf vor Erteilung eines Bewilligungsbescheides noch nicht begonnen werden.

5 Zuwendungen zur Beschäftigung von Innovationsassistenten in kleinen und mittleren Unternehmen

Förderziel:

Gefördert wird die Beschäftigung von FuE-Personalnachwuchs in einem der Schwerpunkte wie:
- Innovations-, Produktions-, Informations-, Umweltmanagement,
- Marketing,
- Produktentwicklung einschließlich Produktionsvorbereitung, Design, Qualitätssicherung und Logistik.

Die antragsberechtigten Unternehmen müssen nachweisen, daß auf Grund der Stellenanforderungen der Einsatz eines Hoch- oder Fachhochschulabsolventen erforderlich ist, daß die zu entwickelnden oder zu vermarktenden Produkte, Verfahren oder Dienstleistungen innovativ und/oder umweltverträglich sind und neue Marktchancen erwarten lassen, daß die Beschäftigungsverhältnisse für mindestens zwölf Monate Vollbeschäftigung abgeschlossen werden. Die Vereinbarung einer branchenüblichen Probezeit ist möglich. Die für ein Beschäftigungsverhältnis vorgesehenen Arbeitnehmer müssen nachweisen, daß ihr Studienabschluß oder ihre Promotion nicht länger als drei Jahre zurückliegt. Eine Kumulation mit anderen personalkostenfördernden Programmen ist innerhalb von drei Jahren unzulässig.

Antragsberechtigte:

Kleine und mittlere Unternehmen der Industrie und des produzierenden Handwerks, mit nicht mehr als 500 Mitarbeiter und mit einem Jahresumsatz von bis zu DM 100 Mio.

Art und Höhe der Förderung:

Die Förderung erfolgt im Rahmen der Anteilsfinanzierung durch die Gewährung nichtrückzahlbarer Zuschüsse. Pro Unternehmen kann die Beschäftigung von bis zu zwei Innovationsassistenten für je zwölf Monate gefördert werden. Für Existenzgründer erhöht sich die Zahl der zu fördernden Innovationsassistenten auf vier, wenn die Gründung nicht länger als 60 Monate zurückliegt.

Zuwendungsfähig sind 40 % des lohn- oder einkommensteuerpflichtigen Bruttogehaltes für zwei Innovationsassistenten für die Dauer von zwölf Monaten, höchstens aber DM 24.000 je Absolvent. Bei Existenzgründern verringern sich die Zuwendungen für die zwei weiteren Innovationsassistenten auf 25 % und maximal DM 15.000 je Absolvent.

Die Beschäftigung kann in Ausnahmefällen um ein weiteres Jahr verlängert werden, wenn eine begonnene Aufgabe durch diese Verlängerung mit Erfolg abgeschlossen werden kann. Für diese Zeit gilt ein Fördersatz von 25 %.

Antrag/Beratung:

Der Antrag ist vor Beginn des Vorhabens beim Landesförderinstitut Sachsen-Anhalt, Breiter Weg 193, 39104 Magdeburg einzureichen.

6 Zuwendungen für die Förderung von Vorhaben zur Energieberatung

Förderziel:

Energieberatung für kleine und mittlere Unternehmen. Diese Beratung umfaßt wirtschaftliche, organisatorische und technische Fragen der rationellen und umweltfreundlichen Energieverwendung.

Aus-, Fort- und Weiterbildungsmaßnahmen sowie Informationsveranstaltungen zu technischen, wirtschaftlichen und organisatorischen Fragen im Zusammenhang mit einem rationellen und umweltverträglichen Energieeinsatz.

Zielgruppen sind:
- Fachkräfte der gewerblichen Wirtschaft und Freien Berufe,
- mit Energiefragen befaßte Mitarbeiter von Behörden und Organisationen,
- Energieberater.

Förderfähig ist die Einrichtung von nichtkommerziellen Energieberatungsstellen, die anbieterunabhängig, über Möglichkeiten zur rationellen und umweltfreundlichen Energienutzung sowie über staatliche Förderhilfen aufklären und beraten.

Antragsberechtigte:

Rechtlich selbständige kleine und mittlere Unternehmen der gewerblichen Wirtschaft bis zu einem Jahresumsatz von DM 30 Mio. und bis zu 250 Beschäftigte und Angehörige der Freien Berufe. Organisationen der gewerblichen Wirtschaft sowie kommunale Gebietskörperschaften, wissenschaftliche und andere fachlich geeignete Institutionen, die sich in besonderem Maße mit Fragen der Energieberatung befassen. Letztere sollen über eine eigene Rechtspersönlichkeit verfügen.

Institutionen, die sich auf Dauer mit Fragen der Energieberatung befassen.

Art und Höhe der Förderung:

Die Förderung erfolgt durch eine projektbezogene, nichtrückzahlbare Anteilsfinanzierung. Die Höhe ist abhängig von der Art des Vorhabens.

Antrag/Beratung:

Der Antrag ist vor Beginn des Vorhabens beim Landesförderinstitut Sachsen-Anhalt, Breiter Weg 193, 39104 Magdeburg einzureichen.

7 Zuwendungen zur Förderung von Maßnahmen des Immissionsschutzes

Förderziel:

Gefördert werden Maßnahmen zum Schutz und zur Vorsorge vor schädlichen Umwelteinwirkungen, erheblichen Belästigungen und Gefahren im Sinne des Bundes-Immissionsschutzgesetzes:
- Vorhaben der Luftreinhaltung,
- Vorhaben zur Substitution asbesthaltiger Materialien in Innenräumen,
- Vorhaben des Lärmschutzes,
- Vorhaben zur Vermeidung oder Verwertung von Reststoffen.

Das Vorhaben muß zu einer nach dem derzeitigen Stand der Technik wesentlichen Verminderung der Umweltbelastung beitragen. Dies gilt sinngemäß auch für die Ablösung von Anlagen, in denen Elektroenergie zu Heizzwecken verwendet wurde.

Antragsberechtigte:

Antragsberechtigt sind natürliche und juristische Personen des privaten Rechts und Gebietskörperschaften und Zusammenschlüsse von Gebietskörperschaften in der Rechtsform einer juristischen Person des öffentlichen Rechts.

Art und Höhe der Förderung:

Die Förderung erfolgt durch eine projektbezogene, nichtrückzahlbare Anteilsfinanzierung durch zweckgebundene Zuschüsse und Zuweisungen.

Die Förderhöhe beträgt im Regelfall für Vorhaben
- der Luftreinhaltung   bis zu 30 %
- der Substitution asbesthaltiger   bis zu 50 %
  Materialien
- des Lärmschutzes   bis zu 50 % bei Schallschutzmaßnahmen
                                         bis zu 90 % bei Schallimmissionsplänen
- der Vermeidung/Verwertung   bis zu 30 %.
  von Reststoffen

Antrag/Beratung:

Der Antrag ist bei der entsprechenden Bezirksregierung einzureichen, Bewilligungsbehörde ist das Ministerium für Umwelt und Naturschutz des Landes Sachsen-Anhalt.

8 Zuwendungen für Anlagen zur Gewinnung von energetisch nutzbarem Deponie- und Klärgas

Förderziel:

Förderfähig sind Anlagen zur Gewinnung von energetisch nutzbarem Gas aus Deponien/Kläranlagen, die eine nach dem derzeitigen Stand höchstmöglich, wirtschaftlich vertretbare Gewinnung von Gas erwarten lassen.

Die Förderung erfolgt nur, wenn
- das Vorhaben unter Beachtung der Grundsätze der Wirtschaftlichkeit und Sparsamkeit geplant und vorbereitet ist,
- das Vorhaben so konzipiert ist, daß nutzbare Erkenntnisse/Erfahrungen erwartet werden können,
- bei Vorhaben zur Gasgewinnung an neu zu errichtenden Deponien alle sonstigen Forderungen an den Umweltschutz erfüllt werden.

Eine Förderung wird nur für Vorhaben gewährt, die im Lande Sachsen-Anhalt durchgeführt werden.

Antragsberechtigte:

Zuwendungsempfänger können alle natürlichen und juristischen Personen sein.

Art und Höhe der Förderung:

Die Förderung erfolgt durch eine projektbezogene, nichtrückzahlbare Anteilsfinanzierung. Die Höhe des Zuschusses beträgt maximal 30 % der zuwendungsfähigen Ausgaben.

Antrag/Beratung:

Der Antrag ist vor Beginn des Vorhabens bei der zuständigen Bezirksregierung oder dem Landesförderinstitut Sachsen-Anhalt, Breiter Weg 193, 39104 Magdeburg, einzureichen.

9 Zuwendungen für die Errichtung von Windenergieanlagen

Förderziel:

Gefördert werden Errichtung und Inbetriebnahme von Windenergieanlagen an geeigneten Standorten des Landes Sachsen-Anhalt bis zu einer elektrischen Leistung von 1 Megawatt.

Für die Bewilligung gelten folgende Kriterien:
- Technische Reife, Entwicklungsstand und Demonstrationsbedarf des Anlagetyps,
- Demonstrationsbedarf des gewählten Standorts,
- Ausgewogenheit hinsichtlich der Beteiligung unterschiedlicher Betreiber,
- Beitrag zur Weiterentwicklung und Hebung des technischen Standes der deutschen Forschung und Entwicklung auf dem Gebiet der Windtechnik.

Voraussetzung einer Zuwendung ist ferner, daß der Antragsteller seine Bereitschaft zur Teilnahme am Wissenschaftlichen Meß- und Evaluationsprogramm (WMEP) erklärt und die geplante Windenergieanlage die technischen Voraussetzungen zum Anschluß an das WMEP erfüllt.

Antragsberechtigte:

Antragsberechtigt sind natürliche Personen und juristische Personen des privaten und öffentlichen Rechts mit (Wohn-)Sitz in der Bundesrepublik Deutschland.

Art und Höhe der Förderung:

Die Förderung erfolgt durch eine projektbezogene, nichtrückzahlbare Anteilsfinanzierung in Form eines Zuschusses.

Die Höhe des Zuschusses beträgt bis zu 30 % der zuwendungsfähigen Ausgaben. Der Zuschuß ist begrenzt durch die maximal förderfähigen, spezifischen Investitionsausgaben von 3000 DM/kW installierte Leistung.

Andere öffentliche Mittel werden auf die Zuwendung angerechnet, soweit damit eine Förderquote von 50 % überschritten wird.

Antrag/Beratung:

Anträge sind bis zum 31. 12. 1995 formgebunden an das

Forschungszentrum Jülich GmbH, Projektträger Biologie, Energie, Ökologie (BEO), Postfach 19 13, 52428 Jülich, Tel. 0 24 61/61 32 52

und das

Ministerium für Wirtschaft, Technologie und Verkehr des Landes Sachsen-Anhalt, Referat 64, Wilhelm-Höpfner-Ring 4, 39116 Magdeburg,

zu richten.

10 Zuwendungen zur Förderung von Pilot- und Demonstrationsanlagen im Rahmen des Energieprogramms

Förderziel:

Gefördert werden Errichtung und Inbetriebnahme von Pilot- und Demonstrationsanlagen im Rahmen des Energieprogramms mit den Schwerpunkten:
- rationelle Energieverwendung/Energieeinsparung,
- Kraft-Wärme-Kopplung,
- Solarenergie,
- Windenergie,
- Wasserstofftechnologie,
- Biomasse-Nutzung.

Die Durchführung von Pilotvorhaben dient der Erprobung und Optimierung neuentwickelter Techniken oder Verfahren im Hinblick auf eine eventuelle spätere kommerzielle Nutzung. Demonstrationsvorhaben sollen die Möglichkeit des kommerziellen Einsatzes in beispielhaften und mustergültigen Anlagen unter Beweis stellen. Sie dienen der Markteinführung; etwa noch bestehende Mängel sollen entdeckt und/oder beseitigt werden.

Antragsberechtigte:

Antragsberechtigt sind natürliche und juristische Personen.

Art und Höhe der Förderung:

Die Förderung erfolgt durch eine projektbezogene, nichtrückzahlbare Anteilsfinanzierung in Form eines Zuschusses.

Die Höhe des Zuschusses beträgt:
- bis zu 50 % der Personalausgaben und Beratungsleistungen,
- bis zu 25 % für Planungs- und Investitionsausgaben.

Zuschläge bis 10 % können für Vorhaben gewährt werden, deren Standort sich im Land Sachsen-Anhalt in Fördergebieten befinden, die den Grundsätzen der Gemeinschaftsaufgabe „Verbesserung der regionalen Wirtschaftsstruktur" entsprechen. Ebenfalls 10 % können für antragstellende kleine und mittlere Unternehmen (maximal 250 Beschäftigte, maximal DM 40 Mio. Umsatz, bei einer Fremdbeteiligung bis zu 25 % von Unternehmen, die nicht dieser Definition entsprechen) und antragstellenden

Einzelpersonen gewährt werden. Der Zuschuß kann bis zu einer maximalen Höhe von 40 % gewährt werden.

Antrag/Beratung:

Anträge sind an das Landesförderinstitut Sachsen-Anhalt, Breiter Weg 193, 39011 Magdeburg zu richten.

11 Zuwendungen zur Sanierung der Fernwärmeversorgung

Förderziel:

Gefördert wird:

Die Sanierung fernwärmetypischer Einrichtungen mit den Schwerpunkten Kraft-Wärme-Kopplung und Hausübergabestationen einschließlich der auf sie bezogenen Meß- und Regeltechnik, soweit über ein Verteilungsnetz mehrere örtlich voneinander getrennte Abnehmer beliefert werden (ausgenommen sind Einzelblockheizungsanlagen).

Der Umbau bestehender Kraft- oder Heizwerke auf Kraft-Wärme-Kopplung.

Die Errichtung von Heizkraftwerken als Ersatz für eine oder mehrere bestehende Anlagen, die aus Effizienz- oder Umweltgründen nicht weiter betrieben werden können.

Die Errichtung von Heizwerken, wenn die Nutzung der Kraft-Wärme-Kopplung aus technischen Gründen ausscheidet.

Einrichtungen zur Effizienzverbesserung im Bereich bestehender Erzeugungsanlagen einschließlich der Umstellung auf umweltschonendere Brennstoffe.

Vorrichtungen zur Auskopplung von Fernwärme aus bestehenden Anlagen.

Vollständige oder teilweise Erneuerung bestehender Wärmeverteilungsanlagen einschließlich der Betriebstechnik.

Die Errichtung von Übergabestationen im Netz oder in den Gebäuden als Ersatz bestehender Anlagen sowie Neuanlagen zur Kompensation wegfallender Fernwärmeanschlußleistungen.

Antragsberechtigte:

Natürliche und juristische Personen des privaten Rechts sowie Gebietskörperschaften und Zusammenschlüsse von Gebietskörperschaften in der Rechtsform einer juristischen Person des öffentlichen Rechts, die verfügungsberechtigt über die in ihrem Antrag zugrunde liegenden Fernwärmeeinrichtungen sind.

Art und Höhe der Förderung:

Es wird eine Projektförderung durch nicht rückzahlbare Zuschüsse im Wege der Anteilsfinanzierung gewährt. Die Zuwendung beträgt bis zu 35 % der zuwendungsfähigen Ausgaben.

Antrag/Beratung:

Anträge sind an das Landesförderinstitut Sachsen-Anhalt, Breiter Weg 193, 39011 Magdeburg, zu richten.

Bewilligungsbehörde ist das Ministerium für Wirtschaft, Technologie und Verkehr des Landes Sachsen-Anhalt.

12 Bürgschaften Sachsen-Anhalt

Förderziel:

Verbürgt werden Kredite, die der Betriebsgründung, der Übernahme eines Unternehmens oder der Beteiligung an einem Unternehmen der unten genannten Wirtschaftszweige sowie zur Steigerung oder Sicherung der Wettbewerbsfähigkeit von Unternehmen, wenn ihnen bankmäßig ausreichende Sicherheiten nicht in erforderlichem Umfang zur Verfügung stehen.

Antragsberechtigte:

Verbürgt werden Kredite an kleine und mittlere Unternehmen des Handwerks, der Industrie, des Handels, des Hotel- und Gaststättengewerbes, der übrigen Gewerbezweige sowie an Angehörige Freier Berufe in Sachsen-Anhalt.

Art und Höhe der Förderung:

Die Ausfallbürgschaften können bis zur Höhe von 80 % des einzelnen Kreditbetrages übernommen werden. Der Höchstbetrag der Ausfallbürgschaften für ein und denselben Kreditnehmer soll DM 1 Mio. nicht überschreiten.

Die Ausfallbürgschaften werden nur für Tilgungskredite übernommen, deren Laufzeit 15 Jahre nicht überschreitet. Bei Krediten, die der Finanzierung baulicher Maßnahmen für betriebliche Zwecke dienen, kann die Laufzeit bis zu 23 Jahren betragen. Bei Programmkrediten der öffentlichen Hand kann davon abgewichen werden.

Antrag/Beratung:

Anträge sind bei der Hausbank zu stellen. Diese leitet den Antrag an die Bürgschaftsbank Sachsen-Anhalt GmbH, Haeckelstraße 9 a, 39104 Magdeburg, weiter.

13 Kapitalbeteiligungen Sachsen-Anhalt

Förderziel:

Die Mittelständische Beteiligungsgesellschaft Baden-Württemberg GmbH, Außenstelle Sachsen-Anhalt (MBG), kann Beteiligungen an Unternehmen gewähren, die insbesondere von der Ertragskraft des Unternehmens und der Qualität der Unternehmensführung her langfristig eine angemessene Rendite und eine vertragsgemäße Abwicklung der Beteiligung erwarten lassen. Diese Unternehmen sollen mindestens 3 Jahre bestehen. Es können aber bis Ende 1994 auch Beteiligungen im Rahmen von Existenzgründungen und Existenzfestigungen übernommen werden, wobei eine Kumulierung mit anderen Existenzgründungsprogrammen möglich ist.

Die Beteiligung muß der Sicherung einer nachhaltig wettbewerbsfähigen Existenz (Erwartung einer langfristig angemessenen Rendite und einer vertragsgemäßen Abwicklung der Beteiligung) durch Erweiterung der Eigenkapitalbasis oder der Konsolidierung ihrer Finanzverhältnisse dienen, um hiermit vornehmlich folgende Vorhaben zu finanzieren:
- Kooperation,
- Umstellung bei Strukturwandel,
- Erweiterung, grundlegende Rationalisierung oder Umstellung von Betrieben,
- Errichtung von Zweigstellen,
- Existenzgründungen bis Ende 1994.

Eine Beteiligung kann auch bei Erbauseinandersetzungen und in Ausnahmefällen beim Ausscheiden von Gesellschaftern übernommen werden.

Beteiligungen, die zur Konsolidierung der Finanzverhältnisse oder zur Sanierung des Unternehmens dienen sollen, sind ausgeschlossen.

Die MBG beteiligt sich im Regelfall als stiller Gesellschafter an dem Unternehmen.

Antragsberechtigte:

Kleine und mittlere Unternehmen des Handwerks, der Industrie, des Handels, des Hotel- und Gaststättengewerbes, des Verkehrsgewerbes, des Gartenbaus, der übrigen Gewerbezweige sowie Angehörige der Freien Berufe in Sachsen-Anhalt.

Art und Höhe der Förderung:

Die Beteiligung soll nicht höher sein als das vorhandene Eigenkapital und den Betrag von DM 1 Mio. je Beteiligungsnehmer nicht übersteigen. Diese Begrenzungen gelten auch für mehrere Beteiligungen an demselben Unternehmen oder derselben Unternehmensgruppe.

Antrag/Beratung:

Anträge sind auf den dafür vorgesehenen Formularen bei der Bürgschaftsbank Sachsen-Anhalt GmbH, Haeckelstraße 9 a, 39104 Magdeburg, einzureichen.

Verfahren:

Kapitalbeteiligungen sollen von der MBG grundsätzlich nur für Vorhaben übernommen werden, mit deren Durchführung zum Zeitpunkt der Antragstellung noch nicht begonnen worden ist.

14 Landesbürgschaften Sachsen-Anhalt

Förderziel:

Das Land Sachsen-Anhalt übernimmt Bürgschaften, um im Interesse des Landes volkswirtschaftlich förderungswürdige und betriebswirtschaftlich vertretbare Maßnahmen zu ermöglichen.

Sonstige Voraussetzungen:
- der Kreditnehmer muß kreditwürdig sein und hinreichende Gewähr für die Rückzahlung des verbürgten Kredites bieten,
- der erwartete Erfolg muß in angemessenem Verhältnis zum Bürgschaftsrisiko stehen,
- die Gesamtfinanzierung der Maßnahme muß gesichert sein,
- der Kreditnehmer hat entsprechend seiner Vermögenslage für die Finanzierung der Maßnahme in zumutbarem Umfang Eigenmittel einzusetzen.

Die Bürgschaften können für Investitions-, Betriebsmittel- und Avalkredite übernommen werden.

Bürgschaften werden grundsätzlich nur übernommen, wenn die Maßnahmen sonst nicht durchgeführt werden können, insbesondere weil keine ausreichenden Sicherheiten zur Verfügung stehen und andere Bürgschaften nicht erreichbar sind.

Kredite zur Sanierung eines Unternehmens dürfen nur verbürgt werden, wenn sie einer dauernden und nicht nur vorübergehenden Ordnung der finanziellen und wirtschaftlichen Verhältnisse dienen. In jedem Fall ist ein schlüssiges Sanierungskonzept vorzulegen.

Antragsberechtigte:

Bürgschaften können von Unternehmen der gewerblichen Wirtschaft, Unternehmen der Ernährungs-, Land- und Forstwirtschaft, Angehörigen Freier Berufe, Trägern sozialer, kultureller und wissenschaftlicher Einrichtungen beantragt werden. Die Antragsteller müssen in Sachsen-Anhalt eine Betriebsstätte unterhalten oder in Sachsen-Anhalt eine förderfähige Maßnahme durchführen.

Art und Höhe der Förderung:

Die Ausfallbürgschaften sind in der Regel auf 80 % beschränkt. Für Bürgschaften oberhalb von 80 % ist die Zustimmung der Landesregierung erforderlich.

Antrag/Beratung:

Das Ministerium der Finanzen hat die C & L Treuarbeit, Deutsche Revision AG, beauftragt, bei den Bürgschaftsverfahren mitzuwirken. Die Anträge sind dort einzureichen; die jeweilige Entscheidung trifft der Landeskreditausschuß.

15 Zuwendungen zur Förderung von Wissenschaft und Forschung in Sachsen-Anhalt

Förderziel:

Gefördert werden können abgrenzbare FuE-Vorhaben entsprechend den Förderschwerpunkten des Ministeriums für Wirtschaft und Forschung (MWF). Mitgefördert werden können auch FuE-Vorhaben, welche durch Dritte (Bundesministerien, Stiftungen, Vereinigungen, EG) gefördert werden. Gefördert werden können des weiteren durch einmalige Zuwendungen bis zu einer Höhe von DM 100.000 Grundausstattungen (z. B. Kommunikationstechnik) für Einrichtungen des Technologietransfers, wenn
- an und/oder in unmittelbarem Zusammenwirken mit Hochschulleistungen, Transferausgaben im Interesse dieser Einrichtung wahrgenommen werden und
- nachgewiesen wird, daß es sich um neugegründete Einrichtungen handelt.

Hat das Land ein erhebliches Interesse an diesen Vorhaben, können auch Maßnahmen zur Unterstützung des Technologietransfers gefördert werden, wenn z. B. Tagungen und Publikationen mit einer maximalen Förderhöhe pro Vorhaben bis zu DM 25.000 sowie die Beteiligung von Hochschulen und außeruniversitären Forschungseinrichtungen Sachsen-Anhalts an Messen und Ausstellungen mit einer maximalen Förderhöhe pro Veranstaltung bis zu DM 250.000.

Durch die Zuwendungen können entsprechend der Spezifik des Vorhabens zusätzliche sächliche Verwaltungsausgaben, Investitionen und/oder die Anschaffung von Geräten und zusätzlichen Personalausgaben gefördert werden.

Personalmittel sind bei der Förderung von FuE-Vorhaben gering zu halten. Sie sind vorrangig zur Finanzierung von Stellen für Nachwuchswissenschaftler vorzuhalten.

Antragsberechtigte:

Zuwendungsempfänger ist die Institution, die das FuE-Vorhaben durchführt. Bei der Antragstellung ist der mit der Durchführung des Forschungsprojektes beauftragte Projektträger zu benennen.

Art und Höhe der Förderung:

Zuwendungen werden als Projektförderung vergeben. Gefördert werden können inhaltlich und zeitlich abgrenzbare Forschungs- und Entwicklungsvorhaben entsprechend den jeweiligen Förderschwerpunkten des MWF.

Die Zuwendung wird als Voll- bzw. Anteilsfinanzierung eines Vorhabens entsprechend dem Zuwendungszweck gewährt.

Zuwendungsfähig sind die projekt-/vorhabensbedingten zusätzlichen sächlichen Verwaltungsausgaben, Investitionen und die Anschaffung von Geräten sowie die zusätzlichen Personalkosten. Bei der Anforderung von Personalmittel sind die geltenden tarifrechtlichen Bestimmungen anzuwenden. Für Doktoranden sind nur halbe Stellen zu berechnen.

Antrag/Beratung:

Anträge sind an das Ministerium für Wirtschaft und Forschung des Landes Sachsen-Anhalt, Referat 32, über die Landestreuhandstelle für Wirtschaftsförderung, Breiter Weg 193, 39104 Magdeburg, zu richten.

VII Brandenburg

1 Mittelstandskreditprogramm (MKP)

Förderziel:

Stärkung der Leistungsfähigkeit, der Risikobereitschaft und der Innovationskraft kleiner und mittlerer Unternehmen (einschließlich Existenzgründer und Dienstleistungsunternehmen).

Besondere Beachtung erfährt hierbei die Sicherung und Schaffung von Arbeitsplätzen, die Anpassung an Strukturveränderungen sowie der Schutz der Umwelt.

Gefördert werden:
- Erwerb eines Grundstückes (ggf. mit Gebäude) inkl. Nebenkosten,
- bauliche Investitionen,
- Anschaffung von Maschinen, Einrichtungen und Ausstattungen,
- Anschaffung eines Waren- und/oder Materiallagers in angemessenem Umfang,
- Übernahmepreis für den Erwerb eines kleinen/mittleren Unternehmens,
- Kapitaleinlage/Übernahmepreis für den Erwerb einer tätigen Beteiligung mit leitender Funktion in einem kleinen oder mittleren Unternehmen,
- sonstige Betriebsmittel in Einzelfällen.

Von der Förderung sind abzuziehen:
- Erzielbare Nettoerlöse aus der Veräußerung der bisherigen Betriebsimmobilie oder
- bei Nichtveräußerung der Nettowert. Sofern das neue Betriebsgrundstück nicht förderbar ist, wird nur der Teil des Nettowertes abgezogen, der die Kosten des neuen Grundstücks übersteigt.
- Voraussichtliche Entschädigungen für die bisherige(n) Betriebsstätte(n) oder das bisherige Betriebsgrundstück nach öffentlich-rechtlichen Vorschriften.

Nicht gefördert werden:
- i. d. R. Betriebsverlagerungen von Berlin in das Land Brandenburg,
- Treuhandbetriebe; Ausnahme: Verlagerungen, die im öffentlichen Interesse vorgenommen werden,

- Ersatzbeschaffungen,
- vor Antragstellung begonnene Vorhaben,
- vor Antragstellung geschlossene Beteiligungsverträge,
- Finanzierungskosten und Mehrwertsteuer,
- zusätzliche Investitionen und Mehrkosten, die nach Bekanntgabe der Entscheidung über den Förderantrag angefallen sind.

Ein Rechtsanspruch auf Gewährung eines Kredites besteht nicht. Gewährung und Bemessung richten sich nach dem Umfang der vorhandenen Mittel.

Antragsberechtigte:

- Personen, die eine selbständige Existenz gründen wollen.
- Kleine und mittlere Unternehmen mit max. 250 Beschäftigten und DM 40 Mio. Jahresumsatz, an denen keine diese Grenzen überschreitenden Unternehmen oder Mehrheitsgesellschafter solcher Unternehmen beteiligt sind.
- Angehörige Freier Berufe:
  - Heilberufe: Apotheker, Krankengymnast, Masseur,
  - Rechts- und wirtschaftsberatende Berufe,
  - Werbefachmann (bei Vorliegen einer Anbindung an die gewerbliche Wirtschaft),
- Pädagogische und wissenschaftliche Berufe,
- Fahrlehrer,
- Publizistische und künstlerische Berufe:
  - Designer (bei Vorliegen einer Anbindung an die gewerbliche Wirtschaft),
  - Restaurator, Photograph, Filmemacher
  - Handelsvertreter mit Ortsanbindung

Art und Höhe der Förderung:

Zinsgünstige Darlehen bis zu 50 % der förderbaren Kosten, max. DM 3 Mio.

1. Zinssatz: fest für die gesamte Laufzeit
2. Auszahlung: 100 %
3. Laufzeit: bis zu 12 Jahren, bei Bauvorhaben bis zu 15 Jahren bei 2 tilgungsfreien Anlaufjahren
4. Tilgung: vierteljährliche Tilgung
5. Mindestbetrag: DM 10.000

Antrag/Beratung:

Der Antrag wird bei der Hausbank gestellt, diese leitet ihn weiter an die
- Investitionsbank des Landes Brandenburg,
- Beratungszentrum in Cottbus, Eberswalde und Frankfurt/Oder,
- Ministerium für Wirtschaft, Mittelstand und Technologie des Landes Brandenburg.

Verfahren:

Die Antragstellung erfolgt über die Hausbank. Diese leitet den Antrag an die Investitionsbank weiter. Antragsformulare sind bei allen Kreditinstituten erhältlich.

Aktuelle Informationen:

Dem Antrag sind folgende Unterlagen beizufügen:
- Lebenslauf, beruflicher Werdegang,
- Handelsregisterauszug,
- Gesellschaftsvertrag,
- die letzten 2 Jahresbilanzen oder Eröffnungsbilanzen/Vorschau,
- detaillierter Investitionsplan,
- durch die Hausbank bestätigter Investitionsplan,
- Nachweis über die Ausschöpfung anderer öffentlicher Mittel,
- Grundbuchauszug oder Pacht-/Mietvertrag,
- Baugenehmigung,
- Stellungnahme der zuständigen Kammer.

Darüber hinaus muß beachtet werden:
- Eigenbeteiligung in Höhe von 15 % der Investitionssumme,
- nicht kombinierbar mit anderen Landesmitteln, außer den Zuschüssen für Existenzgründungen,
- es sind vorrangig andere öffentliche Mittel (z. B. EKH/ERP) in Anspruch zu nehmen
- eine Kombination mit Mitteln aus Bundesprogrammen ist erst nach Ausschöpfung dieser möglich.

Als Vorhabensbeginn ist u. a. der Abschluß eines diesem Programm zuzurechnenden Lieferungs- oder Leistungsvertrages zu werten.

Bei Baumaßnahmen gelten Planung, Baugrunduntersuchung, Grunderwerb und Herrichten des Grundstücks – z. B. Gebäudeabbruch, Planieren – nicht als Beginn des Vorhabens.

2 Förderung benachteiligter Regionen

Förderziel:

Unterstützung des Strukturwandels in monostrukturierten Regionen des Landes Brandenburg durch die Schaffung und Sicherung von Arbeitsplätzen.

Gefördert werden:
- Errichtung und Erweiterung von Betriebsstätten,
- Umstellung/Rationalisierung der Produktion,
- Erwerb von tätigen Beteiligungen,
- Verlagerung eines Unternehmens.

Nicht gefördert werden:
- Ersatzbeschaffungen,
- Betriebs- und Umlaufmittel,
- Fahrzeuge,
- Grunderwerb,
- Mehrwertsteuer und Finanzierungskosten,
- vor Antragstellung begonnene Vorhaben.

Antragsberechtigte:

- Existenzgründer (einschließlich MBO/MBI),
- private Unternehmen des produzierenden Gewerbes, des Handwerks, des Handels, der produktionsnahen Dienstleistungen, des Fremdenverkehrs sowie der förderwürdigen Freien Berufe mit max. 50 Beschäftigten und DM 1 Mio. Jahresumsatz

mit Sitz in den ausgewiesenen benachteiligten Regionen, soweit sie im Rahmen der Gemeinschaftsaufgabe nicht förderfähig sind.

Zu den benachteiligten Regionen gehören die Großkreise Prignitz, Ostprignitz-Ruppin, Uckermark, Elbe-Elster, Oderspreewald-Lausitz und Spree-Neiße auf den Gebieten der Kreise Angermünde, Bad Liebenwerda, Calau, Cottbus-Stadt und -Land, Finsterwalde, Forst, Guben, Herzberg, Kyritz, Neuruppin, Perleberg, Prenzlau, Pritzwalk, Schwedt/Oder, Senftenberg, Spremberg, Templin, Wittstock.

Art und Höhe der Förderung:

Zuschuß auf die förderfähigen Investitionskosten in Höhe von:
- 33 % bei der Schaffung von Arbeitsplätzen durch Existenzgründungen oder Errichtungs-/Erweiterungsinvestitionen,

- 23 % bei der Sicherung von Arbeitsplätzen durch den Erwerb von Unternehmen oder Rationalisierungsmaßnahmen.

Der Zuschuß wird als Projektförderung in Form einer Anteilsfinanzierung gewährt.

Für jedes Vorhaben beträgt der Zuschuß max. DM 100.000; bei mehreren Vorhaben eines Antragstellers beträgt die Höchstsumme der Zuschüsse ebenfalls DM 100.000 innerhalb eines Zeitraumes von 3 Jahren.

Auf die Gewährung der Zuwendung besteht kein Rechtsanspruch.

Antrag/Beratung:

- Industrie- und Handelskammern oder Handwerkskammern,
- InvestitionsBank des Landes Brandenburg,
- Beratungszentren in Cottbus, Eberswalde und Frankfurt/Oder,
- Ministerium für Wirtschaft, Mittelstand und Technologie des Landes Brandenburg.

Der Antrag ist vor Vorhabensbeginn einzureichen.

Verfahren:

Die Antragstellung erfolgt über die zuständige Industrie- und Handelskammer oder Handwerkskammer bei der InvestitionsBank.

Antragsformulare sind bei den Kammern und der InvestitionsBank erhältlich. Freiberufler stellen ihre Anträge direkt bei der InvestitionsBank.

Das Vorhaben ist spätestens 3 Monate nach der Bewilligung zu beginnen und innerhalb von 18 Monaten abzuschließen.

Die Fristen beginnen an dem Tag zu laufen, an dem der Bewilligungsbescheid bei dem Zuwendungsempfänger eingeht.

Aktuelle Informationen:

Dem Antrag sind folgende Unterlagen beizufügen:
- Lebenslauf, beruflicher Werdegang,
- Beschreibung des Vorhabens einschließlich Investitionsgüterliste,
- Bilanzen der letzten 2 Jahre,
- Umsatz- und Ertragsprognosen für 2 Jahre,
- beglaubigter Handelsregisterauszug,
- Gesellschaftsvertrag/Übernahmevertrag,

- Übersicht über bisher in Anspruch genommene öffentliche Förderungen.

Weitere Voraussetzungen:
- Durchführung des Vorhabens wäre ohne diese Förderung wesentlich erschwert.
- Gesamtfinanzierung des Vorhabens muß gesichert sein.
- Wettbewerbs- und Leistungsfähigkeit der Unternehmen bleiben erhalten und lassen einen steigenden und nachhaltigen wirtschaftlichen Erfolg erwarten.
- Mit der Investition darf zum Zeitpunkt der Antragstellung noch nicht begonnen worden sein.

3 Existenzgründungszuschuß

Förderziel:

Gefördert werden:
- Errichtung eines Unternehmens,
- Übernahme eines bestehenden Unternehmens,
- Erwerb einer maßgeblichen, tätigen Beteiligung.

Eine tätige Beteiligung an einem Unternehmen steht der Gründung oder Übernahme gleich, wenn die Beteiligung mind. 50 % beträgt.

Beim Vorhaben ist folgendes zu beachten:
- Die Investitionskosten müssen mind. DM 20.000 betragen.
- Beschäftigung eines versicherungspflichtigen Arbeitnehmers für den Zeitraum von 12 Monaten in den ersten 3 Jahren nach der Gründung.
- Antragstellung spätestens 3 Monate nach Aufnahme der Geschäftstätigkeit.
- Der Zuschuß ist nicht mit Mitteln der Gemeinschaftsaufgabe „Verbesserung der regionalen Wirtschaftsstruktur" sowie weiteren Existenzgründungsprogrammen des Landes Brandenburg kombinierbar.

Antragsberechtigte:

Natürliche, geschäftsfähige Personen, die erstmalig in den Bereichen Handwerk, Handel, Dienstleistungen eine selbständige Existenz im Haupterwerb gründen, sowie die förderwürdigen Freien Berufe.

Art und Höhe der Förderung:

Es wird ein nicht rückzahlbarer Zuschuß in Höhe von DM 10.000 gewährt.

Ein Anspruch auf Gewährung der Zuwendung besteht nicht.

Antrag/Beratung:

- Die zuständige Industrie- und Handelskammer/Handwerkskammer,
- InvestitionsBank des Landes Brandenburg,
- Beratungszentren in Cottbus, Eberswalde und Frankfurt/Oder,
- Ministerium für Wirtschaft, Mittelstand und Technologie.

Verfahren:

Die Antragstellung erfolgt mittels Vordruck über die zuständige Industrie- und Handelskammer/Handwerkskammer bei der InvestitionsBank des Landes Brandenburg.

Antragsformulare sind bei den Kammern und der InvestitionsBank des Landes Brandenburg erhältlich.

Dem Antrag sind folgende Unterlagen beizufügen:
- Gewerbeanmeldung,
- Anzeige beim Finanzamt,
- Handwerkskarte/Nachweis der Eintragung in das Verzeichnis handwerksähnlich betriebener Gewerbe oder in das IHK Verzeichnis,
- Qualifikationsnachweis,
- Stellungnahme der Kammer,
- Investitionsgüterliste,
- beruflicher Werdegang.

Aktuelle Informationen:

Die Zuwendung ist zurückzuzahlen, wenn die selbständige Tätigkeit innerhalb von 3 Jahren aufgegeben wird, in den ersten 3 Jahren nicht mind. 12 Monate lang ein versicherungspflichtiger Arbeitnehmer beschäftigt wird; nach der Existenzgründung Einkünfte aus unselbständiger Arbeit erzielt werden oder die Zuwendung durch unrichtige Angaben erwirkt wurde.

4 Beherbergungs- und Gaststättengewerbe

Förderziel:

Verbesserung der Attraktivität und Steigerung der Wettbewerbsfähigkeit der privaten und gewerblichen Wirtschaft im Beherbergungs- und Gaststättengewerbe im Land Brandenburg.

Gefördert werden:
- Errichtung, Ausbau und Modernisierung von Naßzellen in Privatquartieren (mit Frühstück) und Beherbergungsbetrieben,
- Errichtung, Ausbau und Modernisierung von Toiletten in Gaststätten,
- Errichtung, Ausbau und Modernisierung im Küchenbereich von Gaststätten.

Darüber hinaus werden im Gaststättengewerbe und in den Jugendherbergen Modernisierungsmaßnahmen für Kücheneinrichtungen und die Anschaffung von Kücheneinrichtungen gefördert (Küchenkleingeräte bis zum Anschaffungswert von DM 1.000 sind ausgenommen) sowie umweltorientierte technische Modernisierungsmaßnahmen ab DM 1.000 (z. B. der Einbau von Entlüftungs- oder Abzugseinrichtungen und die Installation von Fettabscheidern im Küchenbereich).

Nicht gefördert werden:
- vor der Bewilligung begonnene Maßnahmen,
- Mehrwertsteuer,
- i. d. R. juristische Personen,
- im bäuerlichen Haupt- oder Nebenerwerb betriebene Privatquartiere.

Antragsberechtigte:

- Private Zimmervermieter,
- Unternehmen des Deutschen Jugendherbergswerkes e. V. (DJH e. V.),
- Campingplatzbetreiber,
- Unternehmen des Beherbergungs- und Gaststättengewerbes.

Art und Höhe der Förderung:

Zuschuß in Höhe von 25 % der nachgewiesenen förderfähigen Investitionskosten.

Förderhöchstbeträge:
- Naßzellen: DM 3.000/Naßzelle; max. 4 Naßzellen
- Toilettenanlagen: DM 10.000/Anlage; max. 1 Anlage
- Küchenbereich: DM 10.000.

Jugendherbergen sind von den o. g. Förderhöchstsätzen teilweise ausgenommen. Die zuwendungsfähige Investitionssumme muß mind. DM 5000 betragen. Auf die Gewährung der Zuschüsse besteht kein Rechtsanspruch.

Die Kumulation mit anderen öffentlichen Mitteln des Landes Brandenburg für den gleichen Verwendungszweck ist nicht zulässig. Ausgenommen von dem Kumulationsverbot sind öffentliche Darlehen des Bundes.

Antrag/Beratung:

- Fremdenverkehrsamt der jeweiligen Kreisverwaltung,
- InvestitionsBank des Landes Brandenburg.

Antragsformulare sind bei den Kreisverwaltungen und der Investitions-Bank des Landes Brandenburg erhältlich.

Verfahren:

Die Antragstellung erfolgt über das Fremdenverkehrsamt der jeweiligen Kreisverwaltung bei der InvestitionsBank des Landes Brandenburg.

Dem Antrag sind folgende Unterlagen beizufügen:
- Gaststättenerlaubnis/Gewerbeanzeige,
- 3 Kostenvoranschläge,
- Skizze des Gebäudegrundrisses,
- bei Jugendherbergen die fachliche Stellungnahme des DJW e. V. sowie des Ministeriums für Bildung, Jugend und Sport.

5 Messeförderungsprogramm

Förderziel:

Unterstützung des Marktzugangs für kleine und mittlere Unternehmen durch die Förderung der Teilnahme an In- und Auslandsmessen.

Gefördert wird die erste und zweite gemeinschaftliche Teilnahme an den im Messeförderprogramm ausgewiesenen Messen und Ausstellungen in Form von Firmengemeinschaftsständen bzw. Gruppenständen.

Nicht gefördert werden:
- Teilnahme an Verkaufsmessen,
- i. d. R. Einzelunternehmen.

Antragsberechtigte:

Unternehmen mit max. 250 Beschäftigten sowie max. DM 40 Mio. Jahresumsatz oder einer Bilanzsumme von DM 20 Mio., an denen keine diese Grenzen überschreitenden Unternehmen maßgeblich beteiligt sind (d. h. sich zu höchstens 25 % im Besitz eines oder mehrere dieser Definition nicht erfüllenden Unternehmen befinden).

Messe-/Ausstellungsveranstalter und/oder -durchführungsgesellschaften.

Kammern im Zusammenhang mit der Durchführung von Messefachseminaren.

Art und Höhe der Förderung:

Zuschuß in Höhe von bis zu 50 % der zuwendungsfähigen Ausgaben, max. DM 6.000 bei Inlandsveranstaltungen, bei Auslandsveranstaltungen – Europa: DM 10.000, bei außereuropäischen Veranstaltungen: DM 20.000, bei Messefachseminaren: DM 2.500/Seminartag.

Auf die Gewährung der Zuwendung besteht kein Rechtsanspruch.

Antrag/Beratung:

Zuständige Industrie- und Handelskammer, InvestitionsBank, Beratungszentren in Cottbus, Eberswalde und Frankfurt/Oder und Ministerium für Wirtschaft, Mittelstand und Technologie des Landes Brandenburg.

Verfahren:

Die Antragstellung erfolgt spätestens 6 Wochen vor der Veranstaltung über die Industrie- und Handelskammer bei der InvestitionsBank.

6 Außenwirtschaftsberatung

Förderziel:

Unterstützung kleiner und mittlerer Unternehmen im Land Brandenburg bei der Entwicklung von Unternehmensstrategien zur Erschließung und/oder Wiederbelebung der Handelsbeziehungen zu den ehemaligen RGW-Ländern.

Gefördert werden:
Außenwirtschaftliche Beratungstätigkeiten (z. B. Erarbeitung von Marketingstrategien, Marktstrukturuntersuchungen, Erstellung von Marktberichten).

Nicht gefördert werden:
- Beratungen zu Rechts-, Versicherungs- und Steuerfragen,
- Beratungen, die aus anderen öffentlichen Mitteln bezuschußt werden.

Antragsberechtigte:

Unternehmen mit Hauptsitz- oder Zweigniederlassungen oder selbständige Betriebsstätten im Land Brandenburg mit einer Umsatzgrenze von DM 30 Mio.

Art und Höhe der Förderung:

Zuschuß auf die Beratungskosten (incl. Reisekosten des Beraters, aber ohne Mehrwertsteuer) in Höhe von
- 70 % bei Unternehmen bis zu einer Umsatzgrenze von DM 20 Mio.,
- 50 % bei Unternehmen mit einem Umsatz zwischen DM 20 Mio. bis DM 30 Mio.
- Bemessungsgrenze: DM 700/Tag
- Förderhöchstbetrag: DM 9.800 innerhalb von 2 Jahren.

Es besteht kein Anspruch auf die Förderung.

Antrag/Beratung:

Zuständige Industrie- und Handelskammer, InvestitionsBank des Landes Brandenburg, Beratungszentren in Cottbus, Eberswalde und Frankfurt/Oder und Ministerium für Wirtschaft, Mittelstand und Technologie.

Verfahren:

Die Antragstellung erfolgt über die zuständige Industrie- und Handelskammer bei der InvestitionsBank des Landes Brandenburg.

Aktuelle Informationen:

Die Beratung hat durch qualifizierte Berater/Beratungsgesellschaften zu erfolgen, ein erstes Kontaktgespräch zwischen Unternehmer und Berater hat unter Teilnahme eines Vertreters der IHK zu erfolgen.

7 Immissionsschutz

Förderziel:

Vermeidung und/oder Verminderung von Immissionsbelastungen und energiebedingten Emissionen/Umweltbelastungen sowie Abwehr unmittelbarer Gefahren für Mensch und Tier.

Gefördert werden alle Mehrkosten gegenüber einer konventionellen, nicht förderbaren Ausführung für bauliche und maschinelle Investitionen sowie für Aufwendungen für Planung, Beratung und Auswertung/Dokumentation, soweit diese dem Vorhaben dienen:
- Emissionsminderung nach dem BImSchG genehmigungsbedürftiger Anlagen,
- Minderung von Immissionsbelastungen und -schäden,
- Lärmschutz bei sozialen und öffentlich-rechtlichen Einrichtungen,
- integrierte Projekte im ländlichen Bereich, ökologische Musterbauvorhaben und Demonstrationsvorhaben in den Bereichen Abwärme, Wärmenutzung und Energierückgewinnung,
- Erstellung örtlicher/regionaler Umweltentlastungs- und Energiekonzepte,
- Anlagen dezentraler Kraft-Wärme-Kopplung bis 5 MW (elektrisch) in Verbindung mit Konzepten zur Umweltentlastung,
- Nutzung von Bio-, Klär- und Deponiegas als Ergänzungsförderung,
- Einzelanlagen zur Windenergienutzung.

Nicht gefördert werden:
- Errichtung/Umstellung von Wärmeerzeugern auf die Energieträger Strom, Kohle, Heizöl oder Gas,
- Maßnahmen für die eine gesetzliche Verpflichtung besteht,
- Vorhaben von regionalen und überregionalen Unternehmen der Energiewirtschaft,
- Betriebskosten (incl. Unterhalt und Pflege),
- vor Erteilung des Zuwendungsbescheides begonnene Vorhaben,
- als Vorsteuer absetzbare Steuern,
- Grunderwerb mit Nebenkosten.

Antragsberechtigte:
- natürliche und juristische Personen des öffentlichen Rechts,
- Gemeinden, Gemeindeverbände und kommunale Arbeitsgemeinschaften.

Art und Höhe der Förderung:

Zuschüsse bis max. 50 % und für Dokumentation bis zu 100 % der förderbaren Kosten je nach Art der Maßnahme.

Darlehen max. 75 % der förderbaren Kosten
- Zinssatz: zinslos
- Laufzeit: max. 12 Jahre, bei 2 tilgungsfreien Jahren
- Mindestbetrag: DM 5.000.

Kombination mit anderen öffentlichen Mitteln bis zu max. 50 % (in bestimmten Fällen 80 %) der förderbaren Kosten ist möglich. Zweckbindung für bauliche (12 Jahre) und maschinelle Investitionen (5 Jahre) ist zu beachten.

Antrag/Beratung:

- Landesumweltamt,
- Kreisverwaltungen,
- InvestitionsBank des Landes Brandenburg,
- Beratungszentren in Cottbus, Eberswalde und Frankfurt/Oder,
- Ministerium für Umwelt, Naturschutz und Raumordnung.

Verfahren:

Der Antrag ist 2fach an das Landesumweltamt und einfach zur Stellungnahme an die Kreisverwaltung einzureichen. Antragsformulare sind bei der InvestitionsBank und dem Landesumweltamt erhältlich.

Aktuelle Informationen:

Dem Antrag sind folgende Unterlagen beizufügen:
- Vorhabensbeschreibung (Notwendigkeit, Zweckmäßigkeit, Wirtschaftlichkeit) mit Zeitplan,
- detaillierter Kostenplan (ggf. mit Angeboten),
- Finanzierungsplan (mit Herkunft der Mittel und Konditionen),
- Übersichts- und Lageplan (bei Bau),
- Baugenehmigung,
- umweltrechtliche Genehmigung,
- Bestätigung, daß das Vorhaben der Umweltplanung, Raumordnung, Landesplanung und sonstigen Auflagen entspricht.

8 Abfallwirtschaft und Altlastensanierung

Förderziel:

Feststellung, Sicherung und Sanierung von Altlasten und/oder kontaminierten Standorten, Schutz des Bodens, Verbesserung der Abfallentsorgung sowie die Gefahrenabwehr in diesen Bereichen für Mensch und Natur.

Gefördert werden:
- Untersuchung, Sicherung und Sanierung von Altlasten bzw. kontaminierten Standorten,
- Untersuchung und Bewertung großräumiger Bodenbelastungen,
- konzeptionelle Arbeiten zur Abfallwirtschaft (incl. Standortfindung und -sicherung),
- Bodenschutz (Erosionsbekämpfung, konzeptionelle Arbeiten),
- Maßnahmen zur Vermeidung, Verwertung und Entsorgung von Abfällen,
- Untersuchung zur Sicherung und Ertüchtigung von in Betrieb befindlichen oder stillgelegten Abfallentsorgungsanlagen.

Nicht gefördert werden:
- Finanzierungskosten,
- Grunderwerb mit Nebenkosten,
- Mehrkosten nach Erteilung des Zuwendungsbescheides,
- vor Erteilung des Zuwendungsbescheides begonnene Vorhaben.

Antragsberechtigte:

- natürliche und juristische Personen des öffentlichen oder privaten Rechts,
- Gemeinden, Gemeindeverbände, kommunale Arbeitsgemeinschaften/Zweckverbände.

Art und Höhe der Förderung:

- Zuschüsse an natürliche und juristische Personen des privaten Rechts bis zu 50 % der förderbaren Kosten,
- Zuschüsse an kommunale Antragsteller bis zu 80 % der förderbaren Kosten,
- Mindestbetrag: DM 5.000.

Antrag/Beratung:

- Landesumweltamt,
- Kreisverwaltung,
- InvestitionsBank des Landes Brandenburg,
- Beratungszentren in Cottbus, Eberswalde und Frankfurt/Oder,
- Landesumweltamt,
- Ministerium für Umwelt, Naturschutz und Raumordnung.

Verfahren:

Der Antrag ist 2fach an das Landesumweltamt und einfach zur Stellungnahme an die Kreisverwaltung einzureichen. Antragsformulare sind bei den Landratsämtern und kreisfreien Städten erhältlich.

Dem Antrag sind folgende Unterlagen beizufügen:
- Ist-Zustandsanalyse,
- Vorhabensbeschreibung mit Zeitplan (Notwendigkeit, Zweckmäßigkeit, Wirtschaftlichkeit),
- detaillierter Kostenplan (ggf. mit Angeboten),
- Finanzierungsplan (mit Herkunft der Mittel und Konditionen),
- soweit Genehmigung/Planfeststellung erforderlich: genehmigter Entwurf,
- Stellungnahme der Kreisverwaltung zur Vergabeart und Angebotsauswahl.

9 Rationelle Energieverwendung und Nutzung erneuerbarer Energiequellen

Förderziel:

Einsparung von Energie durch Anwendung innovativer Technologien sowie verstärkter Nutzung erneuerbarer, umweltschonender Energiequellen.

Gefördert werden:
- Blockheizkraftwerke (BHKW),
- Wärmerückgewinnung aus nicht genehmigungsbedürftigen oder mit festen Brennstoffen betriebenen Anlagen,
- Anlagen, die die heimische Braunkohle besonders effektiv nutzen,
- Erstellung von kommunalen Energiekonzepten,
- projektbezogene Studien zu erneuerbaren Energiequellen,
- Meß-, Regel- und Speichersysteme,
- Anlagen zur Gewinnung von Energie aus Deponie- und Klärgas, Biomasse sowie aus Gasentspannung,
- Thermische Solaranlagen,
- Wasserkraftanlagen,
- Windkraftanlagen,
- Photovoltaikanlagen (inkl. Speicher/Umformereinrichtungen),
- Wärmepumpen für Raumwärme- und Warmwasserversorgung,
- Erschließung und Nutzung von Thermalwärme.

Nicht gefördert werden:
- Reparatur- und Ersatzteilbeschaffung,
- per Gesetz oder durch Behörden vorgeschriebene Maßnahmen,
- vor Antragstellung begonnene Vorhaben.

Antragsberechtigte:

Natürliche und juristische Personen des öffentlichen oder privaten Rechts mit Ausnahme des Bundes sowie regionaler und überregionaler Unternehmen der Wirtschaft mit mehr als DM 300 Mio. Konzernumsatz pro Jahr.

Art und Höhe der Förderung:

- Zuschüsse zwischen 25 und 50 % der förderbaren Kosten (bei einigen Maßnahmen Einzelfallentscheidungen),

- bei BHKW: Darlehen bis zu 50 % der förderbaren Kosten
  - Zinssatz: fest für die gesamte Laufzeit
  - Auszahlung: 100 %
  - Laufzeit: 15 Jahre bei 3 tilgungsfreien Jahren
  - Mindestbetrag: DM 5.000.

Ein Anspruch auf Förderung besteht nicht.

Antrag/Beratung:

- Ministerium für Wirtschaft, Mittelstand und Technologie des Landes Brandenburg,
- InvestitionsBank des Landes Brandenburg,
- Beratungszentren in Cottbus, Eberswalde und Frankfurt/Oder.

Verfahren:

Die Antragstellung erfolgt beim Ministerium für Wirtschaft, Mittelstand und Technologie des Landes Brandenburg, Anträge sind dort erhältlich. Dem Antrag sind folgende Unterlagen beizufügen:
- Kopien der notwendigen Genehmigungen (z. B. für Bau und BImSchG),
- mind. 2 detaillierte, unabhängige Kostenvoranschläge,
- technische Beschreibung der Anlage (ggf. Schaltschema),
- Wirtschaftlichkeitsberechnung.

Darlehen werden über die InvestitionsBank vergeben, Zuschüsse direkt vom Ministerium für Wirtschaft, Mittelstand und Technologie.

Aktuelle Informationen:

Die Zweckbindung der Mittel für die Investitionen beträgt mind. 5 Jahre. Die Kombination mit anderen öffentlichen Mitteln bis insgesamt max. 70 % der förderbaren Kosten ist möglich.

10 Bürgschaften des Landes Brandenburg

Förderziel:

Besicherung von Krediten; vor allem für Existenzgründer und mittelständische Unternehmen, soweit diese nicht über banktübliche Sicherheiten verfügen.

Antragsberechtigte:

Betriebe des privaten kleinen gewerblichen Mittelstandes (Handwerk, Handel, Kleinindustrie, Gaststätten- und Dienstleistungsgewerbes usw.) sowie Angehörige Freier Berufe.

Art und Höhe der Förderung:

Die Bürgschaften werden gegenüber dem Kreditgewerbe (Hausbank) übernommen, soweit der Kreditnehmer ausreichende Sicherheiten nicht stellen kann. Sie decken bis zu 80 % der Kreditsumme.

Der Höchstbetrag der Bürgschaft liegt bei DM 1 Mio. im Einzelfall. Die Laufzeit der verbürgten Kredite darf bis zu 15 Jahre, bei Bauvorhaben 23 Jahre betragen.

Antrag/Beratung:

- BBB Bürgschaftsbank zu Berlin-Brandenburg GmbH, Berlin,
- Bürgschaftsbank Brandenburg GmbH (BBB), Potsdam,
- Hausbank.

Verfahren:

Die Bürgschaft ist über die jeweilige Hausbank bei der Bürgschaftsbank zu beantragen.

Anhang

1 EG-Beratungsstellen der neuen Bundesländer

EG-Beratungsstelle
Landesbank Hessen – Thüringen
Girozentrale
Anschrift: Bahnhofstr. 4 a
 99084 Erfurt
Telefon: 03 61/5 62 47 98
Telefax: 03 61/6 65 72 33
Zuständig für EIC: Frau Sabine Jänichen

EG-Beratungsstelle
Industrie- und Handelskammer zu Leipzig
Anschrift: Goerdelerring 5
 04109 Leipzig
Telefon: 03 41/71 53-140, -141, -126
Telefax: 03 41/71 53-421
Zuständig für EIC: Frau Christa Friedrich

EG-Beratungsstelle
Industrie- und Handelskammer Rostock
Anschrift: Ernst-Barlach-Straße 7
 18055 Rostock
Telefon: 03 81/4 66 98-10, -11, -27
Telefax: 03 81/4 59 11 56
Zuständig für EIC: Herr Dieter Pfliegensdörfer

EG-Beratungsstelle
Handwerkskammer Magdeburg
Anschrift: Bahnhofstraße 49 a
 39104 Magdeburg
Telefon: 03 91/5 61 91 61
Telefax: 03 91/5 61 91 62
Zuständig für EIC: Herr Heinz-Dieter Dömland

Industrie- und Handelskammer Frankfurt/Oder
Anschrift: Postfach 343
15203 Frankfurt/Oder
Telefon: 03 35/2 38-63, -88
Telefax: 03 35/32 22 71
Zuständig für EIC: Frau Marion Pieck, Frau Heike Truszh

EG-Beratungsstelle Wirtschaftsförderung Brandenburg GmbH
Anschrift: Am Lehnitzsee 7
14476 Neu Fahrland
Telefon: 03 31/96 75-0, -221
Telefax: 03 31/9 67 52 22
Zuständig für EIC: Frau Anne-Katrin Schierloh

EG-Beratungsstelle
Eric – Berlin
Berliner Absatz-Organisation/IHK
Anschrift: Hardenbergstraße 16–18
10623 Berlin
Telefon: 0 30/3 15 10-240
Telefax: 0 30/3 15 10-316
Zuständig für EIC: Dipl.-Pol. Monika Schulz-Strelow

2 Wirtschaftsministerien der neuen Bundesländer

BRANDENBURG
Minister für Wirtschaft, Mittelstand und Technologie
Walter Hirche
Anschrift: Heinrich-Mann-Allee 107
14473 Potsdam
Telefon: 03 31/86 60
Telefax: 03 31/8 66 49 98

MECKLENBURG-VORPOMMERN
Minister für Wirtschaft
Conrad Michael Lehment
Anschrift: Johann-Stelling-Straße 14
19048 Schwerin
Telefon: 03 85/58 80
Telefax: 03 85/5 88 58 61
Telex: 03 85/391 192

FREISTAAT SACHSEN
Staatsminister für Wirtschaft und Arbeit
Dr. Kajo Schommer
Anschrift: Budapester Straße 5
01069 Dresden
Telefon: 03 51/4 97 85
Telefax: 03 51/4 95 41 31, 4 95 61 09

SACHSEN-ANHALT
Minister für Wirtschaft, Technologie und Verkehr
Dr. Horst Rehberger
Anschrift: Wilhelm-Höpfner-Ring 4
39116 Magdeburg
Postfach 34 80, 39043 Magdeburg
Telefon: 03 91/5 67 01
Telefax: 03 91/5 67 44 49

THÜRINGEN
Minister für Wirtschaft und Technik
Dr. Jürgen Bohn
Anschrift: Johann-Sebastian-Bach-Straße 1
 99096 Erfurt
Telefon: 03 61/6 63-0
Telefax: 03 61/3 17 15

BERLIN
Senator für Wirtschaft und Technologie
Dr. Norbert Meissner
Anschrift: Martin-Luther-Straße 105
 10825 Berlin
Telefon: 0 30/7 83-1
Telefax: 0 30/7 83-84 55

3 Antragannehmende Stellen für Investitionszuschüsse im Rahmen der Gemeinschaftsaufgabe „Verbesserung der regionalen Wirtschaftsstruktur"

MECKLENBURG-VORPOMMERN
Landesförderinstitut Mecklenburg-Vorpommern
Anschrift: Werkstraße 2
19061 Schwerin
Telefon: 03 85/34 05-0
Telefax: 03 85/3 40 51 04

BRANDENBURG
Investitionsbank des Landes Brandenburg
Anschrift: Steinstraße 104–106
14480 Potsdam
Telefon: 03 31/64 57-0
Telefax: 03 31/6 45 72 34

SACHSEN-ANHALT
Regierungspräsidium Magdeburg
Anschrift: Olvenstedter Straße 1–2
39108 Magdeburg
Telefon: 03 91/5 67 02
Telefax: 03 91/5 67 26 95

Regierungspräsidium Dessau
Wirtschaftsförderung, Abteilung 3 – Dezernat 33
Anschrift: Bauhofstraße 27
06842 Dessau
Telefon: 03 40/82 11 16
Telefax: 03 40/82 30 77

Regierungspräsidium Halle
Anschrift: Willi-Lohmann-Straße 7–9
06114 Halle
Telefon: 03 45/5 14-0
Telefax: 03 45/5 14-14 44

FREISTAAT SACHSEN
A. Gewerbliche Wirtschaft:
über Hausbank an:
Sächsische Aufbaubank Dresden
Zweiganstalt der Landeskreditbank Baden-Württemberg
Anschrift: Sankt Petersburger Straße 15
 01069 Dresden
Telefon: 03 51/4 82 90
Telefax: 03 51/4 87 32 57

B. Wirtschaftsnahe Infrastruktur:
Regierungspräsidium Leipzig
Abteilung Wirtschaft und Arbeit · Referat Wirtschaftsförderung
Anschrift: Karl-Liebknecht-Straße 145
 04277 Leipzig
Telefon: 03 41/39 90
Telefax: 03 41/31 28 42

Regierungspräsidium Chemnitz
Abteilung Wirtschaft und Arbeit · Referat Wirtschaftsförderung
Anschrift: Brückenstraße 10
 09111 Chemnitz
Telefon: 03 71/68 20
Telefax: 03 71/6 82 22 34 oder 6 82 22 35

Regierungspräsidium Dresden
Abteilung Wirtschaft und Arbeit · Referat Wirtschaftsförderung
Anschrift: August-Bebel-Straße 19
 01219 Dresden
Telefon: 03 51/4 69 50
Telefax: 03 51/4 69 54 99

THÜRINGEN
A. Wirtschaftsnahe Infrastruktur:
Thüringer Ministerium für Wirtschaft und Verkehr
Abteilung Wirtschaftsförderung
Anschrift: Johann-Sebastian-Bach-Straße 1
 99096 Erfurt
Telefon: 03 61/6 63-0
Telefax: 03 61/3 17 15 od. 3 16 15

B. Gewerbliche Wirtschaft:
Thüringer Landes-Wirtschaftsförderungsgesellschaft mbH
Anschrift: Tschaikowskistr. 11
 99096 Erfurt
Telefon: 03 61/42 92-0
Telefax: 03 61/42 92-202

Außenstelle Artern
Anschrift: Fräuleinstraße 11
 06556 Artern
Telefon: 0 34 66/3 12 43-46
Telefax: 0 34 66/3 12 47

Außenstelle Gera
Anschrift: Ziegelberg 25
 07545 Gera
Telefon: 03 65/4 37 07-0
Telefax: 03 65/4 37 07-713

Außenstelle Suhl
Anschrift: Am Bahnhof 3
 98529 Suhl
Telefon: 0 36 81/39 33-0
Telefax: 0 36 81/39 33-26

BERLIN
A. Gewerbliche Wirtschaft
Investitionsbank Berlin (IBB)
Anschrift: Kranzer Straße 6–7
 14199 Berlin
Telefon: 0 30/8 20 03-476
Telefax: 0 30/8 20 03-463

B. Wirtschaftsnahe Infrastruktur
Senator für Wirtschaft und Technologie
Anschrift: Martin-Luther-Straße 105
 10825 Berlin
Telefon: 0 30/7 83 81 06
Telefax: 0 30/7 83 84 55

4 Ansprechpartner der Länder bei landesspezifischen Förderprogrammen

BERLIN

Existenzgründung:	Senatsverwaltung für Wirtschaft und Technologie Martin-Luther-Straße 105 10825 Berlin Telefax: 0 30/7 83 84 55 Herr Jörg Berger, II B 21 Telefon: 0 30/7 83 84 44 Frau Vera Schiwek, II B 22, Telefon: 0 30/7 83 81 16
Mittelstandsförderung:	Senatsverwaltung für Wirtschaft und Technologie Frau Idisa Schweigert-Patermann III C 5, Telefon: 0 30/7 83 81 81 Frau Kristina Dehmel, III C 51 Telefon: 0 30/7 83 81 89
Forschungsförderung/ Innovation:	Senatsverwaltung für Wirtschaft und Technologie Herr Max Steinacker, V A 14 Telefon: 0 30/7 83 83 88 Herr Gerhard Gröning, V A 15 Telefon: 0 30/7 83 84 33
Bauförderung:	Senatsverwaltung für Bau und Wohnungswesen Referat Öffentlichkeitsarbeit Württembergische Straße 6 10707 Berlin Herr Meinicke, I C 32 Telefon: 0 30/8 67 73 31 Telefax: 0 30/8 67 73 71

	außerdem: Senatsverwaltung für Wirtschaft und Technologie Herr Arno Nemitz, II A 21, Telefon: 0 30/7 83 82 06
Umweltschutz/ Energie:	Senatsverwaltung für Stadtentwicklung und Umweltschutz Referat Öffentlichkeitsarbeit Lindenstraße 20–25 Berlin 61 Herr Loy, VI D 2 Telefon: 0 30/25 86-24 21 Telefax: 0 30/25 86-21 16 außerdem: Senatsverwaltung für Wirtschaft und Technologie Herr Manfred Kassel, V C 31 Telefon: 0 30/7 83 84 54
Arbeitsmarktprogramme:	Senatsverwaltung für Arbeit und Frauen Pressestelle Storkower Straße 134 10407 Berlin Frau Martin Telefon: 0 30/4 24-29 91 Telefax: 0 30/21 74 26 18 „Arbeitsmarktpolitisches Rahmenprogramm" (ARP)

BRANDENBURG

Ministerium für Wirtschaft, Mittelstand
und Technologie
des Landes Brandenburg
Heinrich-Mann-Allee 107
14473 Potsdam

Telefax: 03 31/8 66-17 26, 17 27

Existenzgründung:
- **Handel, Freie Berufe**
Herr Lemm
Telefon: 03 31/8 66-16 40

- **Handwerk**
Frau Sinde
Telefon: 03 31/8 66-16 47

Mittelstandsförderung/ Finanzierung:
Herr Franke
Telefon: 03 31/8 66-16 34

Herr Witt
Telefon: 03 31/8 66-17 17

Forschungsförderung/ Innovation:
Herr Dr. Schulze
Telefon: 03 31/8 66-16 04

Herr Dr. Görmer
Telefon: 03 31/8 66-16 05

Umweltschutz/Energie:
- **Fernwärmesanierung**
Herr Marischeski
Telefon: 03 31/8 66-16 94

- **Wärmerückgewinnung**
- **Brennwerttechnik**
Herr Krahl
Telefon: 03 31/8 66-17 01

- **Blockheizkraftwerke**
- **Erneuerbare Energiequellen**
Herr Möller
Telefon: 03 31/8 66-17 01

MECKLENBURG-VORPOMMERN

Existenzgründung und Mittel- standsförderung:	Wirtschaftsministerium des Landes Mecklenburg- Vorpommern	
	J.-Stelling-Straße 14 19048 Schwerin Telefon: 03 85/5 88-0 Telefax: 03 85/58 61	
● Beratungsprogramm „Beratung zum Anfassen"	Frau Schütze Referat 300	App. 53 05
● Landesinvestitions- Programm (LiP)	Herr Heuer Frau Borowski Referat 310	App. 53 10 App. 53 11
● Kapitalbeteiligungsgesellschaft Mecklenburg-Vorpommern	Herr Dopp Referat 330	App. 53 30
● Fremdenverkehrsförderung	Herr Mews Frau Eichbaum Referat 750	App. 57 50 App. 57 51
● Förderung der Berufsausbildung	Frau Böhnisch Frau Hartmann Referat 320	App. 53 20 App. 53 27
● Landesbürgschaften	Herr Dopp Herr Grochowski Referat 330	App. 53 30 App. 53 31
● Technologie- und Innovationsförderung	Herr Reichel Frau Strietzel Referat 130	App. 51 30 App. 51 31
● Energiekonzepte/Fernwärme- sanierungsprogramm	Herr Schreiber Frau Knopf Referat 410	App. 51 30 App. 51 31
● Energieeinsparung, erneuerbare Energie	Herr Froben Frau Rudolph Frau Ernert Referat 420	App. 54 20 App. 54 21 App. 54 22

Umweltschutz:	Umweltministerium des Landes Mecklenburg-Vorpommern
	Schloßstraße 6–8 19053 Schwerin Telefon: 03 85/5 78-0 Telefax: 03 85/5 81 32 59
	Herr Herkenrath　　App. 458 Referat 130

Bauförderung:	Innenministerium des Landes Mecklenburg-Vorpommern
	Karl-Marx-Straße 1 19055 Schwerin Telefon: 03 85/5 74-0 Telefax: 03 85/5 74 31 05

a) Städtebauförderung (Kommunen)

• Städtebauförderungs- 　richtlinie	Herr Kutzki Frau Kallweit Referat 75	App. 21 51 App. 41 89
• Besondere Städtebauförde- 　rungsrichtlinie für städtebau- 　liche Planungsleistungen	Herr Kutzki Frau Behrens Referat 75	App. 21 51 App. 23 93
• Besondere Städtebauförde- 　rungsrichtlinie für städtebau- 　liche Denkmalpflege	Herr Kutzki Herr Kallweit	App. 21 51 App. 21 89

b) Wohnungsbauförderung

• Förderung der Schaffung von 　eigengenutzten Eigentums- 　maßnahmen sowie Miet- und 　Genossenschaftswohnungen 　(WoBauRL)	Frau Zerbe Referat 730	App. 21 60

- Förderung der Instandsetzung und Modernisierung von Wohneigentum sowie von Miet- und Genossenschaftswohnungen in Wohngebäuden mit bis zu 3 Wohnungen (ModRLe-M)   Frau Runge   Referat 730   App. 21 46

- Förderung der Instandsetzung und Modernisierung von Wohngebäuden mit mehr als 3 Miet- und Genossenschaftswohnungen (ModRLM)   Frau Runge   Referat 730   App. 21 46

Weitere Informationen zu den Fördermöglichkeiten zum Wohnungsbau erteilen auch das

Landesbauförderungsamt Mecklenburg-Vorpommern Wuppertaler Straße 12 19061 Schwerin Telefon: 03 85/35 40 Telefax: 03 85/35 42 13 und seine Zweigstellen	Landesbauförderungsamt Mecklenburg-Vorpommern Zweigstelle Neubrandenburg Neustrelitzer Straße 120 17033 Neubrandenburg Telefon: 03 95/5 80 25 48 Telefax: 03 95/5 80 26 58
Landesbauförderungsamt Mecklenburg-Vorpommern Zweigstelle Rostock August-Bebel-Straße 33 18055 Rostock Telefon: 03 81/2 32 04 Telefax: 03 81/2 24 08	Landesbauförderungsamt Mecklenburg-Vorpommern Zweigstelle Greifswald Rudolf-Petershagen-Allee 38 17489 Greifswald Telefon: 0 38 34/87 26 67-665

FREISTAAT SACHSEN

Überbetriebliche Mittelstandsförderung:	Sächsisches Staatsministerium für Wirtschaft und Arbeit Budapester Straße 5 01008 Dresden Telefax: 03 51/4 95 61 09 und 03 51/4 95 41 31
	Abtl. 2, Ref. 27, Telefon: 03 51/4 97-82 71
Fremdenverkehr:	Sächsisches Staatsministerium für Wirtschaft und Arbeit
	Frau Noack, Abtl. 2, Ref. 28, Telefon: 03 51/4 97-82 80
Zuschüsse für Investitionen:	Sächsisches Staatsministerium für Wirtschaft und Arbeit
	Frau Dr. Gojowy, Abtl. 3, Ref. 33, Telefon: 03 51/4 97-83 20
Bürgschaften:	Sächsisches Staatsministerium für Wirtschaft und Arbeit
	Frau Miklis, Abtl. 3, Ref. 34, Telefon: 03 51/4 97-83 31
Messeförderung, Exportförderung:	Sächsisches Staatsministerium für Wirtschaft und Arbeit
	Herr Bachmann, Abtl. 3, Ref. 36, Telefon: 03 51/4 97-83 43
Technologie:	Sächsisches Staatsministerium für Wirtschaft und Arbeit
	Herr Dr. Schulze, Abtl. 4, Ref. 41, Telefon: 03 51/4 97-83 61 Herr Nothnagel, Abtl. 4, Ref. 42, Telefon: 03 51/4 97-83 66

ESF-Förderung, **Förd. Frauen über 45:**	Sächsisches Staatsministerium für Wirtschaft und Arbeit Frau Keil, Abtl. 5, Ref. 52, Telefon: 03 51/4 97-84 21
Förderung beruflicher Bildung:	Sächsisches Staatsministerium für Wirtschaft und Arbeit Frau Keßler, Abtl. 5, Ref. 53, Telefon: 03 51/4 97-84 17

SACHSEN-ANHALT

Existenzgründung und Mittelstandsförderung:

Ministerium für Wirtschaft, Technik und Verkehr
Wilhelm-Höpfner-Ring 3
39166 Magdeburg

- Kapitalbeteiligung und Bürgschaften des Landes Sachsen-Anhalt

  Herr Schneider
  Referat 23
  Telefon: 03 91/5 67-42 71
  Telefax: 03 91/5 67-44 50

- Zuwendungen an kleine und mittlere Unternehmen zur Beteiligung an Messen und Ausstellungen

  Frau Lehn
  Referat 32
  Telefon: 03 91/5 67-43 88
  Telefax: 03 91/5 67-43 86

- Zuwendungen an kleine und mittlere Unternehmen zur Förderung des Absatzes einheimischer Produkte im Handel

  Herr Puhl
  Referat 32
  Telefon: 03 91/5 67-43 88
  Telefax: 03 91/5 67-43 86

- Zinszuschüsse zur Förderung des Mittelstandes

- Zuwendungen an Personen zur Gründung einer selbständigen Existenz und Qualifizierung vor sowie während der Selbständigkeit mit Mitteln des Europäischen Sozialfonds in Sachsen-Anhalt

  Ministerium für Arbeit und Soziales
  Referat 43
  Wilhelm-Höpfner-Ring 4
  39116 Magdeburg

  Herr Schröder
  Telefon: 03 91/5 67-46 33
  Telefax: 03 91/5 67-46 34

  Frau Schaffner
  Telefon: 03 91/5 67-46 35
  Telefax: 03 91/5 67-46 29

Umweltschutz:	Ministerium für Umwelt- und Naturschutz Pfälzer Straße 39106 Magdeburg
• Umweltbildung, -erziehung und -information	Frau Dr. Kabisch Referat 62 Telefon: 03 91/5 67-33 35 Telefax: 03 91/5 67-33 66
• Förderung von Maßnahmen des Naturschutzes und der Landschaftspflege	Frau Hartmann Referat 62 Telefon: 03 91/5 67-33 33 Telefax: 03 91/5 67-33 66
• Abfallwirtschaft, Altlastensanierung und Bodenschutz	Frau Dr. Schwarz Referat 41 Telefon: 03 91/5 67-33 01 Telefax: 03 91/5 67-33 66
• Maßnahmen des Immissionsschutzes	Herr Dörffel Referat 51 Telefon: 03 91/5 67-33 16 Telefax: 03 91/5 67-33 66
• Wasserwirtschaftliche Maßnahmen – Trink- und Abwasser	Herr Bohnensack Referat 31 Telefon: 03 91/5 67-32 90 Telefax: 03 91/5 67-33 66
Energie:	Ministerium für Wirtschaft, Technologie und Verkehr des Landes Sachsen-Anhalt Referat 64 Wilhelm-Höpfner-Ring 4 39116 Magdeburg Herr Steinmann Telefon: 03 91/43 84 21 Telefax: 03 91/43 84 04

**Forschungsförderung/
Innovation:**

- Förderung von Forschungs- und -Entwicklungsvorhaben auf dem Gebiet der Produkt- und Verfahrensinnovation

  Ministerium für Wirtschaft,
  Technologie und Verkehr
  des Landes Sachsen-Anhalt
  Referat 64
  Wilhelm-Höpfner-Ring 4
  39116 Magdeburg
  Herr Sobe
  Telefon: 03 91/43 84 45
  Telefax: 03 91/43 84 04

- Förderung des Auf- und Ausbaus von Technologie, Innovations-, Gründerzentren und Technologieparks in Sachsen-Anhalt

  Ministerium für Wirtschaft,
  Technologie und Verkehr
  des Landes Sachsen-Anhalt
  Referat 62
  Wilhelm-Höpfner-Ring 4
  39116 Magdeburg
  Herr Hoffmann
  Telefon: 03 91/43 84 37
  Telefax: 03 91/43 84 04

Bauförderung:

Ministerium für Raumordnung,
Städtebau und Wohnungswesen
Herrenkrugstraße 66
39114 Magdeburg

- Eigenheimbau
  Sozialen Mietwohnungsbau,
  Zinsverbilligungen, Sanierung
  bestehender Wohnungen

  Herr Dr. Isensee
  Referat 31
  Telefon: 03 91/5 67-75 10

- Behindertengerechtes Wohnen, Modernisierung und Instandhaltung

  Herr Ganz
  Referat 32
  Telefon: 03 91/5 67-74 88
  Telefax: 03 91/5 67-75 10

- Erwerb kommunaler Wohnungen durch Mieter

  Herr Beenen
  Referat 33
  Telefon: 03 91/5 67-75 33
  Telefax: 03 91/5 67-75 10

- Fassadenerneuerungen im Rahmen des Modellvorhabens „Fremdenverkehrsorte"

Ministerium für Wirtschaft, Technologie und Verkehr
Wilhelm-Höpfner-Ring 4
39116 Magdeburg

Herr Steidl
Referat 34
Telefon: 03 91/5 67-42 52
Telefax: 03 91/5 67-43 86

Herr Manthey
Referat 34
Telefon: 03 91/5 67-43 87
Telefax: 03 91/5 67-43 86

THÜRINGEN

Existenzgründung/ Mittelstandsförderung:	Thüringer Ministerium für Wirtschaft und Verkehr Sebastian-Bach-Straße 1 99096 Erfurt Telefon: 03 61/66 30 Telefax: 03 61/3 16 15 Herr Wessels, Herr Ludwig
Forschungsförderung/ Innovation:	Thüringer Ministerium für Wirtschaft und Verkehr Haarbergstraße 61 99097 Erfurt Telefon: 03 61/4 27-85 50 Telefax: 03 61/4 27-85 00 Frau Lange
Energie:	Thüringer Ministerium für Wirtschaft und Verkehr Haarbergstraße 61 99097 Erfurt Telefon: 03 61/4 27-85 48 Telefax: 03 61/4 27-85 00 Frau Zapfe, Herr Allendorf
Umweltschutz:	Thüringer Ministerium für Umwelt und Landesplanung R.-Breslauer-Straße 11 a 99094 Erfurt Telefon: 03 61/6 57-52 46 Telefax: 03 61/6 57-52 19 Herr Kühne, Frau Putschkus

Wohnungsbauförderung: Thüringer Innenministerium
Schillerstraße 27
99096 Erfurt
Telefon: 03 61/3 98-22 45
Telefax: 03 61/3 98-24 01
Frau Zimmermann

Thüringer Landesverwaltungsamt
Friedensstraße 42
99423 Weimar
Telefon: 0 36 43/7 58-12 79
Telefax: 0 36 43/7 58-12 72
Frau Sindermann

Städtebauförderung: Thüringer Innenministerium
Schillerstraße 27
99096 Erfurt
Telefon: 03 61/3 98-21 32
Telefax: 03 61/3 98-24 01
Herr Wiemeyer

Thüringer Landesverwaltungsamt
Friedensstraße 42
99423 Weimar
Telefon: 0 36 43/7 58-12 70
Telefax: 0 36 43/7 58-12 72
Herr Bechstedt

5 Bürgschaftsbanken in den neuen Bundesländern

BERLIN
BBB Bürgschaftsbank zu Berlin-Brandenburg GmbH
Bismarckstraße 105
10625 Berlin
Tel.: 0 30/3 13 30 03
Telefax: 0 30/3 13 79 49

BRANDENBURG
Bürgschaftsbank Brandenburg GmbH (BBB)
Steinstraße 104–106
14480 Potsdam
Tel.: 03 31/6 49 63-0
Telefax: 03 31/6 45 72 34

MECKLENBURG-VORPOMMERN
Bürgschaftsbank Mecklenburg-Vorpommern GmbH (BBMV)
Hamburger Allee C/1
19063 Schwerin
Tel.: 03 85/34 04-0
Telefax: 03 85/37 71 38

SACHSEN
Bürgschaftsbank Sachsen GmbH
Anton-Graf-Straße 20
01309 Dresden
Tel.: 03 51/4 72 89 62
Telefax: 03 51/4 72 89 73

SACHSEN-ANHALT
Bürgschaftsbank Sachsen-Anhalt GmbH (BBST)
Haeckelstraße 9 a
39104 Magdeburg
Tel.: 03 91/34 30 94
Telefax: 03 91/34 31 34

THÜRINGEN
Bürgschaftsbank Thüringen GmbH (BBT)
Arnstädter Straße 28
99096 Erfurt
Tel.: 03 61/6 73 62 16
Telefax: 03 61/6 73 62 13

6 Wirtschaftsfördergesellschaften in den neuen Bundesländern

BERLIN

Wirtschaftsförderung Berlin GmbH
Anschrift: Hallerstraße 3–6
                10587 Berlin
Telefon: 0 30/3 99 80-0
Telefax: 0 30/3 99 80-2 39
Telex: 3 04 467

BAO Berlin
Anschrift: Marketing Service GmbH
                Hardenbergstraße 16–18
                10623 Berlin
Telefon: 0 30/3 15 10-2 40, 2 41
Telefax: 0 30/31 51 10-3 16

Gesellschaft für soziale Unternehmensberatung Gsub
Anschrift: Johannisstraße 2
                10117 Berlin
Telefon: 0 30/2 80 64 89, 2 80 64 86
Telefax: 0 30/2 80 66 15

BRANDENBURG

Wirtschaftsförderung Brandenburg GmbH
Anschrift: Am Lehnitzsee
                14476 Potsdam
Telefon: 03 31/2 35 81, 2 76 06, 2 76 63
Telefax: 03 31/2 35 82

Niederbarnimer Wirtschaftsfördergesellschaft mbH
Anschrift: Klementstraße 5
                16321 Bernau
Telefon: 0 33 38/3 89 68, 3 89 67
Telefax: 0 33 38/3 87 32

OWF Ostbrandenburgische Wirtschaftsförderungsgesellschaft Beeskow-Fürstenwalde mbH
Anschrift: Trebuser Straße 47
15517 Fürstenwalde
Telefon: 0 33 61/6 41 25
Telefax: 0 33 61/3 20 04

Rathenower deutsch-schwedische Wirtschaftsförderungsgesellschaft
Anschrift: Bammer Landstraße 1
14712 Rathenow
Telefon: 0 33 85/6 63 04
Telefax: 0 33 85/6 63 08

Regionale Entwicklungsgesellschaft Brandenburg Süd mbH
Anschrift: Vetschauer Straße 13/2
03048 Cottbus
Telefon: 03 55/42 72 15
Telefax: 03 55/42 72 42

Regionale Wirtschaftsförderungsgesellschaft Spreewald-Niederlausitz GmbH
Anschrift: Joachim-Gottschalk-Straße 36
03205 Calau
Telefon: 0 35 41/8 21 79, 8 22 32
Telefax: 0 35 41/8 21 41

Regionale Wirtschaftsförderungsgesellschaft „Havelland" c/o Kreisverwaltung Rathenow
Anschrift: Platz der Freiheit 1
14712 Rathenow
Telefon: 0 33 85/61 41 App. 283
Telefax: 0 33 85/21 92

Regionalförderung „Oder-Neiße-Spree" e. V.
Anschrift: Ernst-Thälmann-Straße 13
15230 Frankfurt/Oder
Telefon: 03 35/2 35 25
Telefax: 03 35/2 30 90

Deutsch-polnische Wirtschaftsförderungsgesellschaft mbH
Anschrift: Kieler Straße 9
15234 Frankfurt/Oder
Telefon: 03 35/2 31 90
Telefax: 03 35/2 31 90

Struktur- und Wirtschaftsfördergesellschaft der Landkreise Luckenwalde und Zossen mbH
Anschrift: Verlängerte Kirchstraße
15806 Zossen
Telefon: 0 33 77/30 62 71
Telefax: 0 33 77/30 62 71, 30 67 02

Verein für Strukturentwicklung und Wirtschaftsförderung Schwedt-Angermünde
Anschrift: Lindenallee 25–29
16303 Schwedt/Oder
Telefon: 0 33 32/2 92 37
Telefax: 0 33 32/2 21 16

Wirtschaftsfördergesellschaft Elbe-Elster mbH c/o Kreisverwaltung Herzberg
Anschrift: Wilhelm-Pieck-Ring 37
04916 Herzberg
Telefon: 0 35 35/2 14 31
Telefax: 0 35 35/2 14 32

Wirtschaftsförderung Westliche Uckermark GmbH
Anschrift: Heinestraße 7
17268 Templin
Telefon: 0 39 87/27 63
Telefax: 0 39 87/5 17 36

Wirtschaftsförderungsgesellschaft Landkreis Nauen mbH c/o Kreisverwaltung Nauen
Anschrift: Zu den Luchbergen 26–34
14641 Nauen
Telefon: 0 33 21/3 49 95, 4 66 69, 4 66 70, 4 66 65
Telefax: 0 33 21/4 66 73

Wirtschaftsförderungsgesellschaft Potsdam-Mittelmark e. V.
Anschrift: Am Schwielowsee 110
14542 Werda/Petzow
Telefon: 0 33 27/4 06 16
Telefax: 0 33 27/4 06 77

Wirtschaftsförderungsgesellschaft für den Landkreis Oranienburg mbH
Anschrift: Fontanesiedlung 13
16761 Hennigsdorf
Telefon: 0 33 02/2 43 54, 80 13 37-39
Telefax: 0 33 02/80 05 19

Wirtschaftsförderverein Barnim-Oderbruch e. V.
c/o Kreisverwaltung Bad Freienwalde
Anschrift: Schulstraße 1
16259 Bad Freienwalde
Telefon: 0 33 44/4 62 34, 4 62 24
Telefax: 0 33 44/4 62 34

Wirtschaftsförderverein Nordwest Brandenburg e. V.
Anschrift: Marktplatz 1
16868 Wusterhausen
Telefon: 03 39 79/6 28
Telefax: 03 39 79/6 28

MECKLENBURG-VORPOMMERN

Gesellschaft für Wirtschaftsförderung des Landes Mecklenburg-Vorpommern mbH
Anschrift: Schloßgartenallee 15
19061 Schwerin
Telefon: 03 85/5 81 39 12
Telefax: 03 85/5 81 39 11

Wirtschaftsfördergesellschaft der Landkreise Neustrelitz und Strasburg mbH
Anschrift: Tiergartenstraße 4–6
17235 Neustrelitz
Telefon: 0 39 81/5 33 35, 5 33 41
Telefax: 0 39 81/20 04 33

Wirtschaftsfördergesellschaft für den Landkreis Ludwigslust mbH
Anschrift: Grandweg 8
                 19288 Ludwigslust
Telefon: 0 38 74/2 01 96
Telefax: 0 38 74/2 11 19

Wirtschaftsförderung Müritz GmbH
Anschrift: Am Ferienhotel Klink
                 17192 Klink
Telefon: 0 39 91/16 50 32
Telefax: 0 39 91/12 29 39

Gewerbe- und Technik-Zentrum Landkreis Sternberg GmbH
Anschrift: Waldeck 7
                 19417 Warin
Telefon: 03 84 82/2 21, 7 80
Telefax: 03 84 82/2 21

Wirtschaftsfördergesellschaft Teterow mbH
Mecklenburger Schweiz
Anschrift: Rostocker Straße 49–53
                 17166 Teterow
Telefon: 0 39 96/4 52 67, 4 52 68
Telefax: 0 39 96/24 82

Wirtschaftsförderungsgesellschaft Schwerin/Wismar mbH
Anschrift: Wismarsche Straße 132–134
                 19053 Schwerin
Telefon: 03 85/5 72 20, 5 72 22 51, 86 44 51
Telefax: 03 85/86 44 51

Entwicklungsgesellschaft Bad Doberan mbH i. G. (EGD)
Anschrift: August-Bebel-Straße 3
                 18202 Bad Doberan
Telefon: 03 82 03/62 30
Telefax: 03 82 03/21 37

Wirtschaftsförderungsgesellschaft Rügen mbH
Anschrift: Billrothstraße 5
18528 Bergen/Rügen
Telefon: 0 38 38/2 11 11-3 34, 2 21
Telefax: 0 38 38/2 22 27

Wirtschaftsfördergesellschaft Parchim Lübz
Anschrift: Walter-Hase-Straße 42
19370 Parchim
Telefon: 0 38 71/4 41 68
Telefax: 0 38 71/4 41 69

FREISTAAT SACHSEN

Wirtschaftsförderung Sachsen GmbH
Anschrift: Albertstraße 34
01075 Dresden
Telefon: 03 51/5 02 29 81
Telefax: 03 51/5 02 30 30

Entwicklungsgesellschaft Südraum Leipzig mbH
Anschrift: Abtdorfer Straße 36, 05441 Postfach
04552 Borna
Telefon: 0 34 33/8 36 88
Telefax: 0 34 33/8 36 90

Förder- und Entwicklungsgesellschaft Ueckerregion mbH
Anschrift: Stettiner Straße 14
17309 Pasewalk
Telefon: 0 39 73/5 21 32
Telefax: 0 39 73/21 00 50

Wirtschaftsförderungsgesellschaft Oberlausitz-Niederschlesien mbH
Anschrift: Taucherstraße 39
02625 Bautzen
Telefon: 0 35 91/57 32 91
Telefax: 0 35 91/57 32 92

Wirtschaftsförderungsges. mbH Hoyerswerda-Spremberg
Anschrift: Thomas-Müntzer-Straße 25
 02977 Hoyerswerda
Telefon: 0 35 71/2 30 02
Telefax: 0 35 71/2 30 02

Wirtschaftsentwicklungs- und Fortbildungszentrum GmbH Mittelsachsen
Anschrift: Zur Baumwolle 32
 09557 Flöha
Telefon: 0 37 26/4 25 05, 4 24 02
Telefax: 0 37 26/64 97

SACHSEN-ANHALT

Wirtschaftsförderungsgesellschaft für das Land Sachsen-Anhalt mbH
Anschrift: Wilhelm-Höpfner-Ring 4
 39116 Magdeburg
Telefon: 03 91/5 67 43 65, 61 51 24
Telefax: 03 91/61 51 35
Telex: 351 599

Elbe-Mulde-Wirtschaftsförderungsgesellschaft mbH
Sitz: Chemie AG Bitterfeld
Anschrift: Lörbiger Straße
 06749 Bitterfeld
Telefon: 0 34 93/7 21 04
Telefax: 0 34 93/7 23 85

Entwicklungs- und Wirtschaftsförderungsgesellschaft Bitterfeld mbH
Anschrift: Glück-Auf-Straße 2
 06749 Bitterfeld
Telefon: 0 34 93/22 87
Telefax: 0 34 93/22 87

Entwicklungs- und Wirtschaftsförderungsgesellschaft mbH Raum Mansfeld
Anschrift: Neue Siedlung
06343 Mansfeld
Telefon: 03 47 82/3 11
Telefax: 03 47 82/3 11

Gemeinnützige Gesellschaft zur Förderung der Wirtschaft im Kreis Bernburg mbH
Anschrift: Rheineplatz 4
06406 Bernburg
Telefon: 0 34 71/2 11 05
Telefax: 0 34 71/2 11 68

Gesellschaft für Wirtschaftsförderung Aschersleben mbH
Anschrift: Bahnhofstraße 3
06499 Aschersleben
Telefon: 0 34 73/35 26
Telefax: 0 34 73/35 26

Institut für Strukturpolitik und Wirtschaftsförderung e. V. (ISW)
Anschrift: Kleinschmieden 5
06108 Halle
Telefon: 03 45/2 99 47
Telefax: 03 45/2 87 13

Jessener Wirtschaftsfördergesellschaft e. V.
Anschrift: Robert-Koch-Straße 19
06917 Jessen
Telefon: 0 35 37/44 65
Telefax: 0 35 37/22 55

Wirtschaftsförderkreis „Elbe-Saale" e. V.
c/o Landratsamt Schönebeck
Anschrift: Cokturhof
39218 Schönebeck
Telefon: 0 39 28/41-5 30, 8 52
Telefax: 0 39 28/41-7 49

Wirtschaftsförderungsgesellschaft Landkreis Salzwedel mbH
Anschrift: Karl-Marx-Straße 15
29410 Salzwedel
Telefon: 0 39 01/2 60 55
Telefax: 0 39 01/2 60 55

Wirtschaftsförderungsgesellschaft Sachsen-Anhalt Süd e. V.
Anschrift: Darweg
06526 Sangerhausen
Telefon: 0 34 64/26 92
Telefax: 0 34 64/26 92

Wirtschaftsförderungsgesellschaft Welsleben mbH
Anschrift: Krumme Straße 31
39221 Welsleben
Telefon: 03 92 96/2 62
Telefax: 03 92 96/2 10

Mitteldeutsche Wirtschaftsförderung e. V.
Anschrift: Gareisstraße 16/301
39106 Magdeburg
Telefon: 03 91/5 61 64 48
Telefax: 03 91/5 61 64 48

Wirtschaftsförderungsgesellschaft für den Landkreis Köthen
Anschrift: Bernburger Straße 51
06366 Köthen
Telefon: 0 34 96/56 20 43–44
Telefax: 0 34 96/56 20 45

Wirtschaftsförderungsgesellschaft mbH Gräfenhainichen
Anschrift: Karl-Liebknecht-Straße 12
06773 Gräfenhainichen
Telefon: 03 49 53/4 21
Telefax: 03 49 53/21 27

Wirtschaftsförderungsgesellschaft mbH Saalkreis Halle
Anschrift: Wilhelm-Külz-Straße 10
06108 Halle
Telefon: 03 45/83 03 35
Telefax: 03 45/2 43 24

Zeitzer Wirtschaftsförderungsgesellschaft mbH
Anschrift: Wasserberg 10
06712 Zeitz
Telefon: 0 34 41/6 52 65, 6 52 24
Telefax: 0 34 41/31 36

THÜRINGEN

Thüringer Landes-Wirtschaftsförderungsgesellschaft mbH (TLW)
Anschrift: Tschaikowskistraße 11
99096 Erfurt
Telefon: 03 61/4 29 20
Telefax: 03 61/4 29 22 02

Wirtschaftsfördergesellschaft Ostthüringen GmbH
Anschrift: Schloßstraße 11
07545 Gera
Telefon: 03 65/6 44 89
Telefax: 03 65/6 44 88

Wirtschaftsansiedlungsförderungsgesellschaft Hainleite/Wipper
Anschrift: Grimmelallee 50
99734 Nordhausen
Telefon: 0 36 31/83 00
Telefax: 0 36 31/8 43 15

Gesellschaft für Wirtschaftsförderung, Qualifizierung und Beschäftigung der Region Mühlhausen mbH
Anschrift: Eisenacher Landstraße 15
99986 Oberdorla
Telefon: 0 36 01/7 56 83
Telefax: 0 36 01/7 56 84

7 Industrie- und Handelskammern in den neuen Bundesländern

Industrie- und Handelskammer zu Berlin
Anschrift: Hardenbergstraße 16–18
            10623 Berlin
Telefon: 0 30/3 15 10-0
Telex: 183 663
Telefax: 0 30/3 15 10-278

Industrie- und Handelskammer Südwestsachsen
Chemnitz-Plauen-Zwickau
Anschrift: Straße der Nationen 25   Postfach 464
            09111 Chemnitz   09004 Chemnitz
Telefon: 03 71/60 00-0
Telex: 3 22 808
Telefax: 03 71/64 30 18

Industrie- und Handelskammer Südwestsachsen
Regionalkammer Plauen
Anschrift: Friedensstraße 32
            08523 Plauen
Telefon: 0 37 41/2 14-0
Telefax: 0 37 41/21 42 60

Industrie- und Handelskammer Südwestsachsen
Regionalkammer Zwickau
Anschrift: Äußere Schneeberger Straße 34
            08056 Zwickau
Telefon: 03 75/81 40
Telefax: 03 75/8 14-127

Industrie- und Handelskammer Cottbus
Anschrift: Goethestraße 1   Postfach 10 06 61
            03046 Cottbus   03006 Cottbus
Telefon: 03 55/3 65-0
Telefax: 03 55/36 52 66

Industrie- und Handelskammer Dresden
Anschrift: Niedersedlitzer Straße 63 · 01257 Dresden
Telefon: 03 51/2 80 20
Telefax: 03 51/2 80 22 80

Industrie- und Handelskammer Erfurt
Anschrift: Friedrich-List-Straße 36   Postfach 225
99096 Erfurt   99005 Erfurt
Telefon: 03 61/42 69-0
Telefax: 03 61/4 26 22 99

Geschäftsstelle Eisenach
(für die Landkreise Eisenach und Bad Langensalza)
Anschrift: Alexanderstraße 49 · 99817 Eisenach
Telefon: 0 36 91/38 63
Telefax: 0 36 91/7 50 91

Geschäftsstelle Heiligenstadt
(für die Landkreise Heiligenstadt, Worbis und Mühlhausen)
Anschrift: Windische Gasse 48 · 37308 Heiligenstadt
Telefon: 0 36 06/24 33
Telefax: 0 36 06/60 25 91

Geschäftsstelle Nordhausen
(für die Landkreise Nordhausen, Sondershausen und Artern)
Anschrift: Wallrothstraße 20 · 99734 Nordhausen
Telefon: 0 36 31/22 45
Telefax: 0 36 31/8 05 41

Geschäftsstelle Weimar
(für die Landkreise Weimar-Stadt, Weimar-Land, Sömmerda und Apolda)
Anschrift: Ernst-Thälmann-Straße 53 · 99423 Weimar
Telefon: 0 36 43/25 29
Telefax: 0 36 43/5 37 04

Industrie- und Handelskammer Frankfurt/Oder
Anschrift: Humboldtstraße 3   Postfach 343
15230 Frankfurt/Oder   15203 Frankfurt/Oder
Telefon: 03 35/33 90
Telefax: 03 35/32 54 92

Außenstelle Eberswalde
Anschrift: Heegermühler Straße 64
16225 Eberswalde
Telefon: 0 33 34/2 26 51

Außenstelle Fürstenwalde
Anschrift: Mühlenstraße 26
15517 Fürstenwalde
Telefon: 0 33 61/24 42
Telefax: 0 33 61/54 10

Industrie- und Handelskammer Ostthüringen zu Gera
Anschrift: Humboldtstraße 14   Postfach 427
07545 Gera   07504 Gera
Telefon: 03 65/55 30
Telefax: 03 65/5 53 90

Industrie- und Handelskammer Halle-Dessau
Anschrift: Georg-Schumann-Platz 5 Postfach 20 07 54
06110 Halle/Saale   06008 Halle
Telefon: 03 45/50 08 60
Telefax: 03 45/2 96 49

Industrie- und Handelskammer Leipzig
Anschrift: Goerdelerring 5
04109 Leipzig
Telefon: 03 41/7 15 30
Telex: 3 11 357
Telefax: 03 41/7 15 34 21

Geschäftsstelle Döbeln/Oschatz
Anschrift: Markt 24
04720 Döbeln
Telefon: 0 34 31/30 71

Industrie- und Handelskammer Magdeburg
Anschrift: Alter Markt 8   Postfach 18 40
39104 Magdeburg   39008 Magdeburg
Telefon: 03 91/5 69 31 00
Telefax: 03 91/5 69 91 05

Geschäftsstelle Salzwedel
Anschrift: Auf dem hohen Felde 36 · 29410 Salzwedel
Telefon: 0 39 01/2 20 44

Geschäftsstelle Wernigerode
Anschrift: Schöne Ecke 10 b · 38855 Wernigerode
Telefon: 0 39 43/3 34 57
Telefax: 0 39 43/3 24 08

Industrie- und Handelskammer Neubrandenburg
Anschrift: Katharinenstraße 48   Postfach 20 07
17033 Neubrandenburg   17010 Neubrandenburg
Telefon: 03 95/4 47 90
Telefax: 03 95/4 47 95 09/10

Industrie- und Handelskammer Potsdam
Anschrift: Große Weinmeisterstra-   Postfach 60 08 55
ße 59
14469 Potsdam   14408 Potsdam
Telefon: 03 31/2 15 91/2
Telex: 15 258
Telefax: 03 31/2 34 85

Industrie- und Handelskammer Rostock
Anschrift: Ernst-Barlach-Straße 7   Postfach 10 52 40
18055 Rostock   18010 Rostock
Telefon: 03 81/46 69 80
Telex: 3 98 547
Telefax: 03 81/8 14 59 11 56

Industrie- und Handelskammer zu Schwerin
Anschrift: Schloßstraße 6–8   Postfach 01 10 41
19053 Schwerin   19010 Schwerin
Telefon: 03 85/81 03-0
Telefax: 03 85/81 03 48

Industrie- und Handelskammer Südthüringen Suhl
Anschrift: Neuer Friedberg 1   Postfach 240
98527 Suhl   98502 Suhl
Telefon: 0 36 81/5 90-0
Telefax: 0 36 81/5 90 75

8 Handwerkskammern in den neuen Bundesländern

Handwerkskammer Berlin
Anschrift: Blücherstraße 68   Postfach 61 02 19
10961 Berlin   10923 Berlin
Telefon: 0 30/2 59 03-01
Telefax: 0 30/25 90 32 35

Handwerkskammer Chemnitz
Anschrift: Aue 13
09111 Chemnitz
Telefon: 03 71/9 10 70
Telefax: 03 71/3 29 30

Handwerkskammer Cottbus
Anschrift: Lausitzer Straße 1–7   Postfach 10 05 65
03046 Cottbus   03005 Cottbus
Telefon: 03 55/2 20 31
Telefax: 03 55/3 12 20

Handwerkskammer Dresden
Anschrift: Wiener Straße 43
01219 Dresden
Telefon: 03 51/47 59 81
Telefax: 03 51/47 91 88

Handwerkskammer Erfurt
Anschrift: Fischmarkt 13   Postfach 245
99084 Erfurt   99005 Erfurt
Telefon: 03 61/6 45 10 16
Telefax: 03 61/6 42 28 96

Handwerkskammer Frankfurt/Oder
Anschrift: Bahnhofstraße 12
15230 Frankfurt/Oder
Telefon: 03 35/34 60
Telefax: 03 35/32 21 31

Handwerkskammer Ostthüringen
Anschrift: Handwerksstraße 5 Postfach 218
07545 Gera 07520 Gera
Telefon: 03 65/5 50 20
Telefax: 03 65/55 02 99

Handwerkskammer Halle
Anschrift: Gräfestraße 24 Postfach 228
06110 Halle/Saale 06017 Halle/Saale
Telefon: 03 45/3 72 61
Telefax: 03 45/2 36 92

Handwerkskammer zu Leipzig
Anschrift: Lessingstraße 7 · 04109 Leipzig
Telefon: 03 41/76 91
Telefax: 03 41/20 08 16

Handwerkskammer Magdeburg
Anschrift: Humboldtstraße 16 Postfach 17 20
39112 Magdeburg 39007 Magdeburg
Telefon: 03 91/3 18 55 bis 3 18 59
Telefax: 03 91/4 23 08

Handwerkskammer Neubrandenburg
Anschrift: Friedrich-Engels-Ring 11
17033 Neubrandenburg
Telefon: 03 95/44 37 60
Telefax: 03 95/31 29

Handwerkskammer Potsdam
Anschrift: Charlottenstraße 34–36 Postfach 60 08 51
14467 Potsdam 14408 Potsdam
Telefon: 03 31/3 70 30
Telefax: 03 31/2 23 77

Handwerkskammer Rostock
Anschrift: August-Bebel-Straße 104 Postfach 10 12 04
18055 Rostock 18002 Rostock
Telefon: 03 81/3 61 91
Telefax: 03 81/2 29 73 od.
4 92 29 73

Handwerkskammer Schwerin
Anschrift:	Friedensstraße 4 A	Postfach 01 03 55
	19053 Schwerin	19003 Schwerin
Telefon:	03 85/55 21	
Telefax:	03 85/86 47 06	

Handwerkskammer Südthüringen
Anschrift:	Rosa-Luxemburg-Straße 9
	98527 Suhl
Telefon:	0 36 81/2 01 13
Telefax:	0 36 81/2 14 58

9 Checkliste (KfW/BMFT-FuE-Darlehensprogramm)

Die Kreditinstitute werden die Prüfung der Förderungsfähigkeit eines Vorhabens mit Hilfe der folgenden Checkliste durchführen:

1. Wird ein Technikfeld, das bisher im antragstellenden Unternehmen nicht relevant war, für das beabsichtigte neue Produkt (Verfahren/Dienstleistung) angewendet werden?

    a) Mikrotechniken
    z. B. Leiterplattentechnik, Oberflächenmontagetechnik – SMD –, Faseroptik, Kundenspezifische integrierte Schaltkreise – ASICs –, Ungehäuste Halbleiter-Bauelemente in Hybridtechnik, Dickschichttechnik, Dünnfilmtechnik, Halbleitertechnik, integrierte Optik, Mikromechanik – Simulationssoftware (Design, Entwurf und Test) für Mikrotechniken, Leistungselektronik, Bio (chemische) Schichten, neuartige Aufbau- und Verbindungstechniken
    oder
    b) Materialtechniken
    z. B. Funktionspolymere, Strukturpolymere, Polymere mit besonderen elektrischen oder optischen Eigenschaften, Polymere mit extremer Belastbarkeit, Polymere als Informationsträger; Verbundwerkstoffe mit Polymermatrix oder Verstärkungsfasern oder keramischer Matrix; Strukturkeramiken, Funktionskeramiken; Hochtemperaturwerkstoffe; Neue Materialien für die Chipherstellung; Verschleißschutztechniken
    oder
    c) Physikalische und chemische Techniken
    z. B. CVD-Verfahren, Plasma-Verfahren, PVD-Verfahren, Ionenstrahltechniken, Mikrostrukturierung, Supraleitende Materialien und Bauelemente, Laserstrahlquellen, Lasersystemintegration, Lasermaterialbearbeitung, Lasermeßtechnik, Optoelektronik; Hochtemperaturtechnik, Mikrowellentechnik, Fluidik
    oder
    d) Biotechniken
    z. B. Methoden und Verfahren für die Erforschung der Struktur und Funktion von biologischen Molekülen und Zellen; hochempfindliche und selektive Meß- und Analysesysteme auf der Basis biologischer Struktur- und Funktionsprinzipien; neue Wirkstoffe, Biokatalysatoren, biologisch abbaubare Materialien, Zellkulturtechnik, Biodegradation, Kultivierung von pflanzlichen Zellen und Geweben

oder
e) Sonstige neue Techniken
z. B. Photonics, Künstliche Intelligenz, Robotik, Systemintegration, Neuronale Netze, Bioelektronik, Biomagnetismus, neue Rechnerstrukturen, Spracherkennung und -verarbeitung, Bilderkennung und -verarbeitung, Photovoltaik

2. a) Sollen Mitarbeiter mit Qualifikationen, die bisher im Unternehmen nicht vertreten waren, gewonnen werden?
   oder
   b) Sollen bisherige Mitarbeiter im ganzen Unternehmen durch Externe weiterqualifiziert werden?

3. Werden die Entwicklungsanteile, die den innovativen Kern betreffen, im Unternehmen selbst erbracht? (Wenn für Entwicklungsschritte Dienstleistungen in Anspruch genommen werden, müssen die Spezifikationen im Unternehmen selbst erarbeitet werden.)

4. Unterscheidet sich das neue Produkt (Verfahren/Dienstleistung) in seinen Funktionen von den bisherigen Produkten (Verfahren/Dienstleistung) des Unternehmens?

5. Sind mit dem neuen Produkt (Verfahren/Dienstleistung) Wettbewerbsvorteile (Funktionen, Qualität, Preis) und Marktchancen auf dem für das Unternehmen einschlägigen Markt (regional, national, europäisch, Welt) verbunden?

6. Liegen die zurechenbaren Personaleinzelkosten über 20 % der förderungsfähigen Kosten des FuE-Vorhabens?

Jede der sechs Ziffern der Checkliste muß mit „ja" beantwortet werden können.

Ergänzend sind schriftliche Ausführungen zu jedem Punkt der Checkliste dem Kreditantrag beizufügen.

10 Gemeinschaftsaufgabe „Verbesserung der Agrarstruktur und des Küstenschutzes" Rahmenplan 1991 bis 1994

Der Planungsausschuß für Agrarstruktur und Küstenschutz (PLANAK), unter Vorsitz von Bundesminister Kiechle, hat in seiner Sitzung am 23. 01. 1991 in Berlin jetzt auch die ausschließlich für das Beitrittsgebiet geltenden Grundsätze
– für die Gewährung von Starthilfen zur Umstrukturierung von landwirtschaftlichen Unternehmen in Form juristischer Personen
– für die Förderung von Maßnahmen zur Energieeinsparung und Energieträgerumstellung
beschlossen.

1. Grundsätze für die Gewährung von Starthilfen zur Umstrukturierung von landwirtschaftlichen Unternehmen in Form juristischer Personen

Zuwendungsempfänger Als Zuwendungsempfänger können die aus der Umstrukturierung landwirtschaftlicher Produktionsgenossenschaften hervorgegangenen eingetragenen Genossenschaften oder Kapitalgesellschaften in den Bereichen Landwirtschaft, Gartenbau, Forstwirtschaft und Binnenfischerei gefördert werden.

Von der Förderung ausgeschlossen sind die Rechtsnachfolger von volkseigenen Gütern und Betrieben, soweit die Kapitalbeteiligung der öffentlichen Hand mehr als 25 % beträgt.

Schwerpunkte der Förderung sind Maßnahmen zur
– Erhöhung der Arbeitsproduktivität und Senkung der Produktionskosten,
– umweltverträglichen Pflanzen- und Tierproduktion,
– bodengebundenen und artgerechten Tierhaltung,
– Anpassung der Produktion an die Markterfordernisse,
– Energieeinsparung und Energieträgerumstellung auf kostengünstigere und umweltverträglichere Energiearten,
– Direktvermarktung selbsterzeugter Produkte sowie im Bereich Freizeit und Erholung.

Das förderungsfähige Investitionsvolumen beträgt	– bis zu DM 143.000 je Vollarbeitskraft, höchstens jedoch DM 3,5 Mio. je Unternehmen, wobei Eigenleistungen von mindestens 10 % erbracht werden müssen. Es wird eine Zinsverbilligung von bis zu 5 % für Kapitalmarktdarlehen (benachteiligtes Gebiet: 6 %) gewährt. Die Dauer der Zinsverbilligung beträgt bei Immobilien bis zu 20 Jahren und bei übrigen Investitionen bis zu 10 Jahren.
Voraussetzung für die Förderung ist u. a., daß	– der Umwandlungsprozeß nach den Vorschriften des Landwirtschaftsanpassungsgesetzes eingeleitet wurde, – die Vermögensaufteilung weitgehend geklärt ist, – eine geprüfte DM-Eröffnungsbilanz vorliegt und ein Sanierungs- und Entwicklungsplan vorgelegt wird, der u. a. die vorgesehene Entflechtung und Neuorganisation einschließlich des Zusammenschlusses von Pflanzen- und Tierproduktion sowie die Anpassung des Arbeitskräftebesatzes und die Rentabilität der Investitionen nachweist.
Einschränkende Bedingungen	Investitionen in der Tierhaltung können nur gefördert werden, wenn – der Viehbesatz im Zieljahr 2,5 Großvieheinheiten je Hektar landwirtschaftlich genutzter Fläche nicht überschreitet, – eine Lagerkapazität für tierische Exkremente von mindestens sechs Monaten geschaffen wird. In der Milchkuhhaltung können Investitionen in bestehenden Einheiten nur dann gefördert werden, wenn – mehr als 30 % Dauergrünland oder mehr als 50 % Hauptfutterfläche nach der Umstrukturierung vorhanden sind (in Einzelfällen sind Ausnahmen möglich), – keine Bestandsvergrößerung und keine Produktionserhöhung erfolgt, – im Rahmen der vorhandenen vorläufigen Milchreferenzmenge investiert wird. Die späte

re endgültige Zuteilung von Referenzmengen wird durch die Förderung nicht präjudiziert.

In der Schweinehaltung beschränkt sich die Förderung auf Investitionen zur umweltgerechten Lagerung des wirtschaftlichen Düngers.

In der Eier- und Geflügelerzeugung dürfen Investitionen nur gefördert werden, die der Erfüllung staatlicher Aufgaben im Umwelt- und Tierschutz dienen.

Die Investitionen für neue Ställe sind mit einer Ausnahme vollständig von der Förderung ausgeschlossen. Lediglich in Färsenaufzuchtbetrieben, die sich auf Milchkuhhaltung umstellen, können die Länder in Einzelfällen Neubauten zulassen. Dabei sollen in der Regel 120 Kuhplätze je Betrieb nicht überschritten werden.

2. Grundsätze für die Förderung von Maßnahmen zur Energieeinsparung und Energieträgerumstellung

Durch die Förderung sollen insbesondere die Einsparung von fossilen Energiearten sowie die Verwendung von kostengünstigen und umweltverträglichen Energien unterstützt werden.

Zuwendungsempfänger	– Familienbetriebe der Land- und Forstwirtschaft sowie der Binnenfischerei im Haupt- und Nebenerwerb,
	– landwirtschaftliche, forstwirtschaftliche und gärtnerische Genossenschaften sowie Genossenschaften der Binnenfischer,
	– landwirtschaftliche, forstwirtschaftliche, gärtnerische und binnenfischereiwirtschaftliche Kapitalgesellschaften,
	– juristische Personen, die einen land- und forstwirtschaftlichen Betrieb bewirtschaften und unmittelbar kirchliche, gemeinnützige oder mildtätige Zwecke verfolgen.
Förderungsfähig sind insbesondere betriebliche Investitionen	– für Wärmedämmungsmaßnahmen und Regeltechnik in Ställen, Gewächshäusern, Trocknungsanlagen;
	– für Wärmerückgewinnungsanlagen, Wärmepumpen, Solaranlagen, Biomasseanlagen, Windkraft-, Wasserkraftanlagen;

- zur Umstellung der Heizanlagen und Rohbraunkohle auf umweltverträgliche Energiearten (z. B. Heizöl, Erdgas).

Haupt- und Nebenerwerbslandwirten sowie aus der Umstrukturierung von landwirtschaftlichen Produktionsgenossenschaften hervorgegangenen landwirtschaftlichen Unternehmen in Form juristischer Personen kann im Rahmen dieses Förderungsgrundsatzes ein nach Maßnahmearten gestaffelter Zuschuß von 30–40 % des förderungsfähigen Investitionsvolumens in Höhe von DM 2,5 Mio. unter Berücksichtigung einer Eigenleistung von 10 % dieses Betrages gewährt werden.

Voraussetzung für die Förderung ist der Nachweis über die Leistungsfähigkeit und Wettbewerbsfähigkeit des Betriebes sowie die Zweckmäßigkeit und Wirtschaftlichkeit der durchzuführenden Maßnahmen.

Eine Förderung nach diesen Grundsätzen kann mit den für das Beitrittsgebiet im übrigen geltenden einzelbetrieblichen Förderungsmaßnahmen sowie zur Umstrukturierung von landwirtschaftlichen Unternehmen in Form juristischer Personen kumuliert werden, wobei allerdings das förderungsfähige Investitionsvolumen von insgesamt DM 2,5 Mio. je Unternehmen abzüglich der zu erbringenden Eigenleistung nicht überschritten werden darf.

FORDERUNGSMANGEMENT IM UNTERNEHMEN

Handbuch zur Sicherung von Krediten im In- und Ausland

Hrsg. von Bernd H. Meyer und Heinz C. Pütz. 1994, Loseblattwerk im Ordner, Grundwerk ca. 600 Seiten, 4 Ergänzungslieferungen jährlich mit ca. 120 bis 150 Seiten, Gesamtwerk DM 189,00 / ÖS 1.474 / SFr 189,00, Subskriptionspreis bis Ersch. DM 159,00 / ÖS 1.240 / SFr 159,00, Seitenpreis der Ergänzungslieferung DM 0,38/ÖS 4/SFr 0,38, ISBN 3-87081-312-1. Erscheint vorauss. III. Quartal 1994.

Den Vorteilen des Lieferantenkredites bei der Absatzförderung stehen erhebliche Risiken gegenüber. Forderungen gegenüber Geschäftspartnern müssen finanziert werden und enthalten stets ein unwägbares Risiko: Die Gefahr von Forderungsverlusten durch zahlungsunfähige Kunden. Dieses Risiko ist in den letzten Jahren weltweit angestiegen. Für alle Lieferanten stehen in bezug auf die Außenstände die folgenden Fragen im Mittelpunkt: Wie können Forderungen rasch realisiert und damit die Finanzierungskosten niedrig gehalten werden? Wie können die zunehmenden Ausfallrisiken vermieden oder vermindert werden?

Das Handbuch befaßt sich mit seinem übergreifenden Konzept mit allen wichtigen Fragen, die für Unternehmen im Bereich der Außenstände von Bedeutung sind. Es soll aus der Praxis für die Praxis informieren und dazu beitragen, daß "die Kasse stimmt".

ECONOMICA VERLAG
Fontanestr. 12, 53173 Bonn, Tel. 0228/9 57 13-0, Fax 9 57 13-22

PRAXISLITERATUR
FÜR UNTERNEHMERINNEN

Handbuch für die Wirtschaft
Wirtschaftsinformationen, Förderprogramme und Adressen für den deutschen und europäischen Markt
Hrsg. von Dieter Härthe, redakt. Bearb. von Brigitte Kreuter, M.A. 3., neubearbeitete und erweiterte Aufl., 1994, ca. 350 Seiten, br., ca. DM 59,00/ÖS 460/SFr 59,00, ISBN 3-87081-473-X. Erscheint vorauss. III. Quartal 1994.

Lean Management
Ideen für eine zukunftsorientierte Unternehmensgestaltung
Hrsg. von I. Kauper und Dr. D. Hartmann. 1994, ca. 130 S., br., ca. DM 34,80/ÖS 272/SFr 34,80, ISBN 3-87081-324-5. Erscheint vorauss. III. Quartal 1994.

Förderprogramme der EU 1994
Von Dr. G. Sabathil, unter Mitarbeit von Dipl.-Rom. P. Leonhard. 5., neubearbeitete und erweiterte Aufl., 1994, ca. 340 Seiten, br., ca. DM 54,00/ÖS 421/SFr 54,00, ISBN 3-87081-353-9. Erscheint vorauss. III. Quartal 1994.

Internationale Rechnungslegung: US-GAAP, HGB und IAS
Von Dr. G. Förschle, Dipl.-Kfm. M. Kroner und Dr. Udo Mandler. 1994, 179 Seiten, broschiert, ca. DM 48,80/ÖS 381/SFr 48,80, ISBN 3-87081-484-5. Erscheint vorauss. III. Quartal 1994.

ECONOMICA VERLAG
Fontanestr. 12, 53173 Bonn, Tel. 0228/9 57 13-0, Fax 9 57 13-22